CURSO DE SEGURANÇA INTERNACIONAL

Lições de Teoria Política e Pensamento Estratégico

José Luiz Niemeyer dos Santos Filho | Leonardo Paz Neves |
Lier Pires Ferreira | Ricardo Basílio Weber
Coordenadores

CURSO DE SEGURANÇA INTERNACIONAL

Lições de Teoria Política e Pensamento Estratégico

Freitas Bastos Editora

Copyright © 2023 by José Luiz Niemeyer dos Santos Filho, Leonardo Paz Neves, Lier Pires Ferreira e Ricardo Basílio Weber

Todos os direitos reservados e protegidos pela Lei 9.610, de 19.2.1998.
É proibida a reprodução total ou parcial, por quaisquer meios, bem como a produção de apostilas, sem autorização prévia, por escrito, da Editora.
Direitos exclusivos da edição e distribuição em língua portuguesa:
Maria Augusta Delgado Livraria, Distribuidora e Editora

Direção Editorial: Isaac D. Abulafia
Gerência Editorial: Marisol Soto
Diagramação e Capa: Madalena Araújo

Dados Internacionais de Catalogação na Publicação (CIP) de acordo com ISBD

C977	Curso de segurança internacional: lições de teoria política e pensamento estratégico / organizado por José Luiz Niemeyer dos Santos Filho...[et al.]. - Rio de Janeiro, RJ : Freitas Bastos, 2023.
	352 p. : 15,5cm x 23cm.
	ISBN: 978-65-5675-327-0
	1. Relações internacionais. 2. Segurança Internacional. 3. Política. 4. Estratégia. I. Santos Filho, José Luiz Niemeyer dos. II. Neves, Leonardo Paz. III. Ferreira, Lier Pires. IV. Weber, Lier Pires. V. Título.
2023-2109	CDD 340 CDU 34

Elaborado por Odilio Hilario Moreira Junior - CRB-8/9949

Índice para catálogo sistemático:

1. Relações internacionais 327

2. Relações internacionais 327

Freitas Bastos Editora
atendimento@freitasbastos.com
www.freitasbastos.com

Na guerra a pessoa só pode ser morta uma vez, mas na política diversas vezes.

(Winston Churchill)

PREFÁCIO

Um antigo adágio árabe afirma que "a hora mais longa é a que vem antes do amanhecer". A escuridão traz perigos, especialmente em ambientes inóspitos, como são os desertos. A perspectiva da alvorada, em contraste, cria esperanças e afasta ansiedades; ajuda a atravessar a hora mais escura, alimenta a resiliência dos que precisam retomar sua caminhada, senão em segurança, pelo menos conhecendo melhor os perigos que enfrentarão no futuro próximo. Um pouco mais de luz, afinal, ajuda a escolher (a construir?) os caminhos que se precisa percorrer.

Poucas reflexões serão tão úteis quanto esta para descrever o tempo em que vivemos, especialmente os dias finais de 2023, um ano tão nebuloso. Mesmo que saibamos a que porto queremos chegar, para lembrar os ensinamentos de Sêneca, poucas vezes precisamos tanto de bons instrumentos de navegação que nos ajudem a definir o rumo da nau, sabendo que os mares serão turbulentos, os tempos acelerados, as mudanças constantes. Não por acaso, nos últimos tempos, tem-se falado muito em "tempestades perfeitas"...

De fato, nosso tempo marca-se por disrupções de vários tipos: rearranjos geopolíticos e reorganizações de cadeias produtivas redefinem espaços econômicos; tensões dormentes tornam-se crises, que agudizam conflitos aparentemente insolúveis; guerras aparentemente sem fim produzem dezenas de milhares de mortos, centenas de milhões de migrantes, refugiados e deslocados internos. Enquanto os desavisados se deixam manipular nas redes sociais, mudanças estruturais no sistema e na sociedade internacional evoluem sem direção. Embora não falte quem tente orientar esse processo, ele resulta de conflitos de interesses e convicções, de interações dissonantes, raramente coordenadas, e somente com muita sorte produzirá um ambiente estável no futuro previsível.

A vida dos cidadãos tornou-se mais rica materialmente, mas também mais precária, de várias formas, em toda parte. Os governos das grandes potências avaliam como vêm se reposicionando uns em relação aos outros, as organizações internacionais perderam influência sobre a agenda e sobre os eventos internacionais. A governança global, tão necessária em um contexto de interdependência resiliente, mostra-se frágil e ineficaz. Vivemos em campo fértil para apostas ousadas, que geram surpresas e volatilidade nas sociedades (cada vez mais polarizadas) e no espaço global.

A sucessão de crises remonta ao início do século e parece ter vindo para ficar. O Fórum Econômico Mundial, por exemplo, fala em "policrises" e preocupa-se cada vez mais com cenários de risco, em vez de buscar meios de ampliar a eficiência de processos produtivos.

Mal se começou a examinar a pertinência dos arriscados experimentos macroeconômicos empreendidos para enfrentar a crise financeira de 2007-2008, vieram revoluções coloridas, primavera árabe, guerra na Síria, invasão da Crimeia – o segundo ato do movimento russo iniciado na Geórgia. Veio a pandemia da COVID-19. Disputas regionais reavivaram conflitos no Iêmen, na Ucrânia, na África e na Palestina. Como sói acontecer, as guerras afetam os mercados, que obrigam os governos a reagir de forma subóptima, gerando instabilidades e incertezas. O caso mais recente foi a reorganização dos mercados de commodities em resposta à invasão da Ucrânia.

Uns falam do "retorno da geopolítica"; outros afirmam não haver nada de novo sob o sol, lembrando o Eclesiastes, já que as comunidades políticas sempre disputam poder em um ambiente global carente de autoridade constituída e os políticos continuam a mover-se por vaidade e ambição. Ao cabo, diariamente, somos lembrados de que o objetivo de "livrar a humanidade do flagelo da guerra" segue tão desafiador hoje quanto em 1945.

É o mesmo mundo, afinal, «cheio de maldade e ilusão», diz a sabedoria popular; mas, talvez devido ao êxito da experiência de integração europeia, parecia que novas regras e instituições tinham logrado reduzir as incertezas, aumentando a segurança internacional.

Em menos de uma década, EUA e China substituíram sinergias capazes de inspirar visões de uma "Chimérica" por uma "guerra comercial", que já não se pode mediar sob os auspícios da esvaziada Organização Mundial do Comércio. Guerra ou disputa, esse enfrentamento fracassou em desentranhar as duas economias, mas os problemas internos de cada uma delas parecem ter ganhado vulto suficiente para pôr em risco o ritmo do crescimento econômico global. Isso afeta o papel que cada potência desempenha na ordem mundial: enquanto os EUA reagem às crises de momento, a China materializa sua nova Rota da Seda, reorganizando, em tempos de relativa paz, os fluxos econômicos globais em função de seus interesses.

Há quem cogite o advento de uma nova "Guerra Fria", talvez em busca de um modelo mental que lhe permita organizar a realidade corrente, mas o argumento não se sustenta por várias razões: o padrão de relacionamento entre as maiores potências; a menor distância entre elas e outras grandes potências, que também miram o longo prazo, buscando ampliar sua autonomia e consolidar sua liderança regional; a ausência de clara distinção entre modelos de organização política e econômica das sociedades; a difusão de poder entre indivíduos e grupos organizados capazes de agir à revelia dos Estados...

Em suma, parece que maldade e ilusão moldaram um mundo bem diferente do que se construiu no pós-Segunda Guerra. Do ponto de vista do risco de guerras, talvez esteja mais parecido com o que antecedeu a Primeira Grande Guerra, mas essa é outra história, até porque, nesse ínterim, o aquecimento global se intensifica, as mudanças climáticas causam danos crescentes e eventos extremos, que cobram vidas humanas: às ameaças discretas, somam-se vulnerabilidades estruturais.

Em outras palavras, enquanto os Estados nacionais se preocupam com ameaças mútuas, a humanidade enfrenta complexas vulnerabilidades, que não se pode mitigar sem efetiva cooperação internacional. Já não se pode compreender o fenômeno da segurança apenas no marco da análise das relações entre os soberanos, centradas na dicotomia guerra e paz. Esse paradoxo evolui em meio à falência da ordem construída a partir de Bretton Woods e São Francisco. A promessa de se buscar uma agenda global de desenvolvimento sustentável que livrasse os indivíduos "do medo e da fome", consubstanciada nas metas do milênio e nos 17 Objetivos de Desenvolvimento Sustentável, parece hoje uma distante miragem.

Viver ficou mais perigoso, afinal, quer para indivíduos, quer para soberanos.

Mediante o emprego de novas tecnologias, grupos de poder mais ou menos organizados (alguns criminosos, cabe lembrar) tornaram-se mais capazes de influenciar a dinâmica da segurança internacional, controlando fluxos de informações, bens e serviços; movimentando pessoas, biodiversidade e ativos financeiros através das fronteiras dos Estados nacionais. Nesse contexto, os governos atendem precariamente às demandas de seus cidadãos, abrindo espaço para polarizações internas, que estimulam violência e intolerância, ampliando ainda mais a insegurança dos indivíduos e das comunidades políticas.

As implicações de tantos rearranjos simultâneos permanecem misteriosas à primeira vista. É cedo para apontar as dinâmicas que tenderão a prevalecer nos próximos meses, o que, por si só, aumenta a sensação de insegurança que aflige boa parte da humanidade. No Brasil, não é diferente, embora os brasileiros costumem pensar que estão distantes das grandes tensões geopolíticas e que vivem em uma sociedade pacífica.

É nesse contexto que vem a lume o «Curso de Segurança Internacional: lições de teoria politica e pensamento estratégico", trazendo informações atualizadas, densas reflexões e criativas análises do panorama que tentei resumir acima, leitor. Só por isso, sua publicação já merece ser saudada como importante contribuição aos estudos das relações internacionais no Brasil. Mas o livro que você tem em mãos vai muito além.

Seus organizadores dispensam apresentações, pelo muito que já aportaram à comunidade de estudantes das relações internacionais em língua portuguesa. Os professores José Luiz Niemeyer dos Santos Filho, Leonardo Paz Neves, Lier Pires Ferreira e Ricardo Basílio Weber têm sólidas trajetórias acadêmicas e profissionais, que combinam pesquisas inovadoras com sínteses didáticas de conteúdos canônicos em subáreas das Relações Internacionais, como História, Análise de Política Externa e Teorias das Relações Internacionais. Além disso, contribuem regularmente com artigos de opinião, entrevistas e debates acadêmicos, generosamente compartilhando seus conhecimentos com os que não têm o privilégio de com eles conviver em suas respectivas instituições de ensino.

Desta vez, uniram-se para congregar um conjunto de respeitados especialistas em temas específicos do complexo campo de estudos da Segurança Internacional, com vistas a apresentar ao leitor interessado leituras inteligentes e bem informadas, algumas bastante críticas, inclusive, das dinâmicas que afetam a segurança de todos nós neste início de século.

O leitor que vier a deleitar-se com os ensaios aqui reunidos aprenderá sobre a evolução do campo e sobre as teorias tradicionalmente empregadas para lhe conferir sentido. Aprenderá também sobre o modo como teóricos da Política e do Direito avaliam a influência das dimensões estruturais e normativas do ambiente internacional sobre as dinâmicas de segurança, incluindo temas críticos e controversos, tais como armas de destruição em massa, crime organizado transnacional, identidade nacional e terrorismo. Aprenderá, por fim, sobre recursos e instrumentos de poder de que se valem os atores tanto para prover sua própria segurança (equipamentos de defesa, inclusive no campo cibernético e espacial) quanto para assistir aos desamparados por seus governos, como ocorre nas operações de paz.

Embora a linguagem utilizada pelos autores vise tornar o conteúdo acessível a quem concluiu com êxito o ensino médio, os argumentos desenvolvidos são sólidos, fundados na busca de verdades verificáveis, na mais nobre tradição científica.

A complexidade dos processos em análise não se reduz, obviamente. Os autores também apontam dimensões subjetivas do problema, levantando válidos questionamentos sobre o próprio fenômeno da guerra em sua relação com a segurança humana e com a segurança nacional. Ao fazê-lo, instigam-nos, leitor, a aprofundar as reflexões aqui iniciadas, brindando-nos com sugestões de leituras adicionais que nos auxiliarão a construir opinião própria sobre temas que, afinal, nos dizem respeito diretamente.

Em outras palavras, o livro entrega mais do que promete; é mais do que um curso introdutório ao campo da Segurança Internacional. Além das boas lições de Teoria Política e Pensamento Estratégico a que o subtítulo alude, os ensaios a seguir jogam luz sobre os intrincados processos internacionais que colocam em risco a segurança dos indivíduos e dos

Estados nacionais. Ao fazê-lo, ajudam-nos a atravessar a hora mais escura.

Além disso, aportam instrumentos analíticos que nos permitem apontar caminhos para transformar *"swords into ploughshares"*, para lembrar Inis Claude Jr., um dos pioneiros dos estudos dos desafios de se construir a paz entre as nações sem precisar esperar pela promessa contida no evangelho de Isaías (2,4).

Os renomados autores aqui reunidos ajudam-nos a melhor entender os dilemas associados aos processos que põem em risco a nossa existência, leitor. Assim, contribuem para nos capacitar a assumir as responsabilidades que nos cabem na construção de um mundo mais justo, seguro e próspero. A mim, resta agradecer-lhes pelas horas de agradável leitura e profícuo aprendizado. A você, aproveitar a oportunidade de aprender as lições aqui contidas, expandindo sua compreensão sobre o fenômeno da segurança internacional.

Boa leitura!

Antonio Jorge Ramalho, UnB

Brasília, dezembro de 2023

APRESENTAÇÃO

"*Security matters. It is impossible to make sense of the world politics without reference to it.*" É dessa maneira que Paul Williams (2008) inicia seu reconhecido manual de estudos de segurança internacional 'Security Studies: an introduction'. A questão da segurança está por toda a parte na arena internacional. Podemos identificar sua centralidade na maneira em que contamos a história do mundo. Aprendemos história a partir de uma perspectiva política e concentrada em fenômenos relacionados à segurança – em especial guerras e conquistas. Proponho um exercício: tente rememorar grandes eventos históricos. Provavelmente, virão à lembrança conflitos, revoluções, independências além de outros de similar natureza. Se olharmos para o presente, também podemos 'encontrá-los' por todo lado, seja em sua configuração mais tradicional, na forma de conflitos e tensões, ou de maneira mais abrangente na figura de ameaças à segurança humana como fome, perseguições, violências, fluxos migratórios forçados, eventos climáticos extremos, entre outros.

Entretanto, apesar de sua importância e de termos poucas dificuldades de identificar questões relacionadas à segurança em nosso cotidiano, a segurança, enquanto um conceito, é um termo envolto em muitas controvérsias. Dessa forma, do ponto de vista objetivo, o termo é inerentemente político. Ele define prioridades, direciona recursos e transfere poder àqueles que conseguem ter ascendência sobre a definição da sua agenda.

Esta aparente subjetividade e falta de consenso sobre suas delimitações parece qualificar a segurança como um "conceito essencialmente contestado" (Williams, 2008) ou um "símbolo ambíguo" (Wolfers, 1952). Nesse sentido, essa própria busca já nos indica uma circunstância que está no coração do campo dos estudos de segurança. Ela pode ser resumida, em sua essência, através de um pequeno conjunto de perguntas: O que significa segurança? Segurança de quem? Para quem? Como esse estado de segurança pode ser atingido? E, por consequência, como deve ser estudado e quais são os limites do campo de estudos de segurança?

Longe de triviais, essas respostas são alvo de longos e acirrados debates – e constituem a própria evolução da disciplina. Contudo, a importância desses debates não se resume à esfera acadêmica. Ela tem implicações determinantes para a nossa compreensão das relações entre os diversos atores que jogam o jogo das Relações Internacionais.

Para ilustrar esse argumento, reflitamos sobre uma comparação que vemos com alguma frequência na imprensa: a dos orçamentos de defesa (ou os custos de uma guerra, em particular) e gastos em outras áreas, como saúde, educação, pesquisa e até o combate ao desafio climático. Segurança quase sempre sai à frente de uma forma incrivelmente desproporcional. Ullman (1983), há décadas, já havia feito essa provocação, ao comparar o investimento e preparo dos norte-americanos para duas possíveis catástrofes: um conflito nuclear com a União Soviética e o esperado terremoto da falha de San Andreas, na Califórnia. Apesar da maior probabilidade estimada de terremoto, podemos perceber um contraste significativo no volume de recursos destinados ao orçamento nuclear, em relação ao programa de redução de danos de terremotos. Nesse sentido, determinar que temas devem estar sob o guarda-chuva conceitual da segurança, significa, em última análise, tomar decisões sobre agenda, recursos e opções políticas.

A evolução dos estudos de segurança nos dá pistas sobre esse debate. Se considerarmos o nascimento da disciplina de estudos de segurança enquanto um espaço de atividades acadêmico-profissionais, perceberemos que se trata de um campo relativamente recente. Há algumas décadas, os temas que compunham a disciplina estavam dispersos na literatura de áreas como história militar, estudos de guerra e geopolítica. Durante suas primeiras décadas de vida, o campo de estudos de segurança internacional compreendeu uma área de atuação relativamente restrita. Esse período foi marcado pelo domínio de uma percepção na qual seu principal objeto era o Estado, seu foco de análise abrangia as relações de poder estatais (geralmente pela perspectiva de assuntos militares) e seu contexto era o de um cenário anárquico. Essa visão do campo viveu sua 'era de ouro' durante o período da Guerra Fria, com maior ênfase nos anos 1950/60.

Na década de 1980 e mais marcadamente após a Guerra Fria, o campo de estudos começa ser alargado pelo florescimento de um conjunto de novas ideias e visões de mundo que desafiaram o *mainstream* dos estudos de segurança. Esse movimento foi levado por um grupo de novas correntes teóricas que contribuíram para a inclusão não apenas de novos atores, com destaque para o indivíduo, mas também de novos focos de análise como áreas temáticas (economia, meio ambiente, sociedade), bem como o reconhecimento de outras formas de relacionamento no contexto internacional. Assim, a lógica da anarquia das relações internacionais, se jamais foi abandonada, foi, ao menos, relativizada, senão questionada, por diferentes teorias críticas.

Dessa forma, os temas contemplados pelos estudos de segurança surgem como um campo independente, sendo rapidamente absorvido e classificado como um subcampo da disciplina de Relações Internacionais (BUZAN e HANSEN, 2009). Contudo, diante dos desafios postos pela contemporaneidade, devemos levar em conta que os estudos de segurança internacional têm se desenvolvido de tal modo que ele começa a exigir conhecimentos e soluções que a disciplina das Relações Internacionais (RI) talvez tenha dificuldades para lidar sozinha. Em outras palavras, começam a ganhar uma autonomia epistemológica que seguramente, aponta para sua especificidade no campo das Ciências Humanas e Sociais, sem perder o diálogo com outras áreas do conhecimento. Como ilustrado por Williams (2008), análises de temas como segurança nuclear têm exigido cada vez mais conhecimentos técnicos-científicos específicos, da mesma maneira que a compreensão das necessidades de uma ação contra a mudança do clima demanda conhecimentos de climatologia e outras áreas.

Nesse sentido, é importante observar como a disciplina de estudos de segurança internacional é um campo em constante evolução, que lida com desafios cada vez mais complexos e que, mesmo assim, consegue manter sua centralidade na Política Internacional. Neste campo, insere-se esta obra.

O debate sobre o campo de estudos de segurança internacional pode tomar algumas formas. Uma delas é traçar sua história, enfocando sua evolução nas últimas décadas, iluminando os principais pontos de inflexão e expansão. Entretanto, dado que esse é um campo construído, desde o seu início, sob uma base de contestação empírica, normativa e conceitual, o exercício de fazer historiografia (ou arqueologia) do campo estaria sujeita à supervalorização de uma determinada vertente ou visão de mundo – podendo assim provocar um eventual viés na narrativa da obra.

Uma alternativa, também não sem riscos, é a de adotar uma estruturação de curso ou manual. Dessa forma, a obra estaria dividida por temas, o que permitiria aos autores maior profundidade em suas respectivas áreas, desprendendo-se, ao menos em parte, dos grandes movimentos ou vertentes teóricas do campo das Relações Internacionais. Esta opção refletiria o argumento supracitado da preocupação contemporânea de que as RI (ou REL, como se diz em outras plagas), cada vez mais oferecem limitações para dar respostas aos desafios apresentados pelo campo da segurança internacional. Neste sentido, olhar para diferentes temas permite que os autores consigam mais facilmente acessar outras áreas do conhecimento para dar as respostas necessárias aos desafios de cada tema.

Naturalmente, como indicado, essa opção também apresenta riscos e desafios. O principal consiste na eleição dos temas. Por razões pedestres, como espaço, número de páginas, custo de produção e aquisição da obra, foi necessário escolher. Sem dúvida existem temas importantes que lamentavelmente não foram contemplados. Entretanto, os temas aqui presentes compreendem, seguramente, as questões mais prementes, tanto do ponto de vista político quanto do debate acadêmico da contemporaneidade. Através desta obra, um observador atento às questões internacionais obterá recursos para uma melhor compreensão dos mecanismos, detalhes e nuances de algumas das questões mais complexas no cenário internacional contemporâneo. Para tal, essa obra foi dividida em partes e capítulos, como mostraremos a seguir.

A primeira parte se dedicará às *Abordagens Teóricas* do campo de estudos de segurança internacional. Grande parte da compreensão dos eventos internacionais é um subproduto de visões de mundo e são explicados através de conceitos e teorias. Nesse sentido, esta parte do livro é dedicada a lançar luzes sobre as correntes teóricas que mais se dedicaram aos temas da segurança internacional. Essa parte começa com o capítulo de **Marcelo Valença** e **Luiza Affonso** discorrendo sobre a fundação do campo da segurança e indicando como foram estruturadas as primeiras premissas do campo. O segundo capítulo, de **Marcos Vinicius Figueiredo**, irá se debruçar sobre um importante ponto de inflexão no debate teórico – o surgimento das teorias críticas. Esse movimento é fundamental para entender o atual pano de fundo dos debates presentes no campo.

Compreendida a evolução do campo teórico, passamos para a segunda parte da obra, dedicada aos *Aspectos Sociojurídicos e Institucionais*. A ideia desta seção é oferecer um panorama de alguns dos pilares nos quais a atual ordem internacional está estruturada – isso vai desde elementos institucionais até questões normativas. Esta segunda parte se inicia com o capítulo de **Lier Pires Ferreira**, que oferece um panorama do cenário anárquico das relações internacionais e das instituições que buscam estruturar as ações coletivas. Em seguida, no capítulo de **Ricardo Weber** são discutidos os aspectos legais do campo, tomados na forma de regimes internacionais e do surgimento do direito humanitário na agenda política internacional. O capítulo seguinte, de **Layla Dawood**, aborda um dos temas centrais do surgimento do campo da segurança internacional, as armas de destruição em massa – em especial as armas nucleares. **Renata Ferreira**, em seguida, nos oferece uma visão abrangente sobre a segurança humana, tema que está no centro do principal ponto de inflexão na evolução do campo da segurança internacional. Nessa mesma linha, **Marianna Albuquerque** nos oferece as complexas nuances da questão ambiental e seus diversos impactos na segurança. A seguir, **Pablo Saturnino Braga** enfrenta o debate sobre os crimes transnacionais, um dos mais prementes e de maior presença no mundo atual. O capítulo seguinte, desenvolvido por **Monique Sochaczeski**, aborda um dos temas mais controversos no contexto dos conflitos do século XXI: identidade e nacionalismo. Os elementos identitários, bem como a reemergência dos nacionalismos, constituem um dos mais frequentes focos de conflitos do nosso tempo, sendo, igualmente, obstáculos para soluções políticas de tais tensões.

A terceira e última parte do livro está focada em elementos mais visíveis dos temas relacionados à *Segurança e Defesa*. Nesse sentido, começamos com o capítulo de **Leonardo Neves** apresentando o principal mecanismo de ação coercitiva da comunidade internacional, as operações de paz. O capítulo seguinte, de **João Dalla Costa**, foca na base industrial de defesa, ou melhor, nos esforços nacionais de construção de recursos de defesa. Em seguida, **Yasmim Reis** e **Laryssa Barbosa** nos apresentam um breve histórico sobre o fenômeno da guerra, denotando suas transformações e as implicações dessa evolução. **Augusto Teixeira**, em seu capítulo, se dedica a um dos temas mais complexos da atualidade e que está na fronteira do debate internacional: segurança e defesa no ciberespaço. Do futuro ao presente, coube a **Renato Mendes** discutir um dos temas de maior visibilidade neste ainda recente século XXI, o terrorismo. Por fim, **José Niemeyer** trata de fechar a obra com reflexões sobre as ideias de segurança e defesa, problematizando abordagens mais tradicionais e oferecendo alternativas quiçá inovadoras para sua compreensão.

Os Coordenadores

SUMÁRIO

27 **CAPÍTULO 1**
ABORDAGENS TRADICIONAIS PARA O ESTUDO DA SEGURANÇA: O REALISMO E A CRÍTICA AMPLIACIONISTA DO LIBERALISMO

Marcelo M. Valença
Luiza Bizzo Affonso

55 **CAPÍTULO 2**
APROFUNDANDO O DEBATE: A EVOLUÇÃO DOS ESTUDOS DE SEGURANÇA

Marcos Vinícius Mesquita Antunes de Figueiredo

87 **CAPÍTULO 3**
ANARQUIA E ARQUITETURA INSTITUCIONAL INTERNACIONAL

Lier Pires Ferreira

109 **CAPÍTULO 4**
OS REGIMES DE DIREITO INTERNACIONAL HUMANITÁRIO

Ricardo Basilio Weber

129 **CAPÍTULO 5**
O CONTROLE DA PROLIFERAÇÃO DE
ARMAS DE DESTRUIÇÃO EM MASSA
Layla Dawood

149 **CAPÍTULO 6**
SEGURANÇA HUMANA
Renata B. Ferreira

171 **CAPÍTULO 7**
SEGURANÇA E MEIO AMBIENTE:
O NEXO ENTRE AS CRISES CLIMÁTICA E
ALIMENTAR E A OCORRÊNCIA
DE CONFLITOS
Marianna Albuquerque

191 **CAPÍTULO 8**
OS CRIMES TRANSNACIONAIS
COMO AGENDA DE SEGURANÇA
INTERNACIONAL
Pablo de Rezende Saturnino Braga

211 **CAPÍTULO 9**
IDENTIDADE E RELAÇÕES
INTERNACIONAIS
Monique Sochaczewski

233 **CAPÍTULO 10**
OPERAÇÕES DE PAZ DAS NAÇÕES
UNIDAS
Leonardo Paz Neves

253 **CAPÍTULO 11**
SISTEMAS DE ARMAS E BASE
INDUSTRIAL DE DEFESA

João Marcelo P. Dalla Costa

271 **CAPÍTULO 12**
GUERRAS, NOVAS GUERRAS E
GUERRAS NO SÉCULO XXI:
UMA ANÁLISE EVOLUTIVA NOS
ESTUDOS DE SEGURANÇA

Yasmim Reis e Laryssa Barbosa

297 **CAPÍTULO 13**
SEGURANÇA, DEFESA E GUERRA
NA ERA DO CIBERESPAÇO:
UM ESTADO DA ARTE

Augusto W. M. Teixeira Júnior

315 **CAPÍTULO 14**
TERRORISMO E INSURGÊNCIA

Renato Salgado Mendes

335 **CAPÍTULO 15**
OS CONCEITOS DE SEGURANÇA
E DE DEFESA NACIONAL:
DAS SENSAÇÕES, DAS COISAS
E DO MUNDO

José Luiz Niemeyer dos Santos Filho

CAPÍTULO 1
ABORDAGENS TRADICIONAIS PARA O ESTUDO DA SEGURANÇA: O REALISMO E A CRÍTICA AMPLIACIONISTA DO LIBERALISMO

Marcelo M. Valença[1]
Luiza Bizzo Affonso[2]

---

[1] Doutor em Relações Internacionais – PUC/RJ. Bacharelado em Direito – PUC/RJ. Professor adjunto de Política Internacional e Segurança – EGN e do PPGEM/EGN. Sua pesquisa explora a convergência entre o direito e a política internacional em temas relacionados aos estudos críticos de segurança, política externa brasileira e estudos militares críticos. Também tem interesse em questões de ensino e aprendizado ativos. Email: marcelo.valenca@marinha.mil.br/www.marcelovalenca.com

[2] Doutoranda em Estudos Marítimos – EGN. Mestre em Relações Internacionais – UERJ. Bacharel em Relações Internacionais – Ibmec/RJ. Professora de Relações Internacionais – UCP. Tem interesse na área de Ciência Política e Relações Internacionais, com ênfase em Segurança Internacional, Política Externa Brasileira e Teoria das Relações Internacionais. luiza_bizzo@hotmail.com

INTRODUÇÃO

Os Estudos de Segurança (ou apenas Segurança, com "S" maiúsculo) se consolidam como uma subárea das Relações Internacionais principalmente a partir da década de 1950. Com forte influência dos Estudos Estratégicos e diretamente relacionada à produção de respostas concretas aos desafios enfrentados pela política externa norte-americana, a Segurança acaba por refletir o corolário e premissas do Realismo Político. Apesar desta relação estreita com o paradigma realista, é possível perceber outras influências, agendas e debates ao longo das décadas seguintes.

Neste capítulo, trabalharemos as origens e principais características dos Estudos de Segurança desde a sua origem até o início da década de 1980, quando os questionamentos ao seu escopo começaram a se intensificar. Para tanto, discutiremos a fundação do campo e os impactos da Guerra Fria sobre o objeto da segurança. Traremos, também, alguns dos conceitos centrais para compreender as dinâmicas de segurança. Depois, exploraremos críticas à visão realista de segurança e alguns dos esforços para ampliar o objeto de estudos desde uma perspectiva liberal. Estas duas perspectivas, Realismo e Liberalismo, apesar de defenderem dimensões diferentes para o conceito de segurança e as políticas dele decorrentes, formam as bases mais tradicionais do que se convencionou chamar de Segurança. Encerramos o capítulo com indicativos sobre o desenrolar deste debate, principalmente as críticas envolvidas na manutenção de uma perspectiva realista e de eventuais tentativas de ampliar o escopo do campo.

1. A FUNDAÇÃO DO CAMPO DA SEGURANÇA

Os Estudos de Segurança ganham corpo como uma subárea das Relações Internacionais principalmente a partir do final da II Guerra Mundial. A Guerra Fria trouxe novos desafios à política internacional e a bipolaridade que a caracterizou tornou o pensamento sobre segurança parte integrante e central das agendas políticas das duas superpotências, complementando e auxiliando o processo decisório em política externa. Mesmo o legado anteriormente existente dos estudos de guerra e de paz, que deu origem à disciplina de Relações Internacionais no início do século XX, parecia insuficiente para atender às novas e complexas questões que surgiam.

Em sua gênese, a Segurança refletia essencialmente as preocupações políticas dos EUA no cenário que se seguia ao final da II Guerra Mundial. O resultado foi um diálogo estreito entre a teorização dos acadêmicos do campo e as estratégias de política exterior estadunidense (VALENÇA, 2010, p. 29-30). O desenvolvimento teórico da Segurança dependia de sua capacidade de influenciar e atender aos decisores políticos nos desafios por eles enfrentados na Guerra Fria, oferecendo respostas às perguntas dos formuladores de decisão, tal como nos primórdios da disciplina de Relações Internacionais (KENKEL, 2005, p. 10).

Esta relação é tão forte que fez com que os Estudos de Segurança também fossem conhecidos como teorias de segurança nacional (WOLFERS, 1952; MORGENTHAU, 2003, p. 199-214), evidenciando as prioridades e os principais interesses dos EUA no novo cenário internacional que se constituía. Como consequência, questões como a *deterrence*, o uso estratégico de forças convencionais e a diplomacia militar passaram a ocupar posição central nas agendas política e teórica de Segurança. Os Estudos de Segurança ganhavam relevância na medida em que eram capazes de oferecer alternativas e estratégias, com razoável grau de sucesso e previsibilidade, para a política externa estadunidense, principalmente diante da ameaça de uma expansão soviética (VALENÇA, 2010, p. 30).

Um aspecto que deve ser destacado aqui é o impacto político e a relevância buscados pela Segurança, o que se mostrou possível tendo o Realismo Político como lente analítica predominante. A teoria produzida visava a responder perguntas reais de um mundo de verdade e o Realismo político se adequava perfeitamente a esta pretensão. Este pragmatismo, como veremos adiante, demarcou os limites aos quais a Segurança deveria se ater e justificar, em um primeiro momento, a centralidade das questões militares no campo. Tal pragmatismo também evidenciava o viés que o campo assumiria nas décadas seguintes e que marcou os principais debates do campo. Em um cenário político bipolar, e tendo os Estados Unidos como principal representante do Ocidente, seus interesses, preferências e estratégias acabavam por moldar o que era reconhecido como legítimo no campo, em um processo de universalização do que se entendia por segurança e quais respostas deveriam ser dadas para conter eventuais ameaças (HAFTENDORN, 1991, p. 5; MORGAN, 2007, p. 14-15; BUZAN; HANSEN, 2010).

As condições políticas que levaram à formação do campo da Segurança eram, portanto, favoráveis ao predomínio epistêmico dos EUA. Ademais, as próprias bases intelectuais que existiam nas Relações Internacionais facilitaram também com que os Estudos de Segurança se conectassem ao processo decisório da então superpotência global. Nas seções seguintes, estudaremos a influência do Realismo político e dos Estudos Estratégicos na Segurança. Isso nos possibilitará compreender porque esta tradição teórica dominou e ainda predomina nos principais debates, agendas e estratégias de segurança internacional.

1.1 O REALISMO

Para podermos compreender a Segurança desde um viés realista (e a lógica orientadora dos principais conceitos que decorrem de seu uso como lente analítica), é preciso estabelecer três principais premissas analíticas, que se inter-relacionam de modo inseparável. A primeira premissa diz respeito ao Estado como unidade de análise da Segurança realista e das principais consequências teóricas e políticas que decorrem desta escolha. A segunda premissa envolve a natureza e a percepção de ameaças à segurança decorrentes da eleição do Estado como objeto de referência do campo. A terceira premissa aborda a relação entre o conhecimento intelectual que é produzido desde uma leitura realista e as respostas proporcionadas às perguntas feitas pelos formuladores de decisão.

1.1.1 O Estado como unidade de análise

Como paradigma teórico, o Realismo abrange um grande número de abordagens, postulados e níveis de análise que o tornam uma teoria rica e complexa (SHEEHAN, 2005, p. 25). Porém, mesmo diante de tanta diversidade, há elementos que são centrais a essas abordagens e que, em maior ou menor graus, ajudam o Realismo a ter uma estrutura interna coerente, relevantes e distinguíveis de outras que tentam criticá-lo.

De forma mais específica, são cinco os elementos centrais a todas as diferentes leituras do Realismo. São eles (i) o Estado como unidade central de análise, (ii) a anarquia como condição definidora do sistema internacional, (iii) o poder como objetivo a ser buscado para garantir os interesses dos Estados, (iv) a sobrevivência como interesse primordial dos Estados, e (v) a autoajuda como forma de empregar estratégias em um espaço sem garantias de cooperação (Pontes e Messari, 2005).

Desses cinco elementos, talvez o aspecto mais central para os Estudos de Segurança que deva ser destacado seja o do Estado como unidade de análise e ator primordial nas relações internacionais. Dessa premissa derivam as concepções de segurança, das ameaças e das estratégias para superar eventuais condições de insegurança. Em outras palavras, o Estado é referência chave para o estabelecimento do que é segurança e de como lidar com as ameaças, oferecendo o contexto para a construção do escopo do campo e sua relação estreita com as ameaças em forma do emprego da força militar, como veremos adiante.

A centralidade do Estado para a leitura realista da Segurança reflete a leitura percebida no paradigma realista das teorias de Relações Internacionais: o Estado é o ator central das Relações Internacionais e é nele (ou a partir dele) que a política, doméstica e internacional, acontece. O Estado tem, inerentemente, duas funções básicas, que acabam replicadas das teorias de Relações Internacionais para a Segurança. São elas a garantia da manutenção da paz dentro de seu território e a proteção de seus cidadãos contra ameaças externas, vindas do sistema internacional. Essas duas funções básicas acabam por impor uma dupla realidade ao Estado que é incorporada pela Segurança. Se, no plano doméstico, a soberania decorre da autonomia e da legitimidade da autoridade política, no plano internacional sua autoridade não tem utilidade, pois não há uma autoridade central que se sobreponha aos demais Estados – ou seja, temos um cenário de anarquia, o segundo elemento caracterizador do Realismo.

Em um ambiente anárquico, onde a política é pensada como um jogo de soma zero, dificultando a cooperação e em estado de permanente conflito, a insegurança quanto às intenções dos adversários permeia todo e qualquer cálculo racional feito pelo Estado. Isso gera uma desconfiança e um receio entre os Estados, tornando o poder o objetivo central a ser buscado, a sobrevivência o interesse primordial e a autoajuda, a lógica que norteia as estratégias a serem tomadas.

Deste modo, entender que a preocupação central da Segurança realista gire em torno de questões militares – como disse Stephen Walt (1991, p. 222), segurança diz respeito ao uso, à ameaça e ao controle do poder militar – parece fazer todo o sentido. O foco do Realismo em se ater aos problemas que de fato afetavam as agendas internacionais permitia que este paradigma abordasse temas que eram percebidos como estruturantes no contexto político do pós-Segunda Guerra Mundial e cada vez mais visíveis no ambiente de Guerra Fria. Seu arcabouço analítico mostrava-se eficiente na abordagem destes temas e sua capacidade de oferecer soluções todas como viáveis pelos formuladores de decisão ajudaram decisivamente na consolidação do Realismo como a abordagem tradicional e predominante dos Estudos de Segurança.

1.1.2   Natureza das ameaças e a lógica da segurança

De acordo com a perspectiva realista, falar sobre segurança reflete uma questão central: a preocupação com a força militar. Apesar da força militar não ser a única questão que afeta a segurança, ela constitui aspecto estruturante para o campo da Segurança (WALT, 1991). Uma definição recorrentemente citada afirma que os Estudos de Segurança envolvem o estudo da ameaça, do uso e do controle da força militar (WALT, 1991, p. 222).

Outras questões, como economia e diplomacia, podem até ser importantes para a política internacional, até mesmo temáticas de grande impacto, mas não constituem temas de Segurança: apenas questões incidentes à força militar correspondem ao objeto de estudo da Segurança. E foi com base nessa premissa que a abordagem realista dos Estudos de Segurança estruturou a natureza das ameaças, o ator de referência e colocou limites analíticos e políticos no escopo do campo.

Nesse contexto, resta a pergunta: por que a força militar ganhou tamanho destaque?

A resposta, apesar de não ser simples, é bastante objetiva. Primeiramente, ela reflete o cenário político que caracterizou o plano internacional durante a segunda metade do século XX. A Guerra Fria e a centralidade da ameaça soviética, com a consequente resposta em termos militares – tanto por meio da força convencional quanto da nuclear. A agenda de política exterior estadunidense girava em torno de respostas a essa demanda e, portanto, a força militar ganha prioridade ao consistir, ao mesmo tempo, em estratégia para aumento da influência internacional e em fim a ser buscado, dado que o aumento do poder militar ocasionaria a contenção das ações do adversário, impedindo que este projetasse poder e alcançasse seus objetivos.

Ademais, em termos epistemológicos, o destaque deste elemento decorre da escolha teórica para explicar o mundo, seus eventos e as respostas a ele. O foco no Estado como principal ator político e o modelo de racionalidade que explica as suas ações repercute com mais impacto na área militar, pois esta é uma ameaça crível e concreta ao principal ator das Relações Internacionais.

Em termos políticos, o foco na dimensão militar se mostra conveniente. A força militar é uma ameaça quantificável, que permite ser operacionalizável por meio de políticas públicas facilmente inseridas e justificadas com base na retórica política. E, considerando o cenário internacional então em vigor, ameaças militares são de fácil assimilação pela população, tornando-as politicamente relevantes. A construção da ameaça militar estrangeira se adequava à reprodução e perpetuação do duplo papel do Estado na teoria realista: a manutenção da paz em seu território e a proteção de sua população contra adversários externos. Em outras palavras, a parceria entre o Realismo político e a Segurança focada em aspectos militares é uma profecia autorrealizável.

Em suma, restringir o objeto de estudo aos aspectos inerentes à força militar ajudam o campo tanto científica quanto politicamente (WALT, 1991). Um objeto de estudos restrito permite construir uma teoria explicativa elegante, ou seja, com capacidade de explicar uma diversidade de fenômenos usando o menor número de variáveis possíveis. Permite, também, que essa teoria tenha capacidade de resolução dos problemas a ela propostos, instruindo o processo decisório. Finalmente, e por consequência, um objeto limitado garante à Segurança uma relevância política, conforme os termos que ela mesma estabeleceu.

1.1.3 Relação entre teoria e prática

As questões acerca do estudo da força militar envolveriam, desde uma abordagem realista da Segurança, as mais altas responsabilidades dos governos. Tal conexão entre a contribuição acadêmica e as agendas políticas permitiriam uma relação estreita e clara entre a produção teórica e a prática política. Ademais, em um contexto como o da Guerra Fria, e considerando as funções básicas do Estado para o Realismo, focar em aspectos militares poderia contribuir para mitigar os impactos da insegurança derivados da anarquia internacional, mesmo que a natureza dos atores ou a condição anárquica não pudessem ser alteradas.

O resultado é que os Estudos de Segurança se apresentavam como um campo intelectual ainda mais evidente (FREEDMAN, 1998; MUTIMER, 1999, p. 92), com diálogo direto com os dilemas e problemas enfrentados pelos decisores políticos. Como consequência, notamos novamente que a agenda teórica da Segurança representava as questões enfrentadas pelos Estados Unidos em sua política exterior.

Há, contudo, consequências negativas decorrentes desta busca por relevância e por adequação imediata às agendas políticas. Durante as décadas de 1950 a 1980, parte significativa das teorias desenvolvidas buscavam exclusivamente a resolução de problemas. Isto reflete uma limitação no pensamento de segurança no que tange a teorização ampla, como o desenvolvimento de uma teoria geral que abarcasse o campo (MILLER, 2001). Contudo, e tal como o objeto de estudos restrito da Segurança na ameaça, uso e controle da força militar, isto não era um problema para o Realismo. Tais "limitações" eram adequadas à lógica desta tradição de pensamento e acabavam por reforçar as premissas epistemológicas do campo.

1.2 DILEMA DE SEGURANÇA

O conceito de dilema de segurança é uma derivação lógica da perspectiva realista de segurança. Ele reflete os problemas de compreensão derivados da ameaça, do uso e do controle da força militar em um mundo anárquico. Sua estrutura conceitual decorre, pois, da própria condição da anarquia e da incerteza que surge dessa condição. Como a condição de anarquia internacional é algo insuperável, toda teoria séria de Relações Internacionais deveria lidar com o dilema de segurança, pois ele seria uma questão essencial da política internacional (BOOTH;

WHEELER, 2008, p. 1-3). Porém, as condições estruturantes do Realismo político fazem com que o dilema de segurança seja mais evidente nesta tradição teórica.

O dilema de segurança é fruto do medo de grupos de serem atacados, dominados ou aniquilados por outros grupos, fazendo com que se preparem para o pior (HERZ, 1950), levando-os a desenvolver mecanismos de autodefesa. A estrutura conceitual do dilema de segurança se estrutura sob as contradições que esses mecanismos de autodefesa geram, bem como nas condições que se imaginam que poderiam levar à sua superação – mas não o fazem.

A lógica subjacente ao dilema de segurança é que as armas que garantiriam a proteção de um grupo ameaçam, potencialmente ou de fato, outros grupos. Logo, Estados detentores de armamentos podem provocar a incerteza e o medo em outros Estados, mesmo que essas armas não sejam utilizadas para nada, além da própria proteção.

A incerteza e o medo poderiam ser minimizados, mas não eliminados, com o fortalecimento de instituições e a cooperação internacional (BOOTH; WHEELER, 2008, p. 6-7). O dilema de segurança persistirá enquanto não houver uma autoridade superior que suprima essa incerteza e medo. Porém, como a anarquia é condição primária do sistema internacional, o dilema de segurança é irresolúvel.

1.2.1   O que é o dilema de segurança

O dilema de segurança é um dilema estratégico que decorre de duas premissas que se mostram incompatíveis, obrigando o decisor político a escolher uma linha de ação que contradiz uma dessas premissas. A primeira premissa reflete a impossibilidade de tomarmos decisões plenamente embasadas sobre as intenções e objetivos de outros indivíduos. Isto nos impossibilitaria compreender inteiramente suas ações. A segunda premissa é de que a função das armas, se de defesa ou de ataque, são inerentemente ambíguas. Por isso, a obtenção de armamentos por um Estado gera desconforto aos seus adversários.

Ele opera em dois níveis decisórios. O primeiro, mais básico, leva o decisor a ser confrontado com o dilema de escolher entre duas alternativas que afetam sua segurança. A decisão envolve a incerteza sobre capacidades e intenções do adversário. Seriam elas defensivas ou há interesses ofensivos?

O segundo nível decisório deriva do primeiro e consiste no dilema sobre qual a forma mais racional de agir. Como o Estado deveria agir diante da aquisição de armamentos por parte de outro Estado?

As duas premissas conflitantes apontadas no início desta seção evidenciam uma relação complexa entre as condições materiais e psicológicas incidentes neste dilema. O resultado é que o dilema de segurança não acontece por conta das intenções e capacidades dos Estados envolvidos. Ele decorre da percepção de que há uma condição existencial e irresolúvel de incerteza (BOOTH; WHEELER, 2008, p. 6-7).

Por outro lado, uma reação baseada exclusivamente na hostilidade mútua não representa um dilema de segurança. Neste caso, falamos do paradoxo da insegurança.

1.2.2 Paradoxo da insegurança

O paradoxo da segurança ocorre quando dois ou mais Estados, buscando apenas promover sua própria segurança, provocam por meio de suas ações um aumento na tensão mútua. O resultado é uma sensação de menor segurança para todos os envolvidos (BOOTH; WHEELER, 2008, p. 4-5).

Tal como o dilema de segurança, o paradoxo da segurança opera em um nível estratégico – i.e., o que fazer –, mas reflete um erro de interpretação quanto à reação dos Estados não o choque entre duas premissas. A distinção entre o dilema de segurança e o paradoxo da segurança está na existência de tensão entre a dimensão psicológica e a material, ou se apenas há uma espiral de hostilidade entre os Estados envolvidos. No primeiro caso, há o dilema de segurança; no segundo, o paradoxo da segurança.

1.3 DETERRENCE

A *deterrence* foi um dos conceitos mais trabalhados dentro do campo dos Estudos de Segurança durante o período da Guerra Fria (NYE; LYNN-JONES, 1988, p. 11). A disputa política e militar entre EUA e URSS, principalmente no campo nuclear, enfatizou a centralidade do conceito neste cenário bipolar e alimentou estratégias de contenção entre os rivais. A *deterrence* exemplifica a natureza da teorização sobre segurança durante o período da Guerra Fria. A teoria da *deterrence* oferece subsídios ao decisor político sobre problemas da agenda política internacional. Assim, ao responder a um problema concreto que incidia sobre a política exterior dos EUA, a *deterrence* oferecia uma teoria útil e politicamente relevante, estreitando as relações entre os formuladores de decisão e os teóricos de Relações Internacionais.

Deterrence consiste na tentativa de influenciar o processo decisório de outrem por meio da ameaça do emprego da força militar (PAYNE; WALTON, 2002, p. 168-169). Uma estratégia de *deterrence* bem sucedida depende, necessariamente, que o processo decisório do adversário seja alterado sem que a força militar tenha sido empregada. Ou seja, se o ator ameaçado mudar seu processo decisório após o emprego de força militar, a *deterrence* falhou, ainda que o resultado pretendido por quem ameaçou tenha sido alcançado. Deve-se perceber, também, que a ameaça empregada na *deterrence* deve envolver o emprego da força militar: sanções econômicas, políticas ou outro tipo de ameaça não configuram *deterrence*.

1.3.1 Tipos de deterrence

A *deterrence* pode ser analisada a partir de duas categorias. A primeira diz respeito à forma da sua ameaça; a segunda, quanto à natureza dos seus efeitos (PAYNE; WALTON, 2002, p. 167-169).

A *deterrence* é punitiva quando a ameaça empregada envolve a retaliação diante certo tipo de ação, ou seja, se um Estado fizer algo, o outro retaliará. A lógica por trás desse tipo de *deterrence* é que, caso o agente que sofra a ameaça insista em não alterar seu processo decisório, os benefícios advindos de sua ação serão menores que os custos sofridos pela punição. Já a *deterrence* negatória envolve negar ao agente ameaçado o sucesso de sua ação, por meio de ameaça que impediria o objetivo desejado. Em outras palavras, se um Estado tentar fazer algo, ele não será capaz de concluir sua ação, pois o outro Estado fará algo que impedirá seu sucesso.

Vale observar que estes dois tipos de *deterrence* podem acontecer em uma mesma ameaça, ou seja, a ameaça pode ser, ao mesmo tempo, punitiva e negatória. O aspecto a ser observado aqui é que a resposta dada pelo lado que tenta dissuadir o outro deve ser tão custosa que um cálculo racional de interesses fará o agente que sofre a *deterrence* a desistir de agir.

Já quanto à natureza dos seus efeitos, a *deterrence* pode ser ampla ou específica. A *deterrence* de efeitos amplos envolve uma resposta vaga, sem que determinada ação seja vinculada a uma resposta específica. A *deterrence* de efeitos específicos, por sua vez, informa exatamente o que esperar diante da continuidade da ação do agente ameaçado, facilitando o cálculo sobre os benefícios de continuar ou não o comportamento ameaçado.

1.3.2 A importância da credibilidade

Dois fatores são chaves para a análise do sucesso da *deterrence*. O primeiro é considerar os envolvidos como atores racionais e que estruturam suas ações a partir de um cálculo utilitarista. O segundo é o impacto da credibilidade de quem promove a ameaça (PAYNE; WALTON, 2002).

As formas de ameaça e os seus efeitos evidenciam um aspecto importante da *deterrence*. Ela pressupõe que os atores envolvidos são racionais e que, portanto, calculam os riscos e benefícios de sua ação a partir de uma lógica de razoabilidade. Em outras palavras, se há percepção de ganhos em manter a ação, o ator ameaçado provavelmente o irá fazer. Do contrário, caso este analise racionalmente que os custos serão maiores que os benefícios, o processo decisório será alterado.

Desta forma, há uma relação direta entre a razoabilidade da ameaça e o bem ameaçado. Ambas as partes envolvidas devem perceber a racionalidade da ação do adversário, de forma a perceber custos e benefícios envolvidos. Uma ameaça desproporcional ao bem ameaçado pode sugerir, desde uma lógica do ator racional, que a concretização de tal desafio não é plausível. O mesmo pode se dizer, por exemplo, sobre comportamentos recorrentes, de um lado ou de outro, sem que o ator a concretize ou de persistência em determinado tipo de comportamento. O histórico de interações pode, por vezes, ser um fator valioso para analisar o sucesso ou o fracasso da *deterrence*.

Entretanto, o elemento mais importante para o sucesso da *deterrence* é a credibilidade do ator que promove a ameaça

(PAYNE; WALTON, 2002). A referência à credibilidade aqui não se limita à intenção de proceder com a ameaça apresentada. O ator deve ser capaz de efetivamente cumprir a ameaça. Desta forma, há uma relação que deve ser apurada entre o teor da ameaça, os interesses aparentes em jogo por parte daquele que promove a ameaça e sua efetiva capacidade de proceder com a ação. Uma conjunção positiva destes três fatores indica que há credibilidade e possibilidade na execução da ameaça. Por outro lado, caso algum – ou alguns – destes fatores não fique aparente, pode-se entender que a ameaça não é crível e a *deterrence* não seja bem-sucedida.

2. CRÍTICAS AO REALISMO E A AMPLIAÇÃO DO OBJETO DA SEGURANÇA

O predomínio do Realismo Político nos Estudos de Segurança, ainda que tenha atrelado a agenda às premissas teóricas e políticas desta tradição, não resultou em consenso ou da ausência de críticas às suas premissas. Havia críticas à centralidade do poder militar como objeto de estudos e do Estado como objeto de referência do campo, além da percepção teórica e política de que novos temas deveriam integrar as agendas da área. Havia a percepção, principalmente por teorias de orientação liberal, de que a Segurança deveria olhar para o cenário que se constituía. As críticas seguiram caminhos diversos, como a recorrência da ameaça, o nexo entre segurança e economia, pleitos por autodeterminação e a crítica à centralidade dos EUA e de sua agenda política ao campo (KOLODZIEJ, 1992, p. 429).

De forma breve, podemos elencar aqui três críticas de orientação liberal às premissas realistas da Segurança. Ainda que estas críticas não esgotem os debates no campo, elas representam correntes importantes para a construção de uma agenda alternativa à segurança tradicional.

A primeira crítica diz respeito ao papel do Estado como ator político internacional e, até então, objetos de referência para a Segurança. Se para os realistas, o Estado era um ator monolítico responsável por garantir a ordem interna e a segurança contra ameaças externas, a leitura liberal da segurança impõe novos desafios e responsabilidades ao Estado. O Estado passa a ter a obrigação de não apenas garantir a segurança e promover a ordem interna, mas oferecer as condições políticas que promovam o bem-estar dos seus cidadãos. A concepção de segurança passaria a incorporar não apenas ameaças à integridade física do Estado, mas também desafios que resultassem na perda da qualidade de vida dos indivíduos e do aumento da vulnerabilidade das sociedades diante das dinâmicas políticas (ULLMAN, 1983).

Como consequência, vem a segunda crítica proposta. Ela se apoia nesta nova concepção do papel do Estado e se dirige ao escopo de estudos do campo, constituindo o eixo central do que ficaria conhecido como abordagem ampliacionista da segurança. Se o escopo da segurança realista se restringiria ao uso, à ameaça e ao controle do poder militar (WALT, 1991, p. 222), a crítica liberal apontava a necessidade de perceber novas e mais relevantes ameaças à segurança (KOLODZIEJ, 1992). Desafios como conflitos armados internos, motivados por disputas étnicas, territoriais ou econômicas e que antes eram contidas pelas duas superpotências em suas áreas de influência, passaram a eclodir e se tornaram desafios regionais à segurança. Como consequência, problemas como refugiados, instabilidades econômica e política e fragilidade institucional de Estados do chamado Terceiro Mundo proliferaram, demandando soluções. A própria noção de legitimidade de um governo passaria a ser considerada também como um fator de instabilidade e ameaça à segurança (KOLODZIEJ, 1992, p. 422).

Igualmente, questões ambientais entravam na pauta da Segurança como desafios a serem solucionados (ULLMAN, 1983, p. 146). Temas como aquecimento global, preservação do meio ambiente e segurança ambiental passaram a ser percebidas como essenciais para prevenir a diminuição brusca da qualidade de vida dos indivíduos. Estas questões eram compreendidas como tão importantes quanto à ameaça militar e, de certa forma, já estariam presentes nas agendas políticas. Assim, o desafio à segurança realista e à sua busca por relevância política era colocada em termos semelhantes. Se a Segurança se pretende ser relevante e atender às demandas mais urgentes da sociedade, como acontecia durante a Guerra Fria, ela deveria olhar para o novo cenário que se construía. Para tanto, a Segurança precisaria expandir seu objeto de estudos para incluir estas novas demandas, vistas como mais recorrentes e de ameaça mais imediata à sociedade internacional (ULLMAN, 1983, p. 123; KOLODZIEJ, 1992, p. 6). E, conforme a conjuntura política internacional se alterasse e percebesse novas ameaças, estas deveriam ser igualmente incluídas nas agendas do campo. A ampliação do escopo da Segurança permitiria que a área se mantivesse relevante e atenta aos desafios que ora surgiam.

Finalmente, a terceira crítica surge como parte dos arranjos para garantir segurança. As respostas percebidas às ameaças à segurança passam a incorporar arranjos institucionais e de cooperação internacional, como forma de perceber que estas ameaças afetam a sociedade como um todo. É possível perceber que o fortalecimento de instituições e regimes internacionais, além da preocupação com o fortalecimento das instituições internas dos Estados. Para tanto, e em caráter ilustrativos, esforços como as operações de paz da ONU se tornaram recorrentes para a resolução de conflitos armados internos, além de ações internacionais para a reconstrução de Estados e de suas instituições políticas. É o fenômeno que chamamos de interdependência.

A interdependência se configura a partir da percepção dos atores políticos – no caso, dos Estados – de que a relação entre eles é tão estreita e conectada que as ações e omissões de um deles acaba por afetar os demais. Considerando a interdependência no plano político, as relações internacionais passam a ter outra variável de análise, que também difere da abordagem realista da Segurança. Ao invés dos Estados olharem apenas para si e tomarem decisões baseados nos seus próprios interesses, de forma absoluta, há uma percepção de que os Estados estão em um ambiente social, se afetando mutuamente (KEOHANE; NYE, 1977; KEOHANE, 1984). A consequência é que estes arranjos de segurança passam a ter maior importância, contribuindo para o afastamento das ameaças e da percepção de maior qualidade de vida e bem estar aos Estados e indivíduos. Tais elementos reforçam alguns dos conceitos que discutiremos a seguir.

2.1 PAZ DEMOCRÁTICA

A Teoria da Paz Democrática se sustenta em uma premissa com bases institucionais domésticas e internacionais. Em termos domésticos, a ideia é que democracias tendem a ser mais estáveis politicamente que não-democracias, garantindo representatividade, participação política e bem-estar aos indivíduos daquele

Estado. Seria, em poucas palavras, a síntese acerca do que se espera do Estado liberal na Segurança.

Mas qual seria, então, a premissa subjacente à Paz Democrática?

A ideia que sustenta esta estratégia é de que democracias não entram em guerra contra outras democracias. Esta premissa apresenta elementos conceituais e empíricos para garantir a efetividade da teoria.

Conceitualmente, a Teoria da Paz Democrática se baseia na ideia de que há constrangimentos institucionais e culturais em democracias que tornam o uso da força algo oneroso (RUSSETT, 1993). Em termos institucionais, há uma série de freios e contrapesos que tornam o processo decisório relacionado ao uso da força demorado, o que permitiria que as disputas e tensões se resolvessem de outra maneira. Dentre esses freios e contrapesos está o envolvimento de diferentes setores políticos e da sociedade, o que significaria o escrutínio das decisões e das consequências acerca do emprego da força (VALENÇA, 2006, p. 574). Na relação entre democracias, ambas saberão que o processo decisório do seu adversário passará por tal verificação, de modo que decisões apressadas ou inconsequentes poderiam ser evitadas (RUSSETT, 1993, p. 24-25).

Em termos culturais, a premissa é de que haveria a percepção, desenvolvida e fortalecida ao longo do tempo, de que guerras e conflitos armados são prejudiciais ao Estado e à sua população. O envolvimento em um desses eventos comprometeria a capacidade do Estado de prover condições de bem estar à sua população. Ademais, a estrutura institucional de uma democracia gera as condições culturais para a população perceber as formas mais eficientes de comunicação junto a seus representantes. Estes, por sua vez, entendem que seguir a vontade da população é uma forma eficiente de manter seus cargos e posições. Portanto, culturalmente, há o entendimento de que guerras não são uma boa solução para problemas e a força deve ser empregada com parcimônia, principalmente em questões envolvendo regimes igualmente democráticos.

Porém, quando a relação se dá com não-democracias, estas premissas ainda vigoram, mas sob o alerta de que em não-democracias o processo decisório é diferente. Por haver menos constrangimentos institucionais, maior arbitrariedade do líder político e potencialmente maior celeridade no processo decisório em usar a força militar, as democracias continuam a entrar em guerra contra não-democracias.

Em termos empíricos, a Teoria da Paz Democrática se sustenta por conta da inexistência de guerras entre duas ou mais democracias. Historicamente, desde o século XVIII, não há relatos ou estatísticas de guerras entre dois Estados que partilham de regimes democráticos. Eventuais conflitos armados entre países entendidos como democracias são análises imprecisas dos regimes políticos daqueles países em dado momento. Estes "falsos positivos", contudo, levam às críticas à teoria da paz democrática (MANSFIELD; SNYDER, 2005; VALENÇA, 2006).

Talvez a crítica mais contundente a esta teoria seja acerca do que consiste e sobre que bases o conceito de democracia é definido. Para os adeptos desta teoria, a democracia é baseada no regime político dos EUA e este serve como referencial para se analisar outras democracias. Assim, modelos que não seguem este ideal ocidental podem ser vistos como não democráticos, ainda que apresentem características de ser uma democracia, comprometendo a análise das relações entre os Estados. Porém, em termos absolutos, a teoria da paz democrática reflete a busca por um objeto ampliado da segurança e reflete a percepção de que arranjos colaborativos podem ser capazes de mitigar a ameaça e a insegurança internacionais.

2.2 COMUNIDADES DE SEGURANÇA

O conceito de comunidades de segurança decorre da formulação de novas perguntas a antigos desafios percebidos pela Segurança. A partir disso, os desafios até então analisados assumem novas características e, por isso, permitem novas possibilidades de respostas. Temos, portanto, um questionamento da visão realista de segurança e da ameaça militar que dominava as agendas e a consequência dessa nova abordagem é que as ameaças à segurança internacional – assim como a beleza – estão nos olhos do observador.

Se os realistas se perguntam "por que as guerras acontecem?", os liberais adicionam um elemento condicionante a tal pergunta e tem, como resultado, o desafio de refletir acerca do "por que as guerras não acontecem na maior parte do tempo?". De forma semelhante, a pergunta de "por que alguns Estados fazem guerra?" se torna "por que guerras são inconcebíveis para alguns Estados?".

Os realistas acusariam a incerteza decorrente da anarquia internacional, o papel do Estado na proteção dos seus cidadãos e a busca por poder e sobrevivência como respostas plausíveis para tais questionamentos. Contudo, uma leitura liberal da segurança, pensada também em termos de arranjos multilaterais para promoção da segurança, nos ofertaria outra resposta. E, ainda que não sejam simples, as respostas a essas perguntas são compatíveis com o *ethos* liberal, a ampliação do escopo da segurança e da busca por instituições e práticas colaborativas para a segurança.

Neste contexto, temos que a resposta para essas perguntas alternativas é que alguns Estados se encontram em um nível de integração tão consolidados entre si que partilham um senso de comunidade. Essa percepção decorre, principalmente, do compartilhamento de instituições e práticas políticas que fazem com que o recurso ao uso da força entre estes Estados seja praticamente descartado (DEUTCH et al., 1957; Sheehan, 2005). Eventuais disputas ou conflitos seriam resolvidos de forma pacífica, consolidando práticas e percepções de que a guerra não é algo viável ou desejável entre os membros desta comunidade de Estados. Constitui-se, assim, uma comunidade de segurança.

As comunidades de segurança podem ser de dois tipos. O primeiro são as comunidades de segurança amalgamadas, enquanto o segundo são as comunidades de segurança pluralistas (DEUTCH et al., 1957).

As comunidades de segurança amalgamadas são raras na história dada a complexidade para a sua constituição. Elas são criadas a partir de dois ou mais Estados independentes que buscam um governo comum, abrindo mão de parcela de sua soberania para uma entidade supranacional, em nome do bem-estar comum.

As comunidades de segurança pluralistas, por outro lado, tendem a ser mais recorrentes. Elas se iniciam a partir de um processo de integração, seja ele conduzido por meio de instituições formais ou de práticas políticas e formação de regimes. Tal integração não afeta a soberania dos Estados envolvidos, que continuam politicamente independentes, mas com um alto nível de compatibilidade de valores políticos e estreita rede de comunicação política e interação entre seus membros. Estas formas de comunicação e os valores compartilhados favorecem modos de resolução de disputas diferentes da forma militar, mesmo que haja histórico de conflitos entre eles. Tais formas de comunidade de segurança são mais fáceis de se estabelecer e se manter do que as comunidades amalgamadas.

Em uma comunidade de segurança pode até haver a previsão de mecanismos de segurança coletiva, mas não podemos confundir um com o outro. Enquanto o conceito de segurança coletiva pressupõe arranjos contra ameaças externas, mas sem excluir a possibilidade de um conflito armado entre os Estados, as comunidades de segurança afastam o risco da guerra nas relações internacionais entre seus membros.

É importante perceber que as comunidades de segurança oferecem respostas que o Realismo político não é capaz de, ou não está disposto a, proporcionar. Exemplo disso é o caso da ausência do dilema da segurança – ou do paradoxo da segurança – entre Estados que são parte de uma comunidade de segurança. Estas análises, por outro lado, são foco central de uma perspectiva liberal de segurança. Há, neste caso, a preocupação com formas de incrementar a cooperação política e promover a convergência de interesses entre os Estados, consolidando mecanismos colaborativos para os arranjos de segurança.

3. CONSIDERAÇÕES FINAIS: A IMPORTÂNCIA PARA O DEBATE NO CAMPO DA SEGURANÇA

Este capítulo introduziu o debate sobre segurança a partir da perspectiva realista e explorou suas principais características. Dentre elas estão o objeto de estudos restrito ao uso, à ameaça e ao controle do poder militar, a busca por relevância política por meio de conhecimentos que subsidia o processo decisório e a proximidade da Segurança às estratégias de política exterior dos

EUA. A própria concepção de ameaça e a centralidade na análise do poder militar ressaltam o papel do Estado para a segurança realista, tornando esta abordagem coerente e politicamente relevante, ao menos para o contexto global percebido desde o final da II Guerra Mundial até o final da Guerra Fria. Neste sentido, conceitos como *deterrence* e o dilema de segurança se aproximam de uma perspectiva realista de segurança, na medida em que evidenciam a convergência de interesses, poder e ameaças compatíveis com essa perspectiva.

Depois, apresentamos a crítica a partir de uma perspectiva liberal. Esta visão critica o escopo limitado da abordagem realista, propondo uma ampliação do campo de estudos para se adequar às demandas que surgiam a partir da década de 1980. Esta leitura ampliacionista permitia, também, a revisão do papel do Estado e as expectativas que passavam a surgir a partir do nexo segurança-economia e a busca por bem estar dos indivíduos. Arranjos cooperativos para a segurança passaram também a fazer parte desta leitura, o que permitiu que uma série de conceitos e premissas fossem adotadas, derivadas do conceito de interdependência. Assim, expusemos o conceito de Paz Democrática e de comunidades de segurança, duas leituras que somente são possíveis caso o paradigma realista seja superado e novas possibilidades de perceber as relações internacionais sejam adotadas.

Estas duas abordagens, bem como os conceitos trazidos aqui, não são as únicas leituras possíveis da Segurança. Porém, são abordagens que estruturam o campo, orientam a formulação de estratégias políticas e acabam por estar presentes nas principais agendas. Isso reforça a importância de leituras realistas e liberais que, apesar de amplas e contendo diferentes nuances, passam pelas bases aqui expostas.

REFERÊNCIAS BIBLIOGRÁFICAS

BOOTH, Ken; WHEELER, Nicholas J. **The Security Dilemma:** Fear, Cooperation, and Trust in World Politics. New York: Palgrave MacMillan, 2008.

BUZAN, B; HANSEN, L. **Defining-Redefining Security.** *In:* DENEMARK, R. A. (Org.). The International Studies Encyclopedia. Blackwell Publishing, 2010. Blackwell Reference Online. Disponível em: <http://www.isacompendium.com/subscriber/tocnode?id= g9781444336597_chunk_g97814443365976_ss1-1>. Acesso em: 28 de março de 2010.

DEUTSCH, K; BURRELL, S; KANN, R. **Political Community and the North Atlantic Area:** international organization in the light of historical experience. Princeton: Princeton University Press, 1957.

FREEDMAN, L. **The Future of Strategic Studies.** *In:* BAYLIS, J; WIRTZ, J; COHEN, E; GRAY, C. S. Strategy in the Contemporary World: an introduction to strategic studies. Oxford: Oxford University Press, 2002. p. 328-342.

HAFTENDORN, H. **The Security Puzzle:** Theory Building and Discipline-Building in International Security. International Studies Quarterly, n. 35, p. 3-17. 1991.

HERZ, j. H. **Idealist Internationalism and the Security Dilemma.** World Politics 2 (2): 157–180. 1950.

KENKEL, K. M. **Whispering to the Prince:** academic experts and national security policy formulation in Brazil, South Africa and Canada. Tese (Doutorado em Relações Internacionais) – Université de Genève, Genebra (Suíça), 2005.

KEOHANE, R. **After Hegemony:** cooperation and discord in the world political economy. Princeton: Princeton University Press, 1984.

KEOHANE, R; NYE, J. **Power and Interdependence:** world politics in transition. Boston: Little, Brown and Company, 1977.

KOLODZIEJ, E. **Renaissance in Security Studies?** Caveat Lector. International Studies Quarterly, n. 36, p. 421-438. 1992.

MANSFIELD, E. D.; SNYDER, J. **Electing to Fight: why emerging democracies go to war.** Cambridge: MIT Press, 2005.

MILLER, S. E. **International Security at Twenty Five.** International Security, v. 26, n. 1, p. 5-39. 2001.

MORGAN, P. **Security in International Politics:** traditional approaches. *In:* COLLINS, A. (Ed.). Contemporary Security Studies. Oxford: Oxford University Press, 2007. p. 13-34.

MORGENTHAU, H. **A Política entre as Nações:** a luta pelo poder e pela paz. São Paulo: UnB, 2003.

MUTIMER, D. **Beyond Strategy:** critical thinking and the new security studies. *In:* SNYDER, C. A. (Ed.). Contemporary Security and Strategy. Londres: MacMillan, 1999. p. 77-101.

NYE, J.; LYNN-JONES, S. M. **International Security Studies:** a report of a conference on the state of the field. International Security, v. 12, n. 4, p. 5-27. 1988.

PAYNE, K. B.; WALTON, C. D. **Deterrence in the post-Cold War World.** *In:* BAYLIS, J; WIRTZ, J; COHEN, E; GRAY, C. S. Strategy in the Contemporary World: an introduction to strategic studies. Oxford: Oxford University Press, 2002. p. 161-182.

RUSSETT, B. **Grasping the Democratic Peace:** principles for a post-Cold War world. Princeton: Princeton University Press, 1993.

SHEEHAN, M. **International Security:** an analytical survey. Boulder: Lynne-Rienner, 2005.

ULLMAN, R. H. **Redefining Security.** International Security, n. 8, v. 1, p. 129-153. 1983.

VALENÇA, M. M. **Novas guerras, estudos para a paz e Escola de Copenhague:** Uma contribuição para o resgate da violência pela segurança. Orientador: KENKEL, K. M. 2010. (Doutorado) – Relações Internacionais, Pontifícia Universidade Católica do Rio de Janeiro (PUC/RJ), Rio de Janeiro.

VALENÇA, M. M. **Electing to Fight:** why emerging democracies go to war (Resenha). Contexto Internacional, v. 28, n. 2, p. 567-577. 2006.

WALT, S. The **Renaissance of Security Studies.** International Security Quarterly, v. 35, n. 2, p. 211-239. 1991.

WOLFERS, A. **National Security as an Ambiguous Symbol.** Political Science Quarterly, n. 67, p. 481-502. 1952.

CAPÍTULO 2
APROFUNDANDO O DEBATE: A EVOLUÇÃO DOS ESTUDOS DE SEGURANÇA

Marcos Vinícius Mesquita Antunes de Figueiredo[3]

---

[3] Doutor e Mestre em Relações Internacionais – PUC/RJ. Bacharel em Direito pela Universidade Católica de Petrópolis (UCP). Professor de Relações Internacionais e Economia do IBMEC/RJ. Email: mvmafigueiredo@gmail.com

INTRODUÇÃO

Os estudos de segurança internacional experimentaram uma ampliação e diversificação significativas a partir dos anos 1990, o fim da Guerra Fria e a globalização liberal que lhe seguiu. Tradicionalmente concebida como uma subárea destinada a pensar a sobrevivência do Estado em termos militares dentro do sistema internacional, esse campo do saber passou a vivenciar importante pluralização teórica e epistemológica a ponto de redefinir drasticamente suas possibilidades de reflexão.

De uma visão tradicionalista, estadocêntrica e baseada nas perspectivas convencionais das Relações Internacionais (RI) – especialmente realista – a subárea passou a considerar a problematização social da formação dos interesses estatais e de outros atores, assim como o papel da intersubjetividade e da linguagem na construção da percepção de (in)segurança. Outras áreas externas à disciplina de RI, mas extremamente vinculadas a ela, tal como os Estudos de Paz, passaram a ter também importante papel nesse debate. Ademais, os chamados Estudos Críticos de Segurança da Escola de Gales, que têm na emancipação humana seu principal pilar, também adquiriram enorme relevo no desenvolvimento da subárea de segurança internacional.

Neste capítulo, tratar-se-á das variantes teóricas da segurança internacional que se deram posteriormente às visões tradicionalistas do campo. A abordagem aqui não será histórica, mas sim conceitual e teórica. Inicialmente, portanto, será abordada a questão mais ampla do construtivismo como um todo na Teoria de Relações Internacionais e na subárea da segurança internacional; em seguida, será pensado o papel que a linguagem tem nessa problematização, algo que possui peso essencial na chamada Escola de Copenhagen, mediante conceitos-chave como securitização e ameaça.

Por envolver autores dessa mesma escola, a Teoria dos Complexos Regionais de Segurança (TCRS) será tratada na mesma seção. Os Estudos da Paz passam a ser abordados em seguida, juntamente com sua visão de "paz por meios pacíficos", tais como defendido por seu principal pensador, Johan Gaultang. Por fim, será discutida a contribuição dos Estudos Críticos de Segurança da Escola de Gales, bem como a abordagem pela qual alguns temas específicos que atravessam essa escola visam à obtenção de uma crítica de caráter emancipatório do indivíduo, incluindo problemas que envolvem direitos humanos, temas de gênero e de questões ligadas à condição pós-colonial.

1. O CONSTRUTIVISMO COMO ESCOLA DE PENSAMENTO

Mais do que uma teoria das RI, o construtivismo é uma teoria social aplicável a diversos ramos das ciências humanas. É sempre mais adequado referir-se ao construtivismo no plural, visto que existe uma significativa diversidade teórica e mesmo epistemológica dentro dessa teoria social. Originariamente, o construtivismo nasce nas RI em sua versão mais pura com o trabalho *World of Our Making* (1989), de Nicholas Onuf. Aí o construtivismo foi levado às suas últimas consequências, considerando-se o papel central da linguagem na construção do entendimento individual e coletivo dos atores sociais sobre o mundo que os cerca. Todavia, foi com Alexander Wendt em *Anarchy is What States Make of it* (1992) que o construtivismo veio a adquirir uma dimensão de mais relevo junto ao *mainstream* das RI.

Com Wendt, o construtivismo revestiu-se de uma epistemologia mais próxima da científica, ainda que isso tenha implicado um recuo diante daquela virada linguística. De todo modo, para que ambas essas correntes do construtivismo sejam consideradas parte de uma mesma família, há que se identificar alguns elementos em comum a ambas, ou mesmo a toda e qualquer forma de construtivismo.

Esses elementos são basicamente dois: em primeiro lugar, o papel das ideias, normas e regras socialmente construídas na formação dos interesses dos atores internacionais; e, em segundo lugar, uma visão específica sobre o "debate ator x estrutura" representada pelo "estruturacionismo", ou seja, pelo rechaço tanto ao puro individualismo como ao absoluto estruturalismo (WENDT, 1987). Os construtivistas caracterizam-se, assim, pelo reconhecimento de uma dinâmica de mútua constituição entre atores e estrutura. Afora isso, autores ligados à corrente construtivista têm visões distintas em diversos temas, especialmente sobre o papel da linguagem na política e a centralidade ou não do Estado nas relações internacionais.

Alexander Wendt teve um impacto significativo nas reflexões sobre os efeitos da anarquia na política internacional, bem como na qualidade desse ambiente anárquico. Wendt volta seu projeto construtivista especificamente contra o neorrealismo de Kenneth Waltz (WENDT, 1999). No seu já citado artigo *Anarchy is what states make of it*, Wendt defende, em contraposição ao neorrealismo, que a política internacional não deve ser entendida numa lógica puramente materialista e estruturalista.

O autor defende, então, o caráter idealista das relações internacionais, bem como uma dinâmica de co-constituição entre atores e estrutura os quais permitem pensar, ainda numa visão estadocêntrica, que a lógica da anarquia internacional não levaria necessariamente os Estados a uma dinâmica intrínseca de competição. Isso abriria espaço para uma visão do internacional menos pessimista e mais aberta, com possibilidades de coexistência e cooperação mais plenas na seara internacional. A guerra não seria mais, assim, inerente ao sistema. A paz poderia ser obtida mediante transformações nas dinâmicas intersubjetivas entre atores do sistema internacional.

Esse argumento foi aprofundado por Wendt em seu livro de 1999 Social *Theory of International Politics*. Declarando-se parte de uma proposta epistemológica mais positivista, ao mesmo tempo em que se comprometia com uma abordagem construtivista da política internacional (idealista e estruturacionista), Wendt desenvolve aí seu famoso conceito de "culturas da anarquia" para pensar a qualidade da anarquia internacional no sistema de Estados soberanos. Segundo esse autor, uma lógica da inimizade, ou hobbesiana, seria plenamente possível no sistema internacional, em consonância com o realismo.

No entanto, diferentemente dos realistas, que a consideram inerente à política internacional – seja em razão da natureza humana ou da reação dos Estados à anarquia internacional – Wendt considera que a lógica da guerra é cultural e socialmente construída. Abre-se espaço, assim, para se pensar uma cultura da anarquia que supera a dinâmica de conflito, chegando-se à possibilidade de culturas menos conflituosas, como as da rivalidade (ou lockeana) e da amizade (ou kantiana).

Wendt entende, portanto, que a lógica da guerra e da insegurança são construídas socialmente, no âmbito das ideias intersubjetivas entre atores internacionais. A cultura da amizade seria semelhante ao que o teórico funcionalista Karl Deutsch chamou de Comunidades Pluralistas de Segurança (CPS), um conjunto de Estados independentes onde existem expectativas confiáveis, por causa de seu alto nível de integração, de que os conflitos serão solucionados de forma pacífica. Mais recentemente, Emanuel Adler e Michael Barnnet desenvolveram um estudo em que há uma atualização e um maior aprofundamento sobre as razões que levam os Estados a superarem a lógica da guerra, adentrando numa dinâmica de paz. Na visão desses autores, a lógica da anarquia, tradicionalmente vista como comprometedora de uma possibilidade de cooperação internacional mais ampla, pode sim levar a uma dinâmica mais cooperativa das relações internacionais (ADLER & BARNETT, 2003).

O continente europeu pode ser percebido como um exemplo clássico de uma mudança da cultura da inimizade para a da amizade, o que fez com que esse subsistema internacional se tornasse também um exemplo de CPS. Desde as guerras religiosas do século XVI e XVII, especialmente após a Paz de Westfália que, grosso modo, consolidou o moderno sistema de Estados soberanos após a derrota dos habsburgos católicos na Guerra dos Trinta Anos (1618-48), sua dinâmica competitiva de anarquia veio engendrando grandes disputas geopolíticas através do velho continente numa lógica de soma zero ao menos até a Segunda Guerra Mundial.

Em três guerras centrais (a Franco-Prussiana 1870-71, a Primeira Guerra Mundial de 1914-18, e a Segunda Guerra Mundial, de 1939-45), disputas entre França e Alemanha, especialmente em torno da região da Alsácia e Lorena, rica em carvão e aço, fizeram com que as duas principais potências da Europa continental se enfrentassem sistematicamente num contexto geopolítico hobbesiano. Entretanto, após a Segunda Guerra Mundial, principalmente sob os auspícios de Robert Schuman e seu plano perpetrado em Paris no ano de 1951, planejou-se uma reconstrução europeia de modo que os recursos naturais daquela região fossem compartilhados de forma cooperativa na Europa, o que ficou conhecido como Comunidade Europeia do Carvão e do Aço (CECA). Na Guerra Fria, a CECA foi uma das sementes do que viria a se consolidar como União Europeia no início da década de 1990.

A cultura da inimizade passou ceder espaço a uma cultura da amizade na Europa, graças aos esforços de alguns indivíduos liderados por Schuman, o que mostra como a estrutura da anarquia pode ser mudada mediante transformações promovidas por seus agentes. O mesmo pode ser dito do fim da Guerra Fria, cujo término da mesma cultura belicista foi, em grande parte, revertido pelas iniciativas políticas de Mikhail Gorbachev na virada dos anos 1980 para os anos 1990. Ambos os casos mostram que o tipo de cultura da anarquia não é determinado pela estrutura anárquica do sistema internacional, havendo espaço para uma mudança pacífica duradoura nas relações internacionais.

Já na década de 1980, portanto, surgiam formas mais heterodoxas de se pensar o problema da guerra e da paz na política internacional, desafiando-se a hegemonia do pensamento neorrealista, no campo da disciplina de RI. Na década seguinte, na subárea de segurança internacional, os tradicionalistas, que pensam a segurança como estritamente territorial, estatista e propensa ao conflito, começaram a enfrentar desafios oriundos de visões alternativas quanto à segurança internacional. Malgrado suas diferenças, essas novas abordagens trarão em comum a busca pela superação do positivismo como única metodologia de abordagem no campo da segurança e defesa. Assim, não apenas outros atores políticos passarão a ser objeto de segurança internacional, como também a dimensão normativa dos valores sociais passará a ter uma dimensão relevante nesse debate. É para essas correntes teóricas que este trabalho se volta a seguir.

2. A ESCOLA DE COPENHAGEN E OS ESTUDOS SOBRE A SECURITIZAÇÃO

Uma das principais contribuições a uma visão alargada dos estudos de segurança internacional iniciou-se em meados da década de 1980, pela criação do *Copenhagen Peace Research Institute* (COPRI), resultando na Escola de Copenhagen. As influências dessa escola construtivista são, entretanto, bem diferenciadas da visão do construtivismo mais convencional de Wendt nas RI, posto em marcha, também, no final da década de 1980 e início da década de 1990. A principal contribuição dos teóricos de Copenhagen encontra-se num livro da segunda metade dos anos 1990, de autoria de Barry Buzan, Ole Weaver e Jaap de Wilde. Esse trabalho foi intitulado de *Security: a new framework of analysis* (1998) no qual esses autores se valem da ideia de "*speech acts*" de John Austin e um conceito de excepcionalidade que guarda importantes paralelos com a obra de Carl Schmitt para construir sua nova versão mais dinâmica e ampliada da segurança internacional.

O conceito de "atos de fala", grosso modo, remete a ideia de que as palavras não apenas representam um mundo previamente dado, mas também criam o mundo no qual interagimos. Exemplo clássico de ato de fala é uma sentença judicial. Já que o réu é inocente até que se prove o contrário, a sentença prolatada pelo juiz tem o condão de transformá-lo em culpado. A relação de culpabilidade é, portanto, produzida pelo ato de fala do Poder Judiciário em que consiste a sentença.

O mesmo processo se daria entre atores políticos no âmbito da segurança internacional. Ao dizer que algo, como a crise climática ambiental, por exemplo, é objeto de segurança, isso pode vir a sê-lo, caso a audiência efetivamente a acate como tal. Daí se segue o paralelo com o pensamento de Carl Schmitt, especialmente seu conceito de excepcionalidade. Uma vez que algo seja tido como da seara da segurança, medidas excepcionais – fora da política ordinária – serão tomadas para protegê-lo. Para os autores da Escola de Copenhagen, a ideia de segurança é construída social e discursivamente por agentes securitizadores que buscam aplicar medidas especiais para protegerem um determinado objeto referente – que agora pode ser o Estado ou não. Para tanto, eles necessitam convencer uma audiência de que tais medidas excepcionais precisam ser tomadas para se proteger um dado objeto referente de alguma forma de ameaça (BUZAN *et al.* 1998).

A Escola de Copenhagen revolucionou os estudos de segurança internacional. Trata-se de um dos primeiros movimentos que possibilitou o deslocamento do Estado soberano como lugar privilegiado da segurança internacional – o que se poderia chamar de paradigma da defesa nacional – para pensar-se, tanto diversas fontes de ameaças, como inúmeras possibilidades de objetos referentes. Como a segurança agora é pensada social e discursivamente, atores sociais podem tornar politicamente disputável o que é uma ameaça à segurança e de quem, assim como os alvos dessa ameaça.

Abriu-se possibilidade para se considerar fontes de ameaça antes não imaginadas no escopo da política internacional como: aquecimento global, pandemias, movimentos migratórios etc. Por outro lado, não apenas os Estados territoriais se apresentam agora como objetos referentes de segurança e, portanto, alvos de medidas excepcionais. Grupos de indivíduos subnacionais, a própria população mundial – no caso das pandemias – ou mesmo o planeta terra, no caso do aquecimento global, podem ser postos nessa posição de excepcionalidade política.

Paralelamente ao programa de pesquisa dos estudos de securitização dos anos 1990, a política internacional experimentava as consequências de uma de suas maiores transformações com a queda do Muro de Berlim de 1989 e o fim da Guerra Fria. Esse processo foi selado pela desintegração da antiga URSS em dezembro de 1991. O desfecho nuclearmente pacífico do conflito bipolar fez com que novos temas adquirissem relevância nas relações internacionais, até então dominada pela rivalidade geopolítica, ideológica e militar entre as duas superpotências atômicas da Guerra Fria.

Direitos humanos, migrações internacionais, meio ambiente, tráfico internacional de armas e de drogas e, particularmente após os atentados de Onze de Setembro, terrorismo, são todos processos políticos que passaram a receber cada vez mais destaque no âmbito das relações internacionais. Líderes políticos, organizações internacionais – governamentais e não-governamentais – e até mesmo indivíduos passaram a atuar como verdadeiros agentes securitizadores de novos temas da política internacional, o que possibilitou que a lógica excepcional da segurança se misturasse a outras áreas da política mundial. As intervenções humanitárias em países como Somália e ex-Iugoslávia na primeira metade dos anos 1990, aprovadas pelo Conselho de Segurança das Nações Unidas (CSNU), baseadas na proteção coercitiva a seres humanos no Curdistão iraquiano, talvez tenham sido os exemplos iniciais mais claros de uma securitização dos direitos humanos no contexto da globalização liberal do Pós-Guerra Fria.

A Escola de Gales, que será vista mais a frente, terá um papel essencial como fornecedora de um aporte teórico adequado para se pensar conceitos como segurança humana e emancipação do indivíduo. Observa-se, porém, já com os estudos de Copenhagen, uma possibilidade de identificar-se processos de securitização dessas questões. A urgência no enfrentamento do aquecimento global advogada regularmente em fóruns mundiais também consiste em um importante exemplo de securitização de um tema da agenda internacional, visto que o caráter de urgência desse tema muitas vezes desloca o objeto referente do Estado para o planeta terra, evocando frequentemente medidas excepcionais para tanto.

Com a crise sanitária do HIV/AIDS na África Subsaariana, o CSNU passou a considerar essa pandemia como uma ameaça à paz e à segurança internacionais (VIEIRA, 2007). Recentemente, com a pandemia do SARS-CoV-2, observou-se uma securitização da agenda de saúde pública global ligada a doenças infectocontagiosas. Uma série de medidas excepcionais foram tomadas no contexto dessa pandemia, que envolveu não somente a aplicação de quarentena na maior parte dos países da ONU, mas também o fechamento temporário de portos, aeroportos e fronteiras nacionais num contexto peculiar em que a ameaça a segurança dos Estados soberanos não vinha mais das forças armadas de seus pares internacionais, mas sim de um patógeno altamente transmissível e ameaçador para a vida humana. Curiosamente, o objeto referente dessa securitização não era o Estado territorial em si, mas as populações de seus países e quiçá de todo o mundo.

Esse fenômeno mais recente da securitização do Sars-CoV-2 nos remete a uma das principais discussões elaboradas pela Escola de Copenhagen: as liberdades individuais. Para Ole Weaver, em particular, não está dado que a securitização seja necessariamente algo positivo, embora ela possa o ser também. Weaver chega até mesmo a advogar a "dessecuritização", em certos casos, visto que a segurança está ligada a alguma forma de política excepcional ou extraordinária, ao passo que as democracias em geral funcionam num contexto de política normal ou ordinária (MCDONALD, 2009: p. 71). Isso não significa necessariamente que a securitização seja um movimento intrinsecamente ruim. Todavia, é preciso, segundo os autores de Copenhagen, considerar que a securitização tem impactos importantes que podem comprometer a transparência e a liberdade no contexto das instituições democráticas. Somente cada caso poderá mostrar sua real conveniência.

Outra contribuição de enorme relevância dos autores Barry Buzan e Ole Weaver para a subárea de segurança internacional deu-se no campo dos estudos regionais de segurança. Se, por um lado, o sistema internacional como um todo possui uma lógica marcada pela anarquia internacional que, a princípio, tem o potencial de desencadear o dilema de segurança, por outro lado, a mesma lógica pode ser aplicada ao nível dos subsistemas internacionais.

Ole Weaver e Barry Buzan consideram que um Complexo Regional de Segurança (CRS) consiste num subsistema internacional que, por suas características geográficas e históricas próprias, possui uma dinâmica tal que faz com que a segurança de seus Estados não possa ser pensada de forma separada. Um CRS, assim, caracteriza-se por uma região do planeta que, por sua singularidade internacional, é capaz de gerar uma integralidade em termos de guerra e paz. Isso fez com que se abrisse a possibilidade para se pensar a questão da segurança destacadamente do resto do sistema internacional, em diferentes subsistemas regionais.

Para Buzan e Weaver, haveria oito grandes CRS no Mundo do Pós-Guerra Fria. São eles: Norte-Americano, Sul-Americano, Europeu, Pós-Soviético, Oriente Médio, África Central, Sul-Asiático e Leste-Asiático (BUZAN & WEAVER, 2003). Esse corpo da literatura não deve ser confundido com os estudos de integração regional, muito mais dominados por uma agenda liberal funcionalista e neofuncionalista do Primeiro Grande

Debate das Relações Internacionais. A discussão dos CRS está vinculada a um corpo de literatura próprio associado especificamente ao tema da segurança internacional que produziu uma teorização autônoma conhecida como Teoria do Complexo Regional de Segurança (TCRS). Esta literatura está precipuamente associada aos teóricos ligados à Escola de Copenhagen, Barry Buzan e Ole Weaver, sendo que sua principal contribuição se encontra no livro *Regions and Powers: The Structure of International Security* (2003).

Neste livro, esses autores estabelecem um programa de pesquisa para os mencionados oito CRS identificados por eles na virada do século XX para o XXI. Cada um desses CRS não apenas possuiria uma lógica própria, mas, dentro dela, possuiriam a presença distintiva de potências regionais. Essas potências, por seus poderes assimétricos, teriam uma contribuição central para a produção de uma lógica regional específica para cada CRS existente no sistema contemporâneo de Estados.

Alguns CRS, logicamente, podem ter uma dinâmica da guerra e da paz mais estável que a de outros. Neste sentido, a discussão sobre as CPS acabou adquirindo uma significativa ligação com a literatura de CRS. Elas se encontram praticamente indissociáveis em suas agendas de pesquisa, ainda que a primeira tenha surgido com Karl Deustch, em fins dos anos 1950, e a segunda tenha surgido mais recentemente na literatura de segurança internacional. Um dos exemplos mais clássicos de CRS consiste na região Oriente Médio (que também engloba a África do Norte). A jovialidade relativa de seus Estados, combinada com o caráter pós-colonial e arbitrário de suas fronteiras, bem como o choque de diferentes grupos étnicos e religiosos ali presentes fazem com que a dinâmica da anarquia neste CRS seja bastante conflituosa e distinta de outros subsistemas, como Europa e América do Norte, por exemplo.

Esse debate é praticamente inseparável da teorização de Wendt sobre as diferentes culturas da anarquia e a potencial evolução de um CRS para uma eventual CPS. De fato, Alexander Wendt desenvolve precisamente essa discussão no capítulo 6 de seu *Social Theory of International Politics* (1999). Para ele, ainda que o sistema internacional mundialmente tenha uma cultura da anarquia da rivalidade, os demais subsistemas podem tanto ter uma cultura mais belicosa, como a do Oriente Médio, ou mais pacífica, como no caso da Europa. Aliás, o Atlântico Norte é o caso paradigmático de uma CPS, ou seja, uma Zona de Paz, conforme teorizado por Karl Deutsch no auge da Guerra Fria. Será, porém, que a paz deva ser entendida apenas conforme Wendt e Deutsch têm defendido, ou seja, como uma capacidade de resolver conflitos sem recurso ao uso da força? Ou será que para se ter efetiva paz é preciso contar também com um determinado nível de bem-estar social e econômico? Na Europa do Pós-Guerra, particularmente nos países nórdicos, um debate que relacionava bem-estar social e segurança passou a ganhar destaque, ficando conhecido como Estudos da Paz. É a ele que nos voltamos neste ponto.

3. ESTUDOS DA PAZ E A PAZ POR MEIOS PACÍFICOS

Na primeira metade da Guerra Fria, surgiu um conjunto de autores fortemente ligados a países social-democráticos com o objetivo de estudar a relação entre bem-estar social e paz. Na

Noruega, em particular, foi criado o *Peace Research Institute of Oslo* (PRIO) que teve na figura de seu primeiro diretor, Johan Gaultang, seu mais importante expoente acadêmico. Ainda que esse corpo de autores não seja precisamente parte da disciplina anglo-saxônica de RI – a esse momento quase toda estadunidense, para ser mais exato – sua posterior influência na subárea de segurança internacional da disciplina não pode ser subestimada. Grosso modo, essa corrente de autores de Estudos da Paz possui como traço comum a ideia de que uma discussão sobre paz, para ser realmente profícua, não pode prescindir de um debate sobre as desigualdades sociais. Não haveria que se falar de paz em condições em que seres humanos vivessem em circunstâncias de insalubridade ou miséria. A paz seria inseparável do bem-estar social.

3.1 PAZ NEGATIVA E PAZ POSITIVA

Como resultado dessa preocupação com as condições sociais para uma efetiva paz, Gaultang desenvolveu uma distinção relevante entre paz negativa e paz positiva. Enquanto a primeira consistiria pura e simplesmente na ausência de conflito armado, a segunda se daria somente quando, ademais da ausência de tais conflitos, houvesse uma ampla gama de realizações no âmbito social e econômico. Para essa escola de pensamento, não seria possível se falar em efetiva paz enquanto seres humanos sofressem com as mazelas da fome, da insalubridade urbana e laborativa, da ausência de um consistente serviço de saúde pública ou privada e mesmo da possibilidade de um lazer mais efetivo. Esse paradigma, de certa forma, guarda relações com o ambiente da primeira metade da Guerra Fria em que, se por um lado, os países do bloco oriental encontravam-se sob a égide de uma economia planificada, por outro lado, os países do bloco ocidental encontravam-se influenciados por uma lógica de um Estado keynesiano-fordista (HARVEY, 2006). A Europa Ocidental e do Norte, mais especificamente, passaram, nesse momento, por experiências sociais-democráticas que lhes renderam um Estado bastante intervencionista e garantista.

Um exemplo internacional desse espírito de bem-estar social alargado pode ser constatado no conceito ampliado de saúde contido na carta da Organização Mundial de Saúde. Segundo o preâmbulo documento, a saúde não é vista somente como ausência de doenças, mas também como completo estado de bem-estar físico, psíquico e social (OMS, 1948). Observa-se aqui que a linha de raciocínio é a mesma seguida por Gaultang no desenvolvimento de seus estudos sobre a paz. Assim como para a OMS não basta a ausência de doença para genuinamente se ter saúde, sendo essa última um conceito mais amplo e abstrato, para os pensadores do PRIO, a mera ausência de conflito não seria suficiente para se ter paz. Tal concepção alargada de paz e saúde surgiram no mesmo contexto internacional. A lógica do Pós-Guerra era marcada por uma tentativa de reconstrução pelos Estados Unidos de diferentes dimensões das sociedades devastadas pela guerra. No Pós-Guerra, isso se deu mediante novas organizações internacionais arquitetadas e em grande medida dominadas pelos estadunidenses.

Pode-se usar também o famoso conceito da Pirâmide de Maslow, que recebeu esse nome em homenagem ao psicólogo humanista norte-americano que a criou, como chave teórica para se entender as razões por trás das novas concepções de paz do PRIO. Para Maslow, as necessidades dos seres humanos teriam um formato piramidal. Na base estariam as necessidades humanas mais essenciais: em primeiro, estariam as necessidades fisiológicas; depois, as de segurança; em terceiro lugar, as necessidades de pertinência e amor; em quarto, as de estima; e, no topo da pirâmide, ter-se-iam as necessidades de estima e de autorrealização (*apud* SCHULTZ & SCHULTZ, 2019: p. 376). Podemos usar esse raciocínio para interpretar o que Gaultang tinha em mente ao criar seus conceitos de paz negativa e positiva. Afinal, o ser humano não poderia se realizar com plenitude se ele tivesse apenas sua necessidade elementar de segurança satisfeita. Uma vida digna e plena exigiria também sua satisfação, mas juntamente a outras formas de necessidades, como o fim da fome e da miséria. Sem a base da Pirâmide de Maslow, logicamente, não haveria que se falar plenamente em paz.

3.2 VIOLÊNCIA ESTRUTURAL E VIOLÊNCIA CULTURAL

Mediante a compreensão da lógica keynesiana do Pós-Guerra e com ajuda da psicologia humanista de Maslow, podemos também pensar dois conceitos muito importantes para os teóricos de Estudos da Paz, dessa vez, relacionados à categoria violência. Ora, se a paz não deve ser entendida somente como ausência de conflito, sendo um conceito muito mais abrangente e inclusivo, seria natural supor-se que o mesmo se aplicaria ao conceito de violência. Essa última, portanto, não pode ser entendida tão-somente como violência física. Afinal, nem sempre a fonte de sofrimento humano viria de uma agressão direta a seu corpo promovida por outro indivíduo ou organização. Pensando nisso, Gaultang cunhou o termo violência estrutural, referindo-se a outras inúmeras formas de violência a que um indivíduo possa estar sujeito (LAWLER, 2008).

Esse termo está amplamente articulado com a ideia de paz negativa, haja vista que a ausência de conflito militar pode sim conter uma série de outras formas de violência. A violência estrutural se definiria por uma série de condições sociais, econômicas e culturais que perturbam o bem-estar das coletividades. As condições estruturais da sociedade seriam determinantes para não se experimentar a violência. O mesmo se aplica à violência cultural. A falta de cultura, bem como a existência de condições culturais desiguais ou opressoras, consistiram indubitavelmente em uma forma de violência.

Mais comumente no Sul Global, a existência de grande miséria em países latino-americanos, particularmente em metrópoles como Rio de Janeiro, Cidade do México, Medelín e La Paz, por exemplo, consiste em claro exemplos de múltiplas violências estruturais. Mesmo que esses países não experimentem guerras interestatais, a existência de uma série de conflitos armados particularmente ligada ao narcotráfico não nos permite sequer falar em paz negativa, propriamente. E a presença de enormes bolsões de miséria nessas grandes cidades denota claramente, também, a existência de marcante violência estrutural. Os altos índices de analfabetismo nessas grandes cidades já poderiam ser classificados como grave forma de violência cultural, não só pelos problemas ligados ao analfabetismo em si, mas também às dificuldades de se superar tais violências estruturais sem condições estáveis para que os jovens melhorem sua capacitação intelectual. Esta última serviria tanto para se obter postos de melhor remuneração no mercado de trabalho ou ao menos para se ter ferramentas intelectuais para as novas gerações questionarem as violências estruturais contidas nesse mesmo mercado.

Um exemplo significativo que corrobora a relevância das reflexões do PRIO seria o próprio sistema de direitos humanos do Pós-Guerra que surgiu como uma reação às múltiplas formas de violência que ocorreram nesse conflito, o maior de nossa história. Não apenas os direitos mais essenciais, como o direito à vida e à integridade foram positivados nesse sistema, mas também outras dimensões mais complexas e elaboradas desses direitos foram aí instituídas, como o bem-estar social e econômico. Prova disso encontra-se na existência do que Jack Donnelly denominou de *International Bill of Rights*, o qual inclui não apenas a Declaração Internacional dos Direitos do Homem de 1948 e o Pacto Internacional de Direitos Civis e Políticos de 1966, mas também o Pacto Internacional de Direitos Culturais, Sociais e Econômicos do mesmo ano (DONNELLY, 2013). Esse conjunto de tratados compreende uma gama de direitos que não se reduzem à dimensão mais elementar dos direitos humanos, como o direito à vida e à liberdade, mas também o bem-estar social e cultural. Não haveria cidadania completa, sem todas essas dimensões jurídicas.

4. A ESCOLA DE GALES E OS ESTUDOS CRÍTICOS DE SEGURANÇA

Outro importante movimento em que se questionou a visão tradicionalista da segurança internacional diz respeito a um ramo dos estudos críticos de segurança que ficou conhecido como Escola de Gales, por ter surgido nesse país do Reino Unido. Originando-se na virada deste século, seus principais autores são Kenneth Booth e Richard Wyne Jones, os quais foram altamente influenciados pelos estudos sociais da Escola de Frankfurt que tem no conceito de emancipação humana seu objetivo central. Booth e Jones passaram a se valer das reflexões frankfurtianas para romperem criticamente com os limites da forma tradicional de se pensar a segurança internacional.

Antes de avançarmos com as contribuições da Escola de Gales, portanto, faz-se necessário explorar alguns temas importantes para se entender a influência da Escola de Frankfurt sobre essa escola britânica de estudos críticos de segurança. Consideram-se, aqui, três elementos para se estabelecer esse esclarecimento: em primeiro lugar, há que se destacar a distinção entre Teoria Tradicional e Teoria Crítica; em segundo lugar, os conceitos de normatividade emancipação; e, por último, mas não menos importante, é preciso identificar os elementos que separam as duas principais gerações que compuseram a história da Escola de Frankfurt.

Quanto à distinção entre Teoria Tradicional e Teoria Crítica, é preciso considerar que sua origem está no pensamento marxista, aparecendo pela primeira vez no artigo seminal de Theodoro Adorno e Max Horkheimer intitulado "Teoria Tradicional e Teoria Crítica" (1980). Nesse artigo, os autores alemães identificam que o positivismo até então predominante nas Ciências Sociais do século XIX e início do século XX era um produto da sociedade iluminista industrial moderna. Assim, a perspectiva positivista caracterizava-se por um excesso de racionalidade que pressupunha uma rigorosa separação entre sujeito e objeto.

Dessa separação pode-se supor que o positivismo nos relega a uma objetificação do mundo, uma vez que ele extrai toda subjetividade do processo de teorização social. Daí o projeto positivista ter a finalidade estritamente racional de explicar e prever os fenômenos sociais, sem propor nenhuma forma de engajamento social e histórico com tais fenômenos. Ademais, retirando-se qualquer forma de subjetivação do processo teórico, haveria não apenas uma alegada neutralidade científica nas reflexões sociais, como também se teria uma suposta e desejada imparcialidade do teórico social para com o mundo que o cerca. Não haveria, assim, a possibilidade de se transformar as estruturas sociais marcadas por injustiças políticas e econômicas (ADORNO & HORKHEIMER, 1980).

Isso nos remete ao segundo ponto que ressaltamos sobre a Escola de Frankfurt: normatividade e emancipação. Se, por um lado, a teoria tradicional e positivista se pretende neutra, o mesmo não acontece com a teorização proposta por Adorno e Horkheimer a qual, por ser crítica, pressupõe um juízo de valor sobre a sociedade. Na teoria crítica, não haveria pretensão de neutralidade. Os pensadores sociais deveriam assumir seus julgamentos normativos sobre o mundo e tentar modificar suas estruturas desiguais. Os teóricos tradicionais também teriam julgamentos sobre o mundo, ainda que esses fossem implícitos.

Ademais, um dos riscos da teoria tradicional é que ela traz em si juízos de valor sobre a sociedade. Isso ocorreria, porém, de forma escamoteada, o que levou Robert Cox a defender a ideia de que "toda teoria é sempre para alguém e para alguma coisa" (COX, 1981: p. 128). Assim, os teóricos críticos identificam que a teoria tradicional, iluminista e positivista, acaba contribuindo para se perpetuar as relações sociais desiguais como elas já o são, num processo que Adorno e Horkheimer denominaram de reificação (ADORNO & HORKHEIMER, 1980). Emancipação significa, para essa escola, um desvencilhamento de qualquer relação de poder visando-se à plena liberdade. Tal categoria seria eminentemente normativa, visto que a liberdade não seria possível se desprovida fosse de qualquer juízo de valor.

Na disciplina de RI, a dicotomia teórica entre a forma tradicional e crítica de se pensar as relações internacionais foi consagrada por Cox sob a forma de Teoria de Solução de Problemas e Teoria Crítica. Em seu artigo seminal que praticamente introduziu a teoria crítica no campo da RI, *Social Forces, Forms of State and World Orders* (1981), Cox repensa a dicotomia de Adorno e Horkheimer ressaltando o caráter puramente pragmático da

Teoria Tradicional: o de solucionar problemas que surgem de uma estrutura social tida como dada. Cox sugere que a Teoria Crítica não pretende resolver problemas de forma instrumental. Ela teria como função questionar a sociedade como um todo e identificar suas injustiças, propondo meios de transformação dessa sociedade.

A influência de Adorno e Horkheimer é inequívoca no trabalho de Cox, assim como a visão deste último a respeito das categorias "hegemonia" e "contra-hegemonia" são inspiradas no marxismo italiano de Antônio Gramsci (COX, 1981). Gramsci considera que a dimensão da superestrutura ideológica do capitalismo é essencial para sua reprodução, ao mesmo tempo que o combate a sua hegemonia deveria se dar igualmente no campo ideológico. No entanto, ao longo do século XX, nem sempre os autores da Escola de Frankfurt se mantiveram igualmente céticos quanto ao Iluminismo.

Especialmente com Jurgen Habermas, um discípulo mais tardio de Adorno e de Horkheimer, a Escola de Frankfurt irá repensar seu pessimismo quanto à racionalidade do Iluminismo. Adorno e Horkheimer em seu famoso livro "A Dialética do Esclarecimento" defenderam a tese de que a catástrofe histórica da primeira metade do século XX, que envolveu não apenas duas grandes guerras mundiais, ascensão do nazifascismo, crise de 1929 e do liberalismo, mas também a invenção da bomba atômica, são produtos da razão exagerada e acrítica do Iluminismo (ADORNO & HORKHEIMER, 1980). Por isso, a primeira geração dos pensadores frankfurtianos considerava que uma teoria crítica deveria atacar o cerne do movimento iluminista: a razão. Todavia, Habermas entendeu que a razão não era exclusivamente ruim. Negativo seria seu uso puramente instrumental. A reflexão racionalista do iluminismo pode nos legar a conquistas sociais importantes, como a democracia constitucional e os direitos humanos. Assim, Habermas se valerá da linguagem como fonte para se obter uma ética dialógica que, mediante uma comunicação efetivamente livre, poderia trazer a emergência do melhor argumento para seus interlocutores (JONES, 2001).

Richard Wyn Jones identificou as distinções entre essas duas formas de teoria crítica no campo das RI. Jones denominou de teoria crítica do "paradigma da produção" aquela que foca numa crítica mais econômica da sociedade, identificando suas relações sociais desiguais e propondo daí uma emancipação compreendida como uma crítica contra-hegemônica ao capitalismo e ao iluminismo. Por outro lado, a perspectiva de inspiração habermasiana que tenta se valer do diálogo para a busca de uma emancipação normativa que vise ao compartilhamento não arbitrário de valores comuns, o autor britânico denominou de "paradigma da comunicação" (JONES, 2001). O primeiro paradigma, da produção, tem em Cox seu principal expoente, ao passo que o segundo, da comunicação, encontrou em Andrew Linklater seu principal representante nas RI. Ambos os paradigmas funcionam como chave teórica para os estudos críticos nas relações internacionais. Todavia, pela natureza predominantemente política da segurança, o paradigma da comunicação tornou-se de uso mais corrente nessa subárea.

Os autores da Escola de Gales têm mais proximidade com este último perfil de pesquisa. Em comum com os teóricos da Escola de Copenhagen eles têm o fato de que ambas as tradições não consideram a segurança como um dado objetivo. Booth, por exemplo, entende que o significado da palavra segurança é intersubjetivamente estabelecido entre os atores internacionais, o que também despe o conceito de segurança de todo seu suposto teor de objetividade. As diferenças entre os teóricos de Copenhagen e os galeses são basicamente duas: em primeiro lugar, os teóricos galeses não trabalham especificamente com a virada linguística para chegar a suas conclusões sobre a primazia do ser humano; e, em segundo lugar, os teóricos da securitização encontram-se mais preocupados com as consequências em termos de déficit democrático que possa haver com a expansão da lógica da excepcionalidade pelos agentes securitizadores na política mundial.

Como dito, os autores da Escola de Copenhagen mostram-se preocupados com o comprometimento da democracia constitucional e os direitos humanos frente à lógica da securitização, algo que não compõe especificamente o foco da preocupação da Escola Galesa. Esta última está, sobretudo, preocupada com as possibilidades de emancipação do ser humano e como essa potencialidade se encontra restringida diante de uma lógica tradicionalista de segurança (BILGIN, 2008: p. 98). Mas o que seria a emancipação em termos de segurança internacional? E quais seriam suas potencialidades na área?

Por ser estatista e militarista, por excelência, a visão tradicionalista dos estudos de segurança obscurece as possibilidades de empoderamento do ser humano, ou mesmo de colocar-se os indivíduos no lugar privilegiado de medidas políticas de proteção e defesa. Vimos que as intervenções humanitárias fortalecidas na década de 1990 podem servir como expressão dessa valorização humana. Outro exemplo seria o próprio sistema internacional de refugiados da Convenção de Genebra de 1951, que estabeleceu o princípio do *non-refoulement* – a não recusa do refugiado – como um direito humanitário elementar no âmbito das Nações Unidas. Nesse regime humanitário, o ser humano que busca asilo político em outro Estado em razão de perseguições políticas tem o valor de sua vida colocado acima da soberania estatal, algo que se universalizou com o Protocolo Adicional de 1967 àquela Convenção de Genebra.

A promoção da emancipação humana pode coincidir com a securitização do indivíduo ou não. O que interessa para os teóricos de Gales é que o empoderamento e a liberdade plena dos seres humanos sejam privilegiados, em detrimento de Estados soberanos, empresas, bem como qualquer outra forma de organização artificial. A busca por diálogos livres, que explorem a superação de uma racionalidade puramente instrumental, é uma das maneiras de se obter consensos normativos para além das fronteiras westfalianas e serve como uma das formas dessa emancipação política se realizar.

Duas questões particularmente se destacam nessa literatura quanto à busca pela emancipação: o problema de gênero e a questão do pós-colonial nas relações internacionais. Hoje, praticamente não se questiona mais a relevância dos estudos de gênero para a disciplina de RI, embora, ao tempo do debate positivista x pós-positivistas do final do século passado, essa dúvida fosse bastante persistente. Superada essa fase inicial, a relevância dos estudos de gênero para as RI se mostrou bastante plural, não apenas pelas áreas em que esses estudos poderiam atuar, como também por suas diferentes formas de contribuição.

Como os estudos de gênero possuem considerável pluralidade teórica, pode-se pensar sua contribuição na subárea de segurança internacional em diferentes tradições de pensamento que influenciaram o feminismo. Há desde "feministas liberais", passando pelo movimento "feminista radical", assim como o "pós-moderno" e o "pós-colonialista" (WITWORTH, 2008). Explorar o impacto dessas diversas correntes de gênero na subárea de segurança fugiria ao escopo deste trabalho. Entretanto, elas têm em comum o fato de se conceder uma maior relevância ao ser humano, pensando particularmente a relevância das questões de gênero nas relações internacionais, num movimento tipicamente emancipatório.

Um dos conceitos mais importantes da Escola de Gales é o de "segurança humana", ou seja, a ideia de que o indivíduo e seus direitos devem ser o foco da segurança internacional. Essa forma antropocêntrica de segurança basicamente pode ser desdobrada em duas formas de liberdade: a *freedom from fear*, que consiste na libertação do medo existencial pela vida, e a *freedom from want*, relacionado à superação do medo de não ter suas necessidades satisfeitas. Um exemplo clássico de segurança humana na área de *freedom from fear* muito citado na literatura feminista de relações internacionais, e que prima pela relação entre gênero e segurança humana (TICKNER, 1997), é a violenta prática da mutilação genital feminina.

Em algumas comunidades tribais do continente africano, como em partes da Etiópia, a prática da mutilação genital feminina era não apenas aceita, como também reiterada pelos líderes comunitários e as mulheres que delas eram vítimas. Apesar disso, o caráter universalmente injusto dessa prática era condenado por diversos atores internacionais, demandando-se, inclusive, a mudança do termo "circuncisão genital feminina" para o mais forte e realístico "mutilação genital feminina" (KECK & SIKKINK, 2014: p. 197).

Dada a violência em que essa prática constitui à integridade física e psicológica das mulheres a ela submetida, havia um dilema sobre a imposição de direitos humanos e costumes ocidentais a grupos culturais não ocidentais. Todavia, a ideia de promoção, no âmbito das Nações Unidas, de um diálogo livre de preconceitos culturais sobre esse tema fez com que se buscasse um "melhor argumento" capaz de produzir consensos de caráter cosmopolita. Organizações não-governamentais feministas se articularam com a ONU para promover uma campanha mundial contra tais práticas. A segurança humana prevaleceu, neste caso, de modo que o sucesso em tal campanha foi capaz de promover a redução global de tal prática e, com isso, a emancipação de tais mulheres mediante a redução do *freedom from fear*. O apoio humanitário bem como a ajuda internacional para combater a fome em países do Sul Global, como se deu na Somália, por exemplo, pode ser visto como um exemplo de *freedom from want*.

O pós-colonialismo, em geral, também nos revela uma perspectiva crítica importante nas RI, com relevantes desdobramentos no campo da segurança. Especialmente sua contribuição costuma se dar no questionamento do caráter etnocêntrico que baseia os valores da sociedade internacional. A sociedade internacional de Estados é, na verdade, a sociedade europeia e Estados que se universalizou mediante o processo de colonização/descolonização. Nesse sentido, a lógica assimétrica entre o centro e a periferia se reproduz no âmbito da ordem global contemporânea, mesmo após a emancipação das últimas possessões coloniais. No âmbito econômico, isso fica muito claro com a centralidade dos países ocidentais na economia-mundo atual, ainda que ela esteja sendo fortemente reestruturada com a ascensão da China e o deslocamento da centralidade da economia mundial para o Sudeste Asiático.

No entanto, as instituições internacionais do sistema ONU, particularmente organizações econômicas intergovernamentais como FMI e Banco Mundial, resistem a uma redefinição de suas estruturas de cotas-parte com o objetivo de manterem a hegemonia normativa ocidental. Isso é paradoxal e problemático, pois, ao mesmo tempo que instituições como o Banco Mundial auxiliam, de certa forma, a superação do *freedom from want* por intermédio de créditos para o desenvolvimento a juros abaixo do preço de mercado, por outro lado, elas reificam a hegemonia da ordem capitalista estadunidense do Pós-Guerra, a chamada *pax americana*.

Instituições como a ONU também reproduzem, até hoje, a lógica de possessões coloniais mediante a proliferação de espaços coloniais via manutenção de Estados e fronteiras artificiais no CRS tanto da África, como do Oriente Médio, onde, até os dias atuais, existem fronteiras internacionais geográfica e politicamente problemáticas. Exemplo disso é a fronteira que existe entre Síria e Iraque que replica, nos tempos atuais, estruturas de poder anacrônicas e retrógradas como as do Acordo de Sykes-Picot, de 1916, que dividiu o Oriente Médio pós-otomano entre os impérios francês e britânico.

Grande parte das violações de direitos – internacional, humanos e humanitário – é atribuída, por uma narrativa ocidental equivocada, a uma suposta cultura irascível de povos islâmicos ou dos grupos étnicos que habitam aquela região – como curdos, árabes, persas e hebreus. Todavia, a própria construção da África e do Oriente Médio por impérios ocidentais coloniais é que se encontra nas causas estruturais da instabilidade e volatilidade de certas regiões do planeta. Tais fenômenos não podem ser capturados por uma lógica tradicionalista dos estudos de segurança internacional.

CONSIDERAÇÕES FINAIS

O campo da segurança internacional tradicionalmente foi dominado pelo realismo político, com sua ênfase na proteção dos Estados territoriais. Essa perspectiva começou a perder sua hegemonia na última década da Guerra Fria. Não eram apenas Estados e potências militares que perdiam centralidade nas relações internacionais àquela época. Também perdia força a ideia de que a ameaça existencial era percebida de forma monolítica, vindo apenas de equivalentes organizações que produziam insegurança mediante ameaças militares. As causas dessa mudança de paradigma encontram-se tanto na maturidade teórica da disciplina de RI como na pluralidade de fenômenos internacionais que começou a se desencadear com o declínio da Guerra Fria e a intensificação de movimentos globalizantes.

Se, por um lado, a diversidade teórica e epistemológica da subárea de segurança possibilitou aos analistas uma visão mais rica, capaz de capturar uma ampla gama de atores e processos internacionais, por outro lado, o mundo mais dinâmico e globalizado – lembrando que a globalização pode ser tanto para o bem como para o mal – permite a proliferação de novas ameaças, objetos referentes e concepções pluralizadas do que vem a ser a segurança. A globalização intensificou e acelerou vários processos na política mundial. O aumento no comércio de bens possibilita uma intensificação no contrabando de produtos ilegais e mesmo no tráfico de drogas e armas de fogo. Um incremento na integração mundial do mercado financeiro possibilita o aumento de crimes financeiros transnacionais, como lavagem de dinheiro.

O substantivo aumento nas migrações globais e na circulação de indivíduos pelo planeta cria novas ameaças, como a facilitação de desequilíbrios demográficos mundiais, bem como o planejamento e execução de atentados terroristas mundo afora. O aumento da interdependência promovida pelas forças globalizantes fortalecidas a partir dos anos 1970, com o fim do padrão dólar-ouro que representava a hegemonia americana de Bretton Woods, somado aos dois choques do petróleo daquela década, fez com que o mundo se aproximasse cada vez mais do popular conceito de aldeia global. Todas essas forças globalizantes foram liberadas com o fim da Guerra Fria e o surgimento de novas tecnologias de transporte e comunicação no início deste século.

Com isso, surgiram novos temas e novas ameaças que transcendiam à antiga concepção tradicionalista de segurança internacional baseada numa visão militarista do Estado territorial. Os desafios à ordem internacional enfrentados neste século XXI são muitos e diversos: desde o terrorismo, que adquiriu proporções inimagináveis com os atentados a Nova York e Washington D.C., em 2001, passando pelo tráfico de drogas, pelo aquecimento global e pela recente e catastrófica pandemia de Sars-CoV-2, com suas consequências sanitárias, econômicas e sociais. Esses fenômenos não comportam boa análise somente por uma visão estatista da segurança internacional. Uma perspectiva ampliada da segurança se fez e ainda se faz necessária, especialmente se ela comportar possibilidades de emancipação do ser humano frente a uma antiga lógica da segurança feita para se pensar apenas a sobrevivência de Estados territoriais hobbesianos.

REFERÊNCIAS BIBLIOGRÁFICAS

ADORNO, T. HORKHEIMER. M. **Teoria Tradicional e Teoria Crítica**. In Os Pensadores. Abril Cultural, 1980.

ADORNO, T. HORKHEIMER. M. **A Dialética da Ilustração**. Editora Zahar, 1985.

BARNETT, M. & ADLER, E. **Security Communities.** Cambridge University Press, 1998.

BILGIN, P. **Critical Theory.** In WILLIAMS, P. D. Security Studies: an introduction. Routledge Taylor & Francis Group, 2009, London & New York, 2008.

BUZAN, B.; WEAVER, O. **Regions and Powers:** The Structure of International Security. Cambridge University Press, 2003.

BUZAN, B.; WEAVER, O; DE WILDE, J. **Security**; a New Framework of Analysis, Boulder, CO. Lynne Riener, 1998.

COX, R. Social Forces **Forms of State and World Orders: beyond international relations theory.** Millenium, Journal of International Studies, Vol. 10, N. 2.

DONNELLY, J. **Universsal Human Rights in Theory and Practice.** Cornell University Press, Ithaca and London, Third Edition, 2013.

HARVEY, D. **Condição Pós-Moderna.** Edições Loyola, São Paulo, 15ª Edição, 2006.

KECK, M & SIKKINK, K. **Activists Beyond Borders:** advocacy networks in international politics. Cornell University, 2014.

HOFFMAN, S. **An American social science:** international relations. Deadalus, Vol. 106, N. 3. Discoveries and Interpretations: studies in contemporary politics, Vol. I (Summer, 1977), pp. 41-60.

JONES, W. **Critical Theory and World Politics.** Lynne Riener Publisher, Boulder & London, 2001.

LAPID, Y. **The Third Debate:** on the prospects of international theory in a post-positivist era. International Studies Quarterly (1989), 33, 235-254.

LAWLER, P. In WILLIAMS, P.D. **Security Studies:** an introduction. Routledge Taylor & Francis Group, 2009, London & New York, 2008.

MCDONALD, M. **Constructivism.** In WILLIAMS, P. D. Security Studies: an introduction. Routledge Taylor & Francis Group, 2009, London & New York, 2008.

ONUF, N. **World of Our Making:** rules and rule in social theory and international relations. University of South Caroline, 1989.

OMS. Carta Constitutiva, 1948.

SCHULTZ, D. P. & SCHULTZ, Sidney E. **História da Psicologia Moderna.** São Paulo, SP, CENGAGE, 2019.

TICKNER, J. Ann. **You Just Don't Understand:** troubled engagements between feminists and IR theorists. International Studies Quarterly, Vol. 41. N. 4 (Dec., 1997), 611-632.

WALT. S. **Who Will Save The Amazon (and How)?** Foreign Policy, August 5, 2019.

WENDT, A. **Agent and Structure Problem in International Relations Theory.** International Organization, Vol. 41, N. 3 (Summer, 1987) pp. 335-370.

WENDT, A. **Anarchy is What States Make of It.** International Organization, Vol. 46, N. 2. (Spring 1992) pp. 391-425, MIT Press.

WENDT, A. **Social Theory of International Politics.** Cambridge University Press, 1999.

WITWORTH, S. In WILLIAMS, Paul. D. **Security Studies:** an introduction. Routledge Taylor & Francis Group, 2009, London & New York, 2008.

UN General Assembly. 2005. **World Summit Outcome.** 60th Session, A/RES/60/1. 2005.

UN Security Council. 1992. **Resolution 688 of 5 April 1991.**

UN Security Council. 2000. **The Impact of AIDS on Peace and Security in Africa.** (4087 the Security Council Meeting 10 January, 2000) New York: United Nations.

VIEIRA, M. A. 2007. **The Securitization of HIV/AIDS Epidemic as a Norm:** a contribution to the constructivist scholarship on the emergence and diffusion of international norms. Brazilian Political Science Review. Braz. politic. Sci. rev. (online) Vol. 2, Rio de Janeiro, 2007.

CAPÍTULO 3
ANARQUIA E ARQUITETURA INSTITUCIONAL INTERNACIONAL

Lier Pires Ferreira[4]

---

[4] Pós-Doutor em Direito – Universidade de Salamanca. PhD em Direito – UERJ. Mestre em Relações Internacionais – PUC/RJ. Graduado em Direito – UFF. Bacharel e Licenciado em Ciências Sociais – UFF. Formado pelo CAEPE/ESG. Professor Titular do IBMEC/RJ e do CP2. Pesquisador do LEPDESP-IESP/UERJ-ESG e do NuBRICS/UFF. Advogado. Membro da Comissão de Direito Internacional da OAB/RJ. Palestrante em diferentes eventos nacionais e internacionais. Comentarista, entrevistado ou articulista em diversos órgãos de imprensa, como Globo News, SBT, Band News, CBN, Jornal do Brasil, O Globo, Rádio Tupi, O Dia, Record News e Jornal da Cidade/PI. Autor/organizador, dentre outras obras, de: *Estado Globalização e Integração Regional* (2003); *Direito Internacional, Petróleo e Desenvolvimento* (2011); *Escolas e Teorias de Relações Internacionais* (2022); *Curso de História das Relações Internacionais* (2022) e *Curso de Política Externa Brasileira* (2023). E-mail: lier.piresferreira@gmail.com

INTRODUÇÃO

Embora controversa, a anarquia é um conceito nuclear das relações internacionais, quer enquanto disciplina acadêmica, quer enquanto realidade política. Assim, ao passo que algumas das mais importantes vertentes, escolas ou teorias de Relações Internacionais (RI), como Realismo, Liberalismo e Construtivismo, adotam a anarquia como eixo analítico, outras lhe dirigem críticas contundentes. Dentre estas escolas reativas estão a Teoria Crítica e as teorias Pós-Modernistas e Pós-Colonialistas.

Em que pese as reprovações que lhe são dirigidas, a arquitetura institucional internacional parece refletir a perspectiva anárquica tal como pensada particularmente por realistas e liberais. Logo, pelo menos desde a criação da Sociedade das Nações (SdN), as instituições internacionais corroboram a perspectiva de que inexiste um Leviatã supranacional, de modo que os Estados vivem em situação de anarquia. Em outras palavras, parodiando H. Bull, a sociedade internacional é essencialmente uma "sociedade anárquica".

Neste sentido, o presente capítulo irá cumprir três tarefas básicas. Primeiro, irá problematizar o conceito de anarquia, colocando-o sobre o prisma de algumas das mais importantes escolas de RI. Segundo, irá debater a arquitetura jurídico-política da sociedade internacional, identificando suas características gerais. Neste desiderato, não apenas a Organização das Nações Unidas (ONU) será destacada, mas também serão ressaltados alguns dos principais sistemas regionais de paz e segurança, bem como de tutela dos Direitos Humanos. Por fim, como não poderia deixar de ser em um capítulo sobre a arquitetura institucional internacional, serão contemplados temas como Direito Internacional Humanitário (DIH) e Responsabilidade de Proteger (R2P).

1. ANARQUIA E RELAÇÕES INTERNACIONAIS

O Realismo é a mais antiga escola ou vertente teórica das RI (LEBOW, 2013) e sua conexão com a área de Segurança e Defesa é insofismável. Idealmente, suas raízes estão fixadas em autores da Antiguidade, como Tucídides e Cautília. Vivendo respectivamente nos séculos V e III a.C., eles expressaram uma visão pragmática e pessimista do ser humano e da política, que impactou outros antecessores do Realismo, como Maquiavel, Hobbes e Clausewitz.

Erigido a partir dos anos 1930-1940, a primeira expressão sistemática do Realismo foi estruturada sobre dois grandes autores, E. H. Carr e H. Morgenthau, sendo este último o sistematizador da escola (WOHLFORTH, 2008). O eixo analítico do Realismo Clássico, segundo Morgenthau, assenta-se sobre três elementos: egoísmo, anarquia e poder. O egoísmo transpõe para o plano externo a perspectiva maquiavélico-hobbesiana segundo a qual o ser humano é mau por natureza, embora seja racional. Já a anarquia refere-se à ausência de um governo supranacional capaz de frear o egoísmo e induzir os Estados à cooperação. Por fim, o primado do poder conduz à conclusão de que a segurança de cada Estado depende essencialmente de seus próprios atributos, dentre os quais sua capacidade bélico-militar. Logo, em uma sociedade anárquica, os Estados dependeriam essencialmente de si para garantir sua segurança e existência, devendo, portanto, concentrar recursos de poder. Esta é, por exemplo, a base para o dilema de segurança formulado inicialmente por J. Herz (1950).

Já o Neorrealismo, cujo maior expoente é K. Waltz, conquanto afaste-se do pessimismo antropológico sobre a natureza humana, ratifica a centralidade da anarquia na sociedade internacional, vista como um sistema interestatal no qual inexistem instrumentos político-jurídicos capazes de impedir que um Estado ataque outro. Assim, embora existam diferenças entre os neorrealistas sobre o *quantum* de poder é necessário à segurança estatal, de modo que autores como Waltz defendem que os constrangimentos sistêmicos possibilitam certo equilíbrio de poder, ao passo que outros, como J. Mearsheimer, veem a hegemonia como a garantia ulterior para a sobrevivência do Estado (LEBOW, 2013), a anarquia persiste não apenas como pedra angular das análises, mas também como realidade ontológica.

Por seu turno, o Liberalismo postula que a paz pode ser alcançada a partir de elementos cooperativos como direito, comércio e organizações internacionais. Plasmado no Iluminismo Europeu, em particular em autores como Locke, Montesquieu e Kant, a tradição liberal, idealista ou utópica, cujos fundamentos repousam em autores como M. de Pádua, T. More, H. Grotius, também reconhece a anarquia como elemento axial da sociedade internacional.

Em sua feição clássica, o Liberalismo foi moldado por N. Angell e por propostas político-diplomáticas como os "14 Pontos" de W. Wilson. À moda westfaliana, os liberais reconhecem que os Estados nacionais são soberanos e independentes entre si, admitindo, portanto, a anarquia como fundamento da sociedade internacional. Inobstante, advogam que elementos como razão, democracia, comércio, institucionalidade e interdependência são capazes de garantir a paz e a segurança dos Estados. Para os liberais, democracias (i.é, democracias liberais) são a forma ideal de organização sociopolítica. Ordens nacionais pretensamente pacíficas, legais e legítimas, as democracias refletiriam na sociedade internacional, consoante o velho brocardo segundo o qual "democracias liberais não travam guerras entre si" (BURCHILL, 2005).

No mesmo sentido, o Neoliberalismo de R. Keohane e J. Nye, que veio à baila nos anos 1970/1980, também consente que a anarquia é inerente à sociedade internacional, de modo que a cooperação é sempre difícil em face da competição entre os Estados. Outrossim, também concorda com o caráter racional da conduta dos Estados, consoante as diferentes expressões do Realismo. Inobstante, argumenta que a arquitetura jurídico-política internacional construída a partir do século XX potencializou a cooperação em um cenário de interdependência complexa (KEOHANE; NYE, 1977). Essa nova arquitetura tem nos regimes internacionais (KRASNER, 1983) um de seus sustentáculos, possibilitando superar a lógica da "soma zero" inerente ao Realismo e cultivar um ambiente propício à cooperação e à paz (BURCHILL, 2005).

Já o Construtivismo, baseado nas novas epistemologias de autores como Wittgenstein, Heidegger, Derrida e H. Bull, também compartilha a ideia de que a anarquia é um dos princípios ordenadores da sociedade internacional. Essa perspectiva é corroborada por alguns dos seus principais autores, como A. Wendt, para quem existem três diferentes padrões anárquicos: o hobbesiano, o lockeano e o kantiano (WENDT, 1992). Todavia, o autor postula que esses padrões anárquicos podem ser superados por uma autoridade legitimamente constituída, reconhecida como tal pelos Estados, do que seria exemplo o Conselho de Segurança das Nações Unidas (CSNU).

Outro construtivista importante, N. Onuf enxerga a anarquia como resultado de atos não coordenados (ONUF, 2013), à moda da visão exarada por M. Weber, para quem a sociedade é um feixe contingente e não necessário de relações sociais (2004), o que negaria a ideia de totalidade, tal como pensada, por exemplo, pelos marxistas. Assim, a anarquia tanto condicionaria a ação estatal quanto seria condicionada por ela, possibilitando construções normativas e institucionais capazes de moldá-la (BROWN; AINLEY, 2005).

Em linhas gerais, para o construtivismo as identidades entre os Estados e outros atores externos, como as organizações internacionais, bem como suas crenças, expectativas e interações, permitiriam reconfigurar a anarquia e ensejar a solução pacífica das controvérsias. Aqui, agência e estrutura estabelecem relações mutuamente significativas, relações estas mediadas por normas sociopolíticas e jurídicas (WENDT, 1992).

Portanto, em apertada síntese, cabe destacar que as três matrizes teóricas acima formam o *mainstream* das análises em RI, pois são as vertentes mais utilizadas por intelectuais, autoridades públicas e outros interessados. Em suas particularidades, para cada uma delas a anarquia é reconhecida como elemento ordenador da sociedade internacional, impactando na atuação dos seus principais atores ou agentes, em particular os Estados. Logo, a anarquia é tida como condição estrutural da sociedade internacional, cuja conformação possui caráter sistêmico.

Mas o *mainstream* não exaure o debate sobre a anarquia nas RI. Para além das teorias sistêmicas ou racionais, que buscam as regularidades existentes na sociedade internacional, bem como os padrões e recorrências havidos nas múltiplas relações estabelecidas entre seus atores, outros corpos teóricos surgidos a partir dos anos 1980 fazem uma abordagem distinta da anarquia. Para organizá-las didaticamente, estas teorias antissistêmicas serão agrupadas em três grandes conjuntos: Teoria Crítica, Teorias Pós-Estruturalistas e Teorias Pós-Coloniais.

A Teoria Crítica tem em R. Cox seu primeiro sistematizador. Lastreado na Escola de Frankfurt e no pensamento A. Gramsci, Cox caracteriza a hegemonia como a dominação de um Estado e suas elites sobre os demais Estados e sociedades, reconhecendo que toda teorização atende a alguém e a algum objetivo (Cox, 1981; PIRES FERREIRA, 2021). Neste sentido, a visão da anarquia exarada pelas teorias sistêmicas atenderia antes à preservação do *status quo*, ou seja, das relações hegemônicas de exploração, alienação e dependência postas em escala global, do que ao reconhecimento de um dado estruturante da sociedade internacional.

Para Cox, as teorias sistêmicas, tidas como teorias de "solução de problemas", capturam o conhecimento e o convertem em armas da razão instrumental dominante, elidindo o florescimento de agendas emancipatórias (COX, 1981). O autor afirma que a superação do paradigma westfaliano tem feito com que o Estado opere cada vez mais como agente dos interesses do mercado, em detrimento de seu caráter público-cidadão. Como resultado, há o crescimento das desigualdades e dos populismos, em uma franca situação de anomia social (DEVATAK, 2005).

No mesmo diapasão, A. Linklater afirma que o Estado, ao se autofixar como único detentor da soberania e ente primaz de uma sociedade anárquica, reduz (quando não elimina) alternativas teórico-práticas à sua visão de mundo, sabotando as possibilidades dialógicas entre diferentes atores (estatais ou não) em nível global. Para superar essa limitação e ampliar as possibilidades do diálogo democrático, propõe uma ética cosmopolita, de matriz habermasiana, com vistas à criação de uma sociedade de indivíduos livres, na qual valores como igualdade, justiça e liberdade podem ser alavancados por arranjos institucionais, à exemplo da União Europeia (DEVETAK, 2005a).

Por sua vez, o Pós-Modernismo deita raízes em diferentes autores, de Baudrillard a Lyotard, passando por Foucault e Derrida. Os pós-modernistas se afastam das teorias sistêmicas, buscando compreender os discursos e as relações de poder que subjazem à sociedade internacional. Eles problematizam a relação entre poder e conhecimento, desnaturalizam categorias rígidas como soberania e anarquia, e repensam as relações entre ética e poder. Um dos expoentes do Pós-Modernismo, R. Ashley questiona diretamente a anarquia como princípio ordenador da sociedade internacional. Em sua visão, a anarquia, tal como proposta pelas teorias sistêmicas, em particular pelo Realismo, repousa sobre a ficção de que o Estado nacional seria, ao mesmo tempo, fator de ordem, hegemonia e identidade, o que não seria verdadeiro (DAVETAK, 2005b).

Por seu turno, a tradição Pós-Colonialista, cujos fundamentos estão em pensadores como Foucault e E. Said, corresponde a uma tradição de pensamento que visa contestar as relações de poder ocidentalizadas e o *status quo* segundo o qual a Europa Ocidental e a América Anglo-Saxã são os "tipos ideais" de civilização, organização sociopolítica, produção econômica, científica e tecnológica, além de baliza estética e axiológica. O Pós-Colonialismo denuncia as violências reais e simbólicas, racializadas e excludentes, que construíram uma sociedade internacional eurocentrada, na qual o "outro" é sistematicamente estigmatizado, inferiorizado e passível de dominação. Fruto das descolonizações políticas postas em marcha em especial após a II Grande Guerra, o projeto Pós-Colonial pretende derrotar a colonialidade do poder, da cultura e do próprio conhecimento, explicitando as desigualdades e assimetrias inerentes às relações Norte-Sul.

Neste sentido, segundo S. Grovogui (2013), categorias centrais das RI, como anarquia, Estado e soberania, bem como suas prescrições metodológicas, genericamente expressas por elementos como funções, ações, intenções, agentes e temas, reafirmam a centralidade eurocêntrica e, por conseguinte, negligenciam os saberes, práticas e culturas produzidos por outras epistemologias, em outros espaços geográficos. Em sua diversidade, portanto, as teorias críticas ou revolucionárias buscam subverter as teorias sistêmicas, trazendo novas visões sobre a sociedade internacional. Plurais e multifacetadas, elas atuam de forma contra-hegemônica, rompendo ou pelo menos fissurado consensos há muito estabelecidos e reconhecidos como axiomas.

2. ARQUITETURA JURÍDICO-POLÍTICA INTERNACIONAL

A despeito das considerações urdidas pelas teorias antissistêmicas à anarquia tal como exarada pelas teorias do *mainstream*, é nítido que a arquitetura institucional internacional, i. é, a arquitetura jurídico-política da sociedade internacional, ao refletir a visão hegemônica erigida pelo concerto westfaliano, tem na anarquia sua pedra angular. Mas qual o desenho geral desta arquitetura? Quais suas principais instituições? Estas e outras questões serão debatidas a seguir.

A arquitetura institucional internacional hodierna é vertebrada pela Organização das Nações Unidas (ONU). Fundada em 1945 após a II Guerra Mundial, a ONU possui mais de 190 Estados-membros, sendo guiada pelos princípios e metas expressos em sua Carta fundacional, dentre os quais se elevam a manutenção da paz, a segurança internacional e a promoção do desenvolvimento.

Ao reconhecer a igualdade soberana de todos os seus membros, as Nações Unidas admitem uma ordem estadocêntrica, na qual os Estados são os entes primários da sociedade internacional. Igualmente, ratifica o papel pivotal da anarquia, reafirmando a inexistência de uma autoridade supra-estatal. A estrutura básica da ONU está posta no quadro abaixo.

Quadro 1 - Estrutura básica da ONU

Órgão	Funções / Características
Assembleia Geral (AGNU)	Órgão deliberativo encarregado de traçar as políticas da organização, no qual todos os Estados-membros tomam assento em pé de igualdade, ou seja, cada país um voto. Também são debates questões relativas à paz e à segurança, bem como questões orçamentárias e adesão de novos membros. A AGNU se reúne ordinariamente em setembro, na sede da ONU, em Nova York, EUA.
Conselho de Segurança (CSNU)	Órgão executivo cuja responsabilidade primaz é manter a paz e a segurança internacionais. É formado por 15 membros, cinco dos quais permanentes e com poder de veto sobre qualquer matéria. Os membros permanentes são as potências consideradas vencedoras da II Grande Guerra: EUA, URSS (hoje Rússia), Inglaterra, França e China. Os membros não permanentes são eleitos para mandatos de 02 anos.
Conselho Econômico e Social (ECOSOC)	Órgão responsável pelas políticas e ações socioeconômicas e ambientais, que, por meio de agências especializadas, busca a promoção do desenvolvimento sustentável. Seus 54 membros são eleitos pela AGNU para mandatos de 03 anos.
Conselho de Tutela (CT)	Órgão então responsável pela tutela internacional de 11 territórios fiduciários então sob a gestão de Estados-membros da ONU. Até 1994, todos os territórios tutelados alcançaram autogoverno ou independência. Hoje, o CT somente se reúne por decisão própria, pela requisição de seu presidente ou por deliberação da AGNU.
Corte Internacional de Justiça (CIJ)	Principal órgão jurisdicional da ONU, cujo propósito é solucionar, à luz do Direito Internacional, litígios propostos pelos Estados-membros, bem como emitir pareceres consultivos sobre questões de natureza jurídica. Possui 15 juízes, nomeados para mandatos de 09 e tem sede em Haia, Holanda.
Secretariado	Órgão administrativo responsável pela gestão cotidiana da ONU, bem como pelos funcionários das Nações Unidas dispersos pelo mundo inteiro. O secretário-geral das Nações Unidas é nomeado pela AGNU, após recomendação do CSNU, por um período renovável de 05 anos.

Fonte: Construção autoral, 2023.

A par desta estrutura vertebral, pivotada pelo CSNU, coexistem inúmeros sistemas regionais. Adiante, iremos focar os principais sistemas de paz e segurança coletiva, i.é, as alianças militares, e os sistemas de proteção aos Direitos Humanos. Todavia, cumpre esclarecer que o foco em tais sistemas não elide a existência de outros, dentre os quais aqueles de caráter econômico ou comunitário, como a União Europeia (UE) e o Mercado Comum do Sul (MERCOSUL).

Em linhas gerais, podemos afirmar que os sistemas regionais de paz e segurança hoje existentes estão postos sob a égide dos artigos 52 a 54 da Carta da Organização das Nações Unidas (ONU). Inobstante, tais sistemas de alianças existem há longo tempo, ou seja, antecedem em muito a própria criação da ONU. Das Guerras Médicas ao Pacto de Varsóvia, passando pelas Cruzadas ou pela II Grande Guerra, as alianças militares ajudaram a moldar a história. Abaixo, veremos algumas das mais importantes hoje existentes.

Quadro 2 - Principais sistemas regionais de paz e segurança (ou alianças militares)

Parte	Descrição
Tratado Interamericano de Assistência Recíproca (TIAR)	Criado em 1947 como piloto das alianças militares contemporâneas e visando a atender aos interesses estadunidenses de afastar a presença soviética das Américas. Hoje está esvaziado, embora oficialmente ativo.
Organização do Tratado do Atlântico Norte (OTAN)	Criada em 1949 entre EUA, Canadá e países da Europa Ocidental para conter a expansão soviética no continente europeu. Inicialmente com 12 membros, hoje conta com aproximadamente 30, muitos dos quais são ex-integrantes do Pacto de Varsóvia, criado em 1955 para conter a OTAN.
Organização para a Cooperação de Xangai (OCX)	Pacto eurasiático fundado em 2001 sob a liderança sino-russa, sucedendo aos Cinco de Xangai, de 1996. Possui, hoje, 09 membros, dentre os quais Índia, Irã e Paquistão.
Organização do Tratado de Segurança Coletiva (OTSC)	Conhecido como Tratado de Tasquente, de 2002, reúne Armênia, Bielorrússia, Cazaquistão, Quirguistão, Rússia, Tajiquistão e Uzbequistão. Expressa a presença russa na Eurásia e visa a fazer um contraponto à OTAN, após o fim do Pacto de Varsóvia, em 1991.
Conselho de Paz e Segurança (CPS)	Post no contexto da União Africana (UA), foi criado em 2003 para fomentar o equilíbrio regional, promover a paz e a segurança continentais.
Conselho de Defesa Sul-Americano (CDS)	Criado em 2008 por iniciativa do Brasil, reúne os países da UNASUL e visa à criação de uma cultura subcontinental de defesa e, quiçá, mitigar a presença dos EUA na região.
Política Comum de Segurança e Defesa (PCSD)	Prevista no Tratado da União Europeia, em vigor desde 2009, visa a desenvolver uma cultura europeia de segurança, quiçá apontando para a diminuição da presença da OTAN, pivotada pelos EUA.
Aliança Militar Islâmica (AMI)	Criada em 2015 por 34 países muçulmanos unidos para enfrentar o Estado Islâmico (EI). Outros países, como a Indonésia, conquanto não tenham entrado na aliança, também a apoiam.

Fonte: Construção Autoral, 2023.

À moda do sistema onusiano, os sistemas regionais de paz e segurança não carecem de exércitos regulares próprios, posto que, até aqui, são sistemas não coercitivos cujas forças multinacionais estruturam-se segundo a missão que lhes é destinada (DINH, DAILLIER, PELLET, 2003). Assim, eles tendem a colmatar lacunas ou especificidades não cobertas pelo sistema de segurança coletiva das Nações Unidas, cuja missão é promover a paz e proteger os Estados do uso da força por meio do Direito (ARÉCHAGA, ARBUET-VIGNALI, RIPOLL, 2005). Até o momento, tais sistemas não utilizam manifestamente grupos paramilitares ou privados, como o *Blackwater*, grupo mercenário estadunidense que atuou na invasão ao Iraque em 2003, e tantos outros, como o *Grupo Wagner*, pró-Rússia, ou o *Regimento Azov*, pró-Ucrânia, muito ativos na Guerra Russo-Ucraniana.

Entretanto, uma análise realista não pode se furtar a considerar que, ao arrepio de suas intenções, os sistemas regionais podem fomentar disputas de poder no contexto internacional, corroborando o dilema de segurança. É o que ocorre, concretamente, com a expansão da OTAN neste século XXI, uma das principais causas da Guerra na Ucrânia.

Um breve balanço das alianças militares hoje existentes mostra uma ação pivotal da tríade EUA-Rússia-China (SANTOS FILHO, 2023) e sugere a formação de alianças rivais, que podem bater-se diretamente (pouco provável) ou tencionar áreas de interesse-vital de potências rivais, como na Ucrânia. (PIRES FERREIRA, 2022).

Assim, OTAN e PCSD operam segundo os interesses de EUA e Europa Ocidental. Por seu turno, OTSC e OCX articulam o eixo China e Rússia, embora o façam de modo menos sistemático ou menos orgânico do que as alianças ocidentais. Já a Aliança Islâmica, formada por vários países capitalizados pelos recursos do petróleo, tem forte potencial estratégico, especialmente se puder estabilizar os conflitos no Iêmen, Iraque, Líbia e Síria. Essa força político-militar pode ou não se voltar contra Israel e contra os interesses dos EUA no Oriente Médio. Por fim, América do Sul e África possuem sistemas regionais ainda em maturação, evidenciando as debilidades geopolíticas havidas nestas regiões.

Já os sistemas de tutela aos Direitos Humanos visam à proteção dos direitos e garantias individuais e coletivos, resguardando a dignidade humana e a liberdade de pessoas e grupos. Os sistemas mais relevantes hoje existentes estão postos abaixo.

Quadro 3 - Sistemas de proteção aos Direitos Humanos

Sistemas, por ordem cronológica	Americano	Europeu	Africano
Nome / Fundação / Sede	Organização dos Estados Americanos (OEA), criada em 30/04/1948, com sede em Washington/DC.	Conselho da Europa (CE), criada em 05/05/1949, com sede em Estrasburgo, França.	União Africana (UA), criado em 26/05/2001, tendo sede em Adis Abeba, Etiópia (Comissão) e Joanesburgo, África do Sul (Parlamento), é a sucessora da Organização da Unidade Africana (OUA), criada em 1963.
Função	Promoção da paz, justiça, solidariedade, soberania e independência dos Estados-membros.	Defesa dos Direitos Humanos e do Estado Democrático	Fomento da democracia, dos Direitos Humanos e do desenvolvimento econômico
Membros	35 Estados-membros, inclusive Cuba, oficialmente, que, suspensa entre 1962 e 2009, optou por não renovar seu pedido de filiação. Há também 71 observadores permanentes.	46 Estados-membros, dos quais 27 fazem parte da União Europeia. Há também 08 observadores. A Rússia saiu do CE em 15/03/2022.	55 Estados-membros.
Principal órgão jurisdicional	Corte Interamericana de Direitos Humanos	Corte Europeia de Direitos Humanos	Tribunal Africano dos Direitos Humanos e dos Povos.
Ato Convencional	Convenção Americana de Direitos Humanos, também conhecida como Pacto de São José da Costa Rica	Convenção Europeia de Direitos Humanos	Carta Africana dos Direitos Humanos e dos Povos
Sede	São José, Costa Rica	Estrasburgo, França	Adis-Abeba, Etiópia.
Função	Contenciosa e consultiva, em casos apresentados pelos Estados-membros. Indivíduos, grupos e entidades civis podem recorrer à Comissão Interamericana de Direitos Humanos, que poderá levar tais pleitos adiante.	Tutela da Convenção Europeia de Direitos Humanos. Indivíduos, grupos e entidades podem acionar diretamente a Corte, sem prévio juízo de admissibilidade por outro órgão.	Complementar às funções da Comissão Africana, tendo suas decisões caráter vinculante entre as partes aderentes. Estados, organizações e indivíduos podem acessá-lo.

Fonte: Construção Autoral, 2023. Adaptado de HEYNS, PADILLA, ZWAAK, 2006.

No passado, houve dúvidas sobre a pertinência de sistemas regionais de proteção aos Direitos Humanos; hoje não mais. Sem prejuízo da universalidade do sistema onusiano, os sistemas regionais contribuem para que valores socioculturais específicos sejam levados em conta, além de permitirem mecanismos regionalizados de efetividade normativa (HEYNS, PADILLA, ZWAAK, 2006). Outrossim, atuam em escala local, na qual o sistema onusiano pode ser de alguma forma disfuncional (DINH, DAILLIER, PELLET, 2003).

3. INTERVENÇÕES HUMANITÁRIAS E RESPONSABILIDADE DE PROTEGER

Ubi societas ibi jus. O velho brocardo segundo o qual não há sociedade sem direito conduz à percepção de que a sociedade internacional é regida pelo Direito Internacional Público (DIP), que regula as relações entre Estados (DINH, DAILLIER, PELLET, 2003) e os demais entes internacionais. Há inúmeros princípios e normas de DIP que disciplinam a sociedade internacional. Dentre os princípios, podemos destacar a igualdade soberana entre os Estados, a proibição do uso da força, a igualdade de direitos e liberdades entre os povos, o dever de não intervenção e o respeito à jurisdição nacional (ARÉCHAGA, ARBUET-VIGNALI, RIPOLL, 2005). Dentre as normas, cabe destacar a Carta da ONU e outras, exaradas pelo sistema onusiano e pelos sistemas regionais.

Entretanto, tal como ocorre no direito interno, o DIP também sofre transgressões. Dentre estas, a guerra é provavelmente a mais grave. Mesmo sendo uma violação capital, posto que o *jus ad bellum* (o direito à guerra) é severamente limitado pelas normas internacionais, os conflitos armados, enquanto fenômeno de poder, são práticas recorrentes na sociedade internacional. Sua recorrência e gravidade ensejam um direito próprio, o Direito Internacional Humanitário (DIH) que corresponde ao *"conjunto de reglas del Derecho Internacional Público que se aplican en tiempos de guerra, internacional o no, para amparar a las víctimas de las mismas y limitar el uso de ciertos medios"* (ARÉCHAGA, ARBUET-VIGNALI, RIPOLL, 2005, p. 2003). Trata-se, propriamente, do *jus in bellum*, o direito aplicado aos conflitos armados, domésticos e internacionais, que visa tutelar a população civil e os direitos humanos básicos dos próprios combatentes.

Embora tenha expressões pretéritas, de que são exemplos a Paz de Deus e a Trégua de Deus, surgidos na Idade Média, em sua feição atual o DIH decorre dos horrores da Batalha de Solferino, de 1859, a partir da qual Henry Dunant estruturou o Comitê Internacional da Cruz Vermelha (CICV). Desde então, uma série de convenções e protocolos, firmados essencialmente em Genebra e Haia, emolduram uma ampla rede de proteção humanitária, devidamente incorporada pelo sistema onusiano e pelos diferentes sistemas regionais, que visam a limitar os efeitos mais brutais dos conflitos armados.

Tais efeitos contribuíram para que, nos últimos anos, sem prejuízo do DIH, surgissem novas expressões protetivas da condição humana. Dentre elas, destacamos a Responsabilidade de Proteger (R2P), cujo fundamento de validade é a Resolução 60/1 da AGNU, de 2005, embora sua primeira proposição tenha ocorrido anos antes, no âmbito da Comissão Internacional sobre Intervenção e Soberania Estatal (ICISS, em inglês) (FOLEY, 2013).

Não limitada aos conflitos armados, e posta sobre quatro pilares básicos, a saber, desenvolvimento, paz e segurança coletiva; direitos humanos; império da lei; e fortalecimento da ONU, a Resolução em tela buscou reforçar a obrigação que todo Estado possui de proteger sua população contra violações graves aos Direitos Humanos. Em caso de falha, caberia à sociedade internacional fomentar a efetividade dessa proteção, podendo, inclusive, mobilizar a força contra o Estado recalcitrante.

País de tradição pacifista e de franco reconhecimento da igualdade soberana entre os Estados, o Brasil tem uma postura crítica à R2P, reforçando sempre que intervenções internacionais, ainda que humanitárias, devem ser exceções somente admissíveis quando todos os instrumentos de solução pacífica tenham sido exauridos e mediante prévia autorização do CSNU. Em outras palavras, tais intervenções não devem legitimar assaltos à soberania de Estados periféricos, em especial no eixo afro-asiático. Assim, para além da R2P, desde a 66ª Sessão da AGNU (BRASIL, 2011), o Brasil vem propondo um novo instituto, a Responsabilidade ao Proteger (*Responsibility While Protecting*, RwP).

Embora não completamente sistematizado, o RwP é uma proposição inovadora que problematiza as intervenções humanitárias recentes, muitas das quais agravaram os conflitos havidos e multiplicaram o número vítimas civis, de que é exemplo a intervenção na Líbia, em 2011. Embora o RwP não tenha sido bem-recebido pelos países centrais, nem tenha se tornado um eixo da política externa brasileira, trata-se de um esforço interessante de propositura normativa construída no Sul Global e mais especificamente no Brasil (STUENKEL, 2013).

CONSIDERAÇÕES FINAIS

Os (neo)realistas afirmam que a sociedade internacional é uma sociedade anárquica, na qual a paz depende essencialmente do equilíbrio de poder, para o qual a paridade de armas entre os Estados possui papel de destaque. Logo, a anarquia seria um dado inelutável do sistema, ocupando papel central na estrutura internacional.

Já os (neo)liberais postulam que mesmo na vigência da anarquia as instituições internacionais e os regimes político-jurídicos oportunizados pela interdependência podem garantir a paz e a segurança dos Estados. Aqui, mais do que os recursos de *hard power*, eleva-se a habilidade dos atores em persuadir os demais a cooperarem. Este *soft power* ajudaria a expandir as liberdades civis, potencializaria os mercados e diminuiria as desconfianças recíprocas entre os Estados. Assim, a anarquia seria progressivamente "temperada" pelos instrumentos cooperativos, resultando em paz, institucionalidade e interdependência econômica.

Por seu turno, os construtivistas reconhecem a anarquia como elemento estruturante da sociedade internacional, conquanto a vejam como sujeita a modificações em função de constrangimentos sociais, culturais, políticos, jurídicos e econômicos. Para eles, a anarquia não é um dado imutável do sistema interestatal, mas um elemento societal, em permanente (re)construção histórica e social.

Já as teorias antissistêmicas operam em outro diapasão. Dialogando com inúmeras outras teorias, dentre as quais a Teoria da Dependência e a Teoria do Sistema Mundo, as teorias críticas não necessariamente negam a anarquia ou outras categorias canônicas exaradas pelas teorias sistêmicas, como

Estado, soberania e poder, mas buscam pelo menos reposicioná-las do ponto de vista teórico-metodológico, de modo que particularmente a anarquia não se configure como um elemento de imutabilidade da sociedade internacional. Ao reconhecer a anarquia como construto e não como realidade ontológica, as teorias críticas abrem novas possibilidades epistemológicas, que, se não devemos acriticamente abraçar, ao menos não podemos ignorar.

Contudo, em que pese as considerações exaradas pelas teorias críticas, é fato que a arquitetura institucional internacional parece ratificar a anarquia. Seja no que concerne aos sistema onusiano, seja no que tange aos diferentes sistemas de proteção aos Direitos Humanos ou às alianças militares, o primado da anarquia, expresso pela inexistência de um Leviatã supranacional, é um princípio ordenador que se faz presente inclusive nas considerações críticas feitas pelo Brasil ao R2P. Expressão da soberania dos Estados, a anarquia parece que terá vida longa no âmbito da sociedade internacional, pois mesmo os arautos de uma nova ordem mundial, dentre os quais China e Rússia, parecem uníssonos em tratar a anarquia como axioma e, portanto, como um dado de realidade nas relações entre os Estados.

REFERÊNCIAS BIBLIOGRÁFICAS

BRASIL. MRE. **Discurso da Presidenta da República**, Dilma Rousseff, na abertura do Debate Geral da 66ª Assembleia Geral das Nações Unidas. Nova York: ONU, 21 set. 2011.

BROWN, C.; AINLEY, K. **Understanding International Relations.** 3. ed. Nova York: Palgrave Macmillan, 2005.

BURCHILL, S. **Liberalism.** *In:* BURCHILL, S. **[et al.]**. Theories of International Relations, 3. ed. Nova York: Palgrave Macmillan, 2005.

COX, R. W. **Social Forces, States and World Orders:** Beyond International Relational Theory. Millenium – Journal of International Studies, 1981, v. 10, n. 2.

DEVETAK, R. **Critical Theory.** *In:* BURCHILL, S. **[et al.]**. Theories of International Relations, 3. ed. Nova York: Palgrave Macmillan, 2005a.

DEVETAK, R. **Postmodernism.** *In:* BURCHILL, S. **[et al.]**. Theories of International Relations, 3. ed. Nova York: Palgrave Macmillan, 2005b.

DINH, N. Q.; DAILLIER, P.; PELLET, A. **Direito Internacional Público.** Lisboa: Calouste Gulbenkian, 2003.

DONNELLY, J. **Realism.** *In:* BURCHILL, S. **[et al.]**. Theories of International Relations, 3. ed. Nova York: Palgrave Macmillan, 2005.

ECOSTEGUY, P. **A nova arquitetura africana de paz e segurança:** implicações para o multilateralismo e para as relações do Brasil com a África. Brasília, FUNAG, 2011.

FOLEY, C. **Avanços Normativos sobre a Proteção de Civis em Conflitos Armados.** *In:* Hamann. E. P.; MUGGAH, R. A implementação da responsabilidade de proteger. Novos rumos para a paz e a segurança internacional? Brasília/DF: Instituto Igarapé, 2013.

GROVOGUI, S. **Postcolonialism.** *In:* DUNNE, T. **[et al.]**. International Relations Theories. 3. ed. Oxford: Oxford University Press, 2013.

HERZ, John H. **Idealist internationalism and the security dilemma.** World politics, v. 2, n. 2, p. 157-180, 1950.

HEYNS, C.; PADILLA, D.; ZWAAK, L. **Comparação esquemática dos sistemas regionais de direitos humanos:** uma atualização. Revista Internacional de Direitos Humanos, n. 4, ano 3, 2006, pp. 161-169.

KEOHANE, R.; NYE, J. **Power and interdependence.** Boston: Little, Brown and Company, 1977.

KRASNER, S. (ed.) **International regimes.** Ithaca: Cornell University Press, 1983.

LEBOW, R. N. **Classical Realism.** *In:* DUNNE, T. **[et al.].** International Relations Theories. 3. ed. Oxford: Oxford University Press, 2013.

MORAVCSIK, A. **The New Liberalism.** *In:* REUS-SMIT, C.; SNIDAL, D. (Eds.). The Oxford Handbook of International Relations. Oxford: Oxford University Press, 2008.

ONU. **Carta das Nações Unidas.** Rio de Janeiro: Centro de Informação. 1945.

ONU. **Assembleia Geral.** A/RES/60/1. 24 de out. 2005.

ONUF, N. **Making Sense, Making Worlds:** Constructivism in Social Theory and International Relations. Hoboken, NJ.: Taylor and Francis, 2013.

PIRES FERREIRA, L. **Direito, política e segurança internacionais:** uma análise da guerra russo-ucraniana à luz do realismo. *In:* BARBOSA, H. H.; MELLO, C. M.; SIQUEIRA, G. S. (Coord. Geral). TIBÚRCIO, C.; RIBEIRO, M. R. S.; MACEDO, P. E. V. B. (Coord. Acadêmica). Direito Internacional – o futuro do direito. Rio de Janeiro: Ed. Processo, 2022.

PIRES FERREIRA, L. **A teoria crítica nas relações internacionais.** *In:* ROMEO, C. I. M.; PIRES FERREIRA, L.; WEBER, R. B. (Orgs.). Escolas e Teorias de Relações Internacionais: uma abordagem didática. Rio de Janeiro: Freitas Bastos, 2021.

SANTOS FILHO, J. L. N. **Projeções do presente-futuro ou a história do "tempo presente".** *In:* PIRES FERREIRA, L.; MENDES, R. S., WEBER, R. B. Curso de História das Relações Internacionais. 2. ed. Rio de Janeiro: Freitas Bastos, 2023.

STUENKEL, O. **O Brasil como articulador de normas:** a responsabilidade ao proteger. *In:* Hamann. E. P.; MUGGAH, R. A implementação da responsabilidade de proteger. Novos rumos para a paz e a segurança internacional? Brasília/DF: Instituto Igarapé, 2013.

WEBER, M. **Economia e Sociedade.** São Paulo: Editora UnB, 2004.

WENDT, A. **Anarchy is what states make of it:** the social construction of power politics. International Organization. 46(2), 1992.

WOHLFORTH, W. **Realism.** *In:* REUS-SMIT, C.; SNIDAL, D. (eds.). The Oxford Handbook of International Relations. Oxford: Oxford University Press, 2008.

CAPÍTULO 4
OS REGIMES DE DIREITO INTERNACIONAL HUMANITÁRIO

Ricardo Basilio Weber[5]

---

[5] Pós-doutorado em Ciência Política (UFF). Doutor em Relações Internacionais (PUC/RJ). Mestre em Ciência Política (UFF). Bacharel em Ciências Sociais (UERJ). Doutorando em Direito, Negócios e Instituições (UFF). Foi professor de graduação, pós-graduação, *in company* e coordenador de cursos de graduação em Relações Internacionais no IUPERJ-UCAM e no IBMEC/RJ. Email: ricardobweber@gmail.com

INTRODUÇÃO

O Direito Internacional Humanitário trata da proteção às vítimas durante as guerras, enquanto o Direito Internacional dos Direitos Humanos resguarda os direitos e a dignidade da pessoa humana de forma perene. O século XX foi pródigo na proteção a ambas as esferas de direitos. A evolução normativa e a criação desses regimes se beneficiaram de uma conjuntura internacional propícia, pela franca expansão do arcabouço jurídico normativo na grande área dos Direitos Humanos.

Esse artigo versará sobre as bases jurídicas e o surgimento de alguns dos principais regimes internacionais de Direito Humanitário, partindo da sua concepção enquanto uma área dos Direitos Humanos que historicamente assume autonomia relativa. Nesse sentido, a Declaração Universal dos Direitos Humanos (1948), trouxe esse debate ao proscênio no pós-guerra. Daí surgiram tentativas de classificação desses direitos, celebrizando-se a posteriormente formulada por *Karel Vasak* (VASAK, 1979 *apud* BOBBIO, 2004), inspirada nos lemas da Revolução Francesa, correspondentes aos princípios da: liberdade (primeira geração: direitos civis e políticos); igualdade (2ª geração: direitos econômicos, sociais e culturais) e fraternidade (3ª geração: direitos da fraternidade e da solidariedade).

Surgiram mais tarde outras classificações, que apresentam os direitos considerados de 4ª (democracia, informação e pluralismo) e 5ª geração (Paz).

1. O SURGIMENTO DO DIREITO INTERNACIONAL HUMANITÁRIO

O Direito Internacional Humanitário (DIH) possui origem remota, posto que sempre esteve associado ao fenômeno de ocorrência universal das guerras e dos conflitos armados. Não obstante a longa trajetória, só podemos falar propriamente em alguma codificação no Ocidente, a partir da década de sessenta do século XIX.

À época, debatia-se meios para atingir algum equilíbrio entre as necessidades da guerra e a crescente preocupação humanitária. Nesse ínterim, uma crítica às agruras daqueles que necessitavam de cuidados médicos na batalha de Solferino vem à lume, sob o título de "Uma Recordação de Solferino" (1862), de autoria de *Henry Dunant*. No livro, sugere-se: a formação de sociedades de apoio aos feridos nas batalhas, sem discriminações relativas à nacionalidade e à criação e aprovação de uma convenção que desse proteção aos soldados feridos, assim como aos médicos nos campos de batalha. Logo em seguida, em 1863, dá-se a criação do Comitê Internacional de Socorro aos Militares Feridos em Tempo de Guerra e no ano seguinte surge a Primeira Convenção de Genebra.

Punha-se em movimento um sistema de declarações e convenções, que surgem para contrabalançar o aumento do poder destrutivo das armas e métodos de guerra. Criou-se, igualmente, o Comitê Internacional da Cruz Vermelha, enquanto organização neutra, cujo mandato a autoriza a: desempenhar seu papel em conflitos armados internacionais (Convenções de Genebra e o Protocolo Adicional I), ostentar iniciativa humanitária em conflitos armados não internacionais (art. 3o comum às quatro Convenções de Genebra) e em caso de tensões e distúrbios internos ou qualquer outra situação de emergência ter ação humanitária (PIOVESAN, 2013); ao mesmo tempo em que se promove o respeito ao DIH e sua implementação nas legislações nacionais.

Hodiernamente, há cerca de trinta textos internacionais que versam sobre o Direito Internacional Humanitário: 15 convenções de Haia de 1899 e de 1907; o protocolo de Genebra de 1925; as Convenções de Genebra de 1949; a Convenção e o Protocolo de Haia de 1954; os dois protocolos adicionais de 1977; a Convenção das Nações Unidas de 1981; o Tratado de Paris de 1993 e a Convenção de Ottawa de 1997 (DEYRA, 2022).

Segundo a Cruz Vermelha (2022), as normas e princípios do Direito Internacional Humanitário buscam um equilíbrio entre a perspectiva humanitária, dos direitos e da dignidade da pessoa humana, e os imperativos militares do conflito armado. Portanto, apesar de restringir as calamidades da guerra, ele jamais impedirá a condução das operações militares. Sobre essa base é que operam alguns dos seus princípios básicos, como: 1- a limitação ou restrição ao direito das partes beligerantes na eleição de meios para causar danos ao inimigo; 2- a proporcionalidade, enquanto emprego de meios e métodos proporcionais à vantagem militar concreta e direta; 3- a humanidade, que equivale à proibição de ações destinadas a causar sofrimento às pessoas e destruição de propriedades, caso a necessidade dessas ações não se justifique como fundamental para obter a rendição do inimigo (ALVES; FILHO, 2023).

Suas normas e princípios protegem os membros feridos das forças armadas, os enfermos, os náufragos, os prisioneiros de guerra, a população civil e seus bens, restringindo os meios de violência empregados. Como "Direito da Guerra", insere-se no mundo do Direito, como parte do Direito Internacional Público.

O Direito de Haia pode ser compreendido da perspectiva da restrição do direito dos combatentes, pois se originou nos campos de batalha. Sobre isso versava a Convenção de 1864. Logo em seguida, a Convenção de São Petersburgo de 1968 defendia a restrição das hostilidades e uma relação equilibrada entre o objetivo do fim da guerra, a partir do enfraquecimento das forças do inimigo, e os meios para atingir tal objetivo. Mais tarde, os princípios estabelecidos nesses documentos, foram utilizados na quarta convenção de Haia de 1907 e no seu regulamento (DEYRA, 2022). Das convenções de Haia, são dignas de menção a quarta, sobre leis e costumes da guerra em campanha e o regulamento a ela anexo, além da quinta e da décima-terceira, que tratam dos direitos e deveres das potências e das pessoas neutras, em caso de guerra e de campanha marítima.

Já o Direito de Genebra se endereçava à proteção ao direito dos não combatentes. Em 1949, foram celebradas 4 Convenções: sobre feridos e doentes das forças armadas em campanha; sobre a situação dos feridos, doentes e das forças armadas no mar; a terceira sobre tratamento de prisioneiros de guerra e a quarta sobre proteção a populações civis em tempo de guerra.

Apesar da restrição aos conflitos armados, o Direito Internacional precisa lidar com o fenômeno, não apenas combatendo, mas regulamentando-o. Afinal, o DIH precisa ser administrado imparcialmente aos beligerantes: tanto aos que recorrem legalmente à violência, quanto aos que a ela recorrem ilegalmente. Ao Direito Internacional Humanitário não cabe definir a legitimidade sobre a qual se assenta um conflito armado ou qual parte possuiria o direito de uso da força, mas tão somente se destina à regulação do comportamento das partes em conflito, uma vez que ele se tenha originado (CRUZ VERMELHA, 2022).

Além do Direito de Genebra e do Direito de Haia, o Direito Internacional Humanitário apresenta também como fonte as regras do chamado Direito de Nova Iorque. Essa designação surgiu naturalmente da referência à atuação das Nações Unidas nesse âmbito das Relações Internacionais. O Direito de Nova Iorque emerge da ruptura ocorrida no tratamento dado pela Organização ao tema, por meio da Resolução 2444 da Assembleia Geral (1968), intitulada: "Respeito dos direitos humanos em período de conflito armado". A partir dela, a ONU passa a disciplinar temas como as guerras de libertação nacional, assim como a restrição do emprego de determinados artefatos bélicos.

2. OS REGIMES INTERNACIONAIS DE DIREITO HUMANITÁRIO

No âmbito do Direito de Nova Iorque, os principais regimes de Direito Humanitário Internacional compreendem o Conselho de Segurança das Nações Unidas, alguns tribunais *ad hoc* por ele criados, como os célebres tribunais de Nuremberg e de Ruanda, bem como o próprio Tribunal Penal Internacional. No que diz respeito aos regimes regionais, sobressaem-se a Corte Interamericana de Direitos Humanos e a Corte Europeia de Direitos Humanos.

Um regime de grande relevância consiste no Movimento Internacional da Cruz Vermelha e do Crescente Vermelho, que protege as vítimas militares e civis nos conflitos armados, cujo status seja o de "fora de combate", não participando das hostilidades, como: feridos, doentes, náufragos, prisioneiros de guerra e a população civil.

2.1 A CRUZ VERMELHA INTERNACIONAL

Em 1859, ocorreu no norte da Itália a batalha de Solferino entre as coalizões franco-italiana e austríaca, que foi de grande importância para a criação do Direito Internacional Humanitário. O suíço *Henri Dunant*, após retornar para a Suíça, envia seu livro a muitos chefes de Estado, o que resultou na fundação do movimento da Cruz Vermelha (1863), do qual emergiram depois as federações Nacionais da Cruz Vermelha e o comitê Internacional da Cruz Vermelha, ambos sediados em Genebra.

Dois anos depois, 1864, realizou-se uma conferência internacional pela qual foi proclamada a Convenção Internacional sobre a Melhoria das Condições dos Soldados Feridos da Robustez Expedicionária, que assegurava a neutralidade de estabelecimentos relacionados ao socorro aos feridos, como igrejas e hospitais, bem como determinava que os profissionais da saúde envolvidos, tanto militares, quanto civis, atuantes sob os auspícios da Cruz Vermelha, se dedicassem a tratar as vítimas de forma imparcial, irrespectivamente às nacionalidades de origem. Nesse mesmo ano, o Comitê da Cruz Vermelha foi capaz de promover a adesão de muitos chefes de Estado à primeira Convenção de Genebra de 1864, estabelecendo que, durante os conflitos armados, os exércitos deveriam prestar assistência a todos os soldados feridos, também irrespectivamente às nacionalidades de origem.

Na sua longa trajetória, a Cruz Vermelha já foi reconhecida sucessivamente como Federação da Cruz Vermelha, Comitê Internacional da Cruz Vermelha e o Crescente Vermelho. Atualmente, reconhece-se como Federação Internacional da Cruz Vermelha e do Crescente Vermelho. Inicialmente, sua maior atribuição consistia no exercício de uma coordenação de alto nível, entretanto com o passar do tempo ela buscou suprir a necessidade de um papel de coordenação neutra entre as partes em conflito (CRUZ VERMELHA, 2023). Isso equivale a uma expansão da sua atuação, que também passou a contar com as sociedades nacionais (crescente vermelho), tornando-a presente e atuante em muitos países.

O Movimento Internacional da Cruz Vermelha e do Crescente Vermelho ostentam um perfil humanitário, desvinculado de Estados ou ideologias políticas. Neutralidade e independência consistem em premissas para o seu legado de proteção da vida e da dignidade das vítimas de violência.

Sua estrutura administrativa compreende a Assembleia, que exerce a governança, integrada por cidadãos exclusivamente suíços. Um segundo nível é o do Conselho da Assembleia, *petit comité* que estabelece agendas fundamentais e estratégicas, coordenando-as em articulação com a Assembleia e com a Direção. Enquanto a Assembleia se compõe de 15 a 25 membros, o seu Conselho se restringe a 5 membros, eleitos pela Assembleia, dentre os quais figura o Presidente do Comitê Internacional da Cruz Vermelha. No seu terceiro nível, situa-se a Direção, órgão executivo, encarregado de implementar as estratégias estabelecidas, traduzindo-as em objetivos e metas a serem perseguidas pela Organização. Sua composição se resume a um Diretor Geral e três diretores, eleitos pela Assembleia (CRUZ VERMELHA, 2023).

2.2 CORTE INTERAMERICANA DE DIREITOS HUMANOS

O Sistema Interamericano de Direitos Humanos surgiu em 1948, com a Declaração Americana dos Direitos e Deveres do Homem, aprovada conjuntamente à Carta da Organização dos Estados Americanos (OEA). Em 1959, surge a Comissão Interamericana de Direitos Humanos, sob o guarda-chuva da OEA. Sua institucionalização foi fortalecida por reformas, como a do seu estatuto, em 1965, quando a ela foi concedido um mandato de proteção, passando a receber e analisar denúncias de violação de Direitos Humanos de qualquer membro da OEA.

Em 1969, foi aprovada a Convenção Americana de Direitos Humanos, ou *Pacto de San José da Costa Rica*, cujo início dos trabalhos (1978) daria surgimento à Corte Interamericana (O´NEIL; LYTH, 2001). Foi a criação desta última que aperfeiçoaria a função de proteção do regime, pois ela marca o início da sua competência de emitir decisões vinculantes para os Estados membros. Desde então, ela foi complementada por dois protocolos adicionais, um sobre direitos econômicos, sociais e culturais e outro sobre a abolição da pena de morte.

No que diz respeito ao Direito Humanitário, a primeira manifestação da Corte Interamericana de Direitos Humanos ocorreu em 1997, no Caso Arturo Ribón Avila *versus* Colômbia. A acusação contra o governo deste país era a de execução extrajudicial de 11 pessoas por agentes do Estado, enquanto privadas de meios de defesa. Na ocasião, o Estado colombiano foi acusado de haver violado os artigos 4º do direito à vida e 5º do direito à integridade pessoal da Convenção Interamericana de Direitos Humanos, bem como os artigos 8º e 25º, por haver sido negado às vítimas o direito de proteção judicial (CORTE INTERAMERICANA, 2021). Como se não bastasse, o Estado não teria conduzido apropriadamente as investigações, impedindo o acesso das famílias das vítimas à reparação e a punição dos responsáveis.

Ao decidir sobre a norma aplicável, a Convenção Interamericana utilizou o artigo 3º, comum às Convenções de Genebra e Interamericana que vincula tanto Estados quanto dissidências internas em conflitos armados. A Corte ressaltou que a Colômbia ratificou as Convenções de Genebra e aderiu aos Protocolos Adicionais, concluindo ser a corte competente para aplicar diretamente as normas de Direito Internacional

Humanitário ou interpretar as regras da Convenção Interamericana de Direitos Humanos em referência às regras de Direito Internacional Humanitário (MELO, 2023). Nesse caso, a Comissão ressaltou que, mesmo que as partes não invoquem normas de DIH, ela seria competente para aplicar e utilizar instrumentos de direito humanitário, caso fosse necessário.

No entanto, o caso mais célebre das decisões desta corte sobre sua competência para aplicação direta do Direito Internacional Humanitário consistiu no caso Tablada, de 1997, que versa sobre ataques de grupo armado sobre quartéis das forças armadas argentinas na província de La Tablada, em 1989. Na ocasião, as denúncias foram de execução, tortura e desaparecimento dos responsáveis por parte do Estado argentino (CORTE INTERAMERICANA, 2021). Essa decisão se debruçou largamente sobre o Direito Internacional Humanitário, aplicando instrumentos, regras e princípios diretamente ao caso concreto. Em muitos outros casos concretos, a Comissão interamericana aplicou o Direito Internacional Humanitário, como são exemplos os casos: Hugo Bustíos Saavedra *versus* Peru, também de 1997; o caso Ignacio Ellacuria, S. J. et al. *versus* El Salvador, de 1999; caso Coard *et al. versus* Estados Unidos, de 1999 e caso Monsignor Oscar Arnulfo Romero y Galdámez *versus* El Salvador de 2000 (CORTE INTERAMERICANA, 2021).

2.3 A CORTE EUROPEIA DE DIREITOS HUMANOS

A Corte Europeia de Direitos Humanos construiu farta jurisprudência, o que lhe assegura a posição de principal corte internacional de Direitos Humanos. Ela se insere no Sistema Europeu de Direitos Humanos, cuja espinha dorsal consistiu na Convenção Europeia de Salvaguarda dos Direitos do Homem e das Liberdades Fundamentais (1950) (MATOS, 2014). A esta apenas podem aderir Estados-membros do Conselho da Europa, pois se trata de tratado multilateral, de escopo regulatório das relações jurídicas domésticas dos seus membros, que aceitam restringir suas soberanias em consideração à relevância dessa agenda.

Buscando a ampliação desse rol de direitos humanos, à Comissão Europeia de Direitos Humanos se somou a Carta Social Europeia, sobre direitos econômicos, sociais e culturais, em 1961, conformando um sistema regional europeu de proteção, sobreposto aos vários sistemas nacionais. A Comissão também inovou ao instituir órgãos destinados a fiscalizar o respeito aos direitos humanos e julgar os casos de violação que ensejassem a responsabilização internacional dos Estados signatários, como a Comissão Europeia dos Direitos do Homem (1954), o Tribunal Europeu dos Direitos do Homem (1959) e o Comitê dos Ministros do Conselho da Europa (1961).

Outra inovação que partiu da Convenção foi garantir aos indivíduos, e não somente aos Estados, um mecanismo de responsabilização dos Estados violadores, com possibilidade de obter reparação pelos danos sofridos.

A Comissão Europeia dos Direitos do Homem tinha a função de receber as denúncias de violações de Direitos Humanos, encaminhando o caso ao TEDH, quando a vítima fosse um indivíduo. Assim, somente os Estados tinham a prerrogativa de acionar diretamente o TEDH, o que era objeto de severas críticas (MATOS, 2014). Graças a ela, hoje podemos considerar o sistema europeu como o mais avançado, pois os indivíduos podem acessar o Tribunal diretamente e sem ingerências de natureza política ou diplomática. Mais tarde, o TEDH passaria a ser denominado de Corte Europeia de Direitos Humanos, exercendo um controle jurisdicional de observância dos direitos fundamentais, e desenvolvimento de uma jurisprudência sobre direitos humanos que passou a ser relevante, não só para os países signatários da CEDH, mas também, por servir de exemplo e inspiração para o sistema universal e outros sistemas regionais, no contexto de harmonização dos direitos humanos, para todo o mundo.

No que diz respeito ao Direito Humanitário, a União Europeia não figura como parte dos Tratados Internacionais. Não obstante, a adesão de todos seus estados membros às Convenções de Genebra e seus protocolos adicionais faz com que a obrigação de implementação das normas do DIH se relacione apenas aos seus Estados membros. Isso fez com que o Tribunal de Justiça da União Europeia se manifestasse, declarando que a UE deve se submeter ao Direito Internacional, conforme se depreende do entendimento aplicado ao caso *Poulsen*, aludindo ainda ao caso *Racke*, que confirmava a submissão ao Direito Consuetudinário, no qual se comprometia a observar o Direito Internacional na sua totalidade, trazendo por esse entendimento a obrigação aplicada a todas as instituições da UE, evocando ainda o caso *Air Transport Association of America* (SILVA e MELO, 2023).

Nesse sentido, as normas consuetudinárias do DIH tiveram a confirmação da sua tutela sobre a UE e todas as suas ações militares que se relacionem a conflitos armados. Confirma-se assim que o Tratado de Lisboa e os atos do Conselho Europeu consistem em uma importante base jurídica para a integração entre o DIH e a ordem jurídica europeia.

Conforme preceituam Silva e Melo (2023:142), mesmo prescindindo de referência explícita ao DIH ou ao comportamento das forças militares nos seus documentos originais, a UE acolhe como parte dos seus princípios jurídicos de organização interna aqueles que estruturam o DIH, implicando na obrigação de observar as normas de DIH e os Direitos Humanos contemplados nos seus tratados fundacionais. Isso gerou o entendimento do

Regulamento do Conselho 975 de 1999, que estabelece que o respeito ao DIH consiste em parte integrante dos Direitos Humanos na concepção desse regulamento. Nesse dispositivo, observa-se que os princípios gerais de Direito Comunitário e as sentenças da Corte Europeia de Direitos Humanos influenciam a integração dos princípios de DIH na ordem jurídica interna europeia.

2.4 O TRIBUNAL PENAL INTERNACIONAL

O Tratado de Paz de Versalhes, que encerra a 1ª Guerra Mundial, buscava a punição dos responsáveis pela agressão perpetrada, inspirado na 2ª Convenção de Paz de Haia, de 1907 (ALVES, 2023). Para isso, chegou-se a cogitar da punição individual dos violadores dessas Leis de Guerra. Embora na ocasião a iniciativa não tenha avançado, as origens do projeto de responsabilização individual dos culpados foram lançadas.

Ao término da 2ª Guerra Mundial, entretanto, tornou-se possível a criação de um Tribunal Penal Internacional. Resultado de um longo processo de busca pela punição dos responsáveis pelos maiores crimes já praticados contra a humanidade, esse tribunal foi formalmente criado com a aprovação do Estatuto de Roma (1998), começando seus trabalhos em 2002. Da sua atuação, sobressaíram-se, os tribunais de Nuremberg e os Tribunais *ad hoc*, da ONU.

Segundo o artigo 5º do seu Estatuto (ESTATUTO DE ROMA, 1998), o TPI julga apenas os crimes de agressão, contra a humanidade, de genocídio e crimes de guerra, todos definidos nos artigos 6, 7 e 8. Ele tem uma composição formada por 18 juízes, sempre eleitos pela Assembleia Geral para mandatos de 9 anos, sendo interditada a reeleição. Aplica penas de até 30 anos de prisão, havendo previsão de pena máxima perpétua. Como antecedentes, figuram os tribunais de Wunnenberg, Ex-Iugoslávia,

Tóquio e Ruanda. Na sua estrutura conta com a presidência, seções de julgamento, de recurso e de instrução, procurador e secretaria, todos descritos nos artigos 38, 39, 42 e 43.

Segundo Cardoso (2012), a competência e atuação do TPI estão caracterizadas pelo princípio da complementaridade, pelo qual os tribunais nacionais têm prioridade no julgamento de crimes internacionais, restando o recurso ao TPI apenas para os casos em que o Estado com jurisdição sobre a violação não a exerça ou não possa fazê-lo.

2.5 O CONSELHO DE SEGURANÇA DAS NAÇÕES UNIDAS

A incorporação das violações do Direito Internacional Humanitário como foco de deliberações do Conselho de Segurança das Nações Unidas se iniciou com a Resolução 688 de 1991, quando foi feita a ilação entre as práticas de violência e repressão do governo iraquiano à minoria curda e a manutenção da Paz e da Segurança Internacionais.

Tratava-se claramente de um caso de reorientação da postura tradicional do Conselho diante de violações perpetradas pela repressão e violência praticadas por um Estado contra uma parte dos seus habitantes. A resposta do Conselho veio sob a forma da Operação *Provide Comfort,* que consistia na criação de corredores humanitários, para resgatar as minorias curdas, provendo-lhes assistência em zonas de segurança, livres de ameaças militares e da interferência do governo iraquiano. Essas zonas eram situadas em regiões das minorias curdas, protegidas por tropas multinacionais, com maciça presença de ingleses franceses e norte-americanos.

O vínculo estabelecido entre essa crise humanitária e a paz e a segurança internacionais pode ser interpretado como a incorporação dos Direitos de Haia e de Genebra na própria Carta das Nações Unidas (SILVA, 2021). No entanto, havia antecedentes para a Resolução 688, que consistiam nas sanções implementadas contra a Rodésia e a África do Sul, que, apesar de teoricamente refletirem as ameaças à segurança regional, também refletiam a reprovação da comunidade de nações ao racismo praticado no interior das fronteiras daqueles países como política de Estado. Isso suscitava para muitos analistas a interpretação de que essas preocupações humanitárias poderiam, portanto, ser instrumentalizadas para evocar o Capítulo VII da Carta da ONU, que trata do direito de intervenção, que se justificaria em face da ameaça à paz e à segurança internacionais.

No entanto, a Resolução 688 de 1991 jamais trouxe qualquer invocação ao Capítulo VII, consistindo ainda todas essas ilações em vinculações indiretas (GHISLENE, 2011). Em 1992, a Resolução 746 tratava do Conflito na Somália, novamente vinculando a crise humanitária à Paz e Segurança Internacionais. Seguiram-se outras resoluções que reproduziram essa associação, entretanto digna de nota foi a de número 794, do mesmo ano, a qual trazia decisão unânime de todos os membros do Conselho em relação à autorização do emprego de todos os meios necessários, inclusive a força, para assegurar a ajuda humanitária ao país. Tratava-se do caso da ex-Iugoslávia, quando o país ainda não se havia desintegrado, envolvido com as violações praticadas pelos exércitos da Eslovênia, da Croácia e da ex-Iugoslávia.

Todas essas resoluções fortalecem o vínculo entre o Direito Humanitário e a paz e segurança internacionais. Entretanto, apenas com o agravamento desse conflito e sua expansão para a Bósnia-Herzegovina é que a Resolução 770 de 1992 invocará definitivamente o capítulo VII, determinando a explícita e inequívoca vinculação entre o Direito Internacional Humanitário e a Paz e Segurança internacionais, autorizando todas as medidas necessárias para o provimento da ajuda humanitária a Sarajevo e outras regiões da Bósnia (SILVA, 2021).

CONSIDERAÇÕES FINAIS

Apesar de todos os esforços desenvolvidos desde o período do pós-guerra para substituir o recurso à força pela resolução pacífica dos conflitos, o Direito Internacional Humanitário desempenha inestimável função de tutela jurídica da vida e da dignidade humanas, como nos mostra a situação das vítimas de guerra ou de conflitos armados, ainda na atualidade.

O Direito Internacional Humanitário atua em muitos casos em complementaridade ao Direito Internacional dos Direitos Humanos. No que diz respeito a sua institucionalização, constantemente são os regimes internacionais de Direitos Humanos que estabelecem a continuidade entre ambos, ao se encarregarem de aplicar o DIH. Este breve artigo buscou apresentar alguns dos principais regimes internacionais que aplicam o Direito Humanitário, enfocando a forma como alguns regimes de Direitos Humanos passaram a se comprometer com a observância e respeito ao DIH.

REFERÊNCIAS BIBLIOGRÁFICAS

ALVES, J, A, L. **Os Direitos Humanos e o Direito Internacional.** *In:* BOUCALT, C, E, A; ARAÚJO, N (org.). A Declaração dos Direitos Humanos na Pós-modernidade. Rio de Janeiro: Renovar, 1999.

ALVES, A, B; FILHO, P, M, B, M. **O Direito Internacional Humanitário: uma iniciação CMG (rm1).** revista de villegagnon. disponível em:

E:\marinha\ESCOLA NAVAL\revista en\villegagnon 2007 online. PDF. Consulta em 23.04.2023.

BOBBIO, N. **A Era dos Direitos.** Elsevier: Rio de Janeiro, 2004.

BOBBIO, N. **Direito e Poder.** Editora UNESP: São Paulo, 2008.

BICUDO, H. **Defesa dos direitos humanos:** sistemas regionais. ESTUDOS AVANÇADOS 17 (47), 2003.

BOUVIER, A, A. **Direito Internacional Humanitário e Direito Internacional dos Conflitos Armados.** Instituto de Treinamento em Operações de Paz. Disponível em: https://cdn.peaceopstraining.org/course_promos/international_humanitarian_law/international_humanitarian_law_portuguese.pdf. Consulta em: 12.02.2023.

CARDOSO, E. **Tribunal Penal Internacional Conceitos, Realidades e Implicações para o Brasil.** Brasília: FUNAG, 2012.

CRUZ VERMELHA. **O que é o Direito Internacional Humanitário.** Comitê Internacional da Cruz Vermelha. CICV, junho de 2022. Disponível em: https://www.icrc.org/pt/download/file/246355/o_que_e_o_dih.pdf. Consulta em 04.02.2023.

CRUZ VERMELHA. **"Regras Básicas do Direito Internacional Humanitário nos Conflitos Armados"**, CICV. Disponível em: <https://www.icrc.org/pt/doc/resources/documents/misc/basic-rules-ihl-31 1288.htm. Consulta em: 04.02.2023.

CORTE INTERAMERICANA. **Corte Interamericana de Derechos Humanos y Comité Internacional de la Cruz Roja.** Cuadernillo de Jurisprudencia de la Corte Interamericana de Derechos Humanos N. 17: Interacción entre el Derecho Internacional de los Derechos Humanos y el Derecho Internacional Humanitario / Corte Interamericana de Derechos Humanos y Comité Internacional de la Cruz Roja – [ed. ampl.] – San José, C.R.: Corte IDH, 2021.

DECLARAÇÃO UNIVERSAL DOS DIREITOS HUMANOS, 1948. Disponível em: https://www.unicef.org/brazil/declaracao-universal-dos-direitos-humanos. Consulta em 15.04.2023.

DEYRA, M. **Direito Internacional Humanitário.** Procuradoria Geral da República. Gabinete de Documentação e Direito Comparado: Brasília, 2022.

ESTATUTO DE ROMA, 1998. Disponível em: estatuto_roma_tpi.pdf (ministeriopublico.pt). Consulta em 02/05/2023.

GHISLENE, A, P. **Direito Internacional Humanitário.** Brasília: FUNAG, 2011.

HAFNER-BURTON, E. **International Regimes for Human Rights.** The Annual Review of Political Science. 15:265-86. January 3, 2012.

MATOS, M, F, S. A**desão da União Europeia à Convenção Europeia de Direitos do Homem e a Interação entre o Tribunal de Justiça da União Europeia e a Corte Europeia de Direitos Humanos.** Cadernos do programa de Pós-graduação de Direito. UFRGS, V. 9, N. 1, 2014.

MELO, V, F. **Disputes for the formation of the international Human Rights regime:** the formation of the regime, the recognition of the human right to development, and Latin American alternatives to development. Brazilian Journal of Development, Curitiba, v. 9, n. 1, p. 3258-3281, jan., 2023.

MUÑOZ, A, A. **Regimes Internacionais De Direitos Humanos:** Uma matriz para sua análise e classificação. Revista SUR 25 - v. 14 n. 25. pp. 171-188, 2017.

O'NEILL, W, G; LYTH, A. **Chapter 2 The International Human Rights System.** Manual on Human Rights Monitoring: An Introduction for Human Rights Field Officers. Oslo: University of Oslo. Norwegian Centre for Human Rights, 2001.

PAIVA, F, B; LEMOS, N, O; ZUCHETTO, T, R; RODRIGUES, T, C. **O Regime Internacional de Direitos Humanos:** um Estudo de Caso da Comissão Nacional da Verdade no Brasil. Revista Perspectiva, 2020.

PESSOA, J, S. **Norberto Bobbio e as Relações entre Direito e Poder:** A Proteção dos "Direitos do Homem" na comunidade internacional. Dissertação de mestrado apresentada ao Programa de Pós-Graduação em Ciências Sociais, da Faculdade de Ciências e Letras da Unesp, Campus de Araraquara. Araraquara: São Paulo, 2016.

PIOVESAN, F. **Direitos Humanos e o Direito Constitucional Internacional.** 14ª ed. São Paulo: Saraiva, 2013.

SILVA, C, A, C, G. **Conselho de Segurança da ONU:** breves considerações acerca de seu direito de intervenção. Revista da Faculdade de Direito da UFMG [recurso eletrônico], Belo Horizonte, n. 40, p. 35-66, jul./dez. 2001. Disponível em: <http://dspace/xmlui/bitstream/item/12842/1146.pdf?sequence=1>. Consulta em: 7 abril. 2023.

SILVA, R, L; MELO, F, R, F. **A observância do direito internacional humanitário pela união europeia.** Latin American Journal of Development, Curitiba, v. 5, n. 1, p. 139-154, 2023.

UN CHARTER, 1945. Disponível em: https://www.un.org/en/about-us/un-charter. Consulta em 12.03.2023.

CAPÍTULO 5
O CONTROLE DA PROLIFERAÇÃO DE ARMAS DE DESTRUIÇÃO EM MASSA

Layla Dawood[6]

---

[6] Doutora em Relações Internacionais (PUC-Rio); mestre em Relações Internacionais (PUC Minas); graduada em Relações Internacionais (PUC Minas) e em Direito (UFMG). Foi Secretária Executiva da ABRI nas administrações de 2015-2017 e 2017-2019. Atualmente, é professora adjunta e Coordenadora do Programa de Pós-Graduação em Relações Internacionais da UERJ. É bolsista Pró-Ciência (UERJ) e Jovem Cientista do Nosso Estado (FAPERJ). Email: layladawood@hotmail.com.

INTRODUÇÃO

Tradicionalmente, a área da Segurança Internacional dedica-se ao estudo do controle, do uso e da ameaça de uso da força militar (WALT, 1991), de modo que a posse e o eventual uso de armamentos químicos, biológicos e nucleares sempre estiveram no centro das preocupações da área. Não obstante, essa agenda recebeu atenção redobrada no período que sucedeu à Guerra Fria, quando, na ausência de uma ameaça clara contra os EUA proveniente de uma potência de poderio equivalente, os documentos de defesa estadunidenses ressaltavam o combate à proliferação como um dos principais objetivos de segurança desse país.

Em especial, após os atentados terroristas de setembro de 2001, a chamada "doutrina Bush de segurança[7]" destacava o problema da posse de armas de destruição em massa (ADM) por Estados hostis aos EUA (então chamados de *rogue states*[8]), do eventual emprego desses armamentos em conflitos regionais (potencialmente limitando a ação militar extrarregional dos EUA) e da possível transferência de ADM a atores não-estatais (EUA, 2002). Nesse sentido, o desafio do controle da proliferação de ADM remete à posse, ao uso e à ameaça de uso da força pelas principais potências mundiais, mas também por Estados menores e atores não-estatais.

Conforme explicitaremos a seguir, existem vários entraves ao controle da posse e do uso de ADM, dentre os quais podemos citar a multiplicidade de atores e interesses envolvidos na

---

7   A *National Security Strategy* (NSS) é um documento requerido por lei aos presidentes estadunidenses, no qual devem estar contidas as concepções de segurança e as definições de ameaça de cada administração. A NSS de 2002 continha as concepções de segurança e de defesa do presidente George W. Bush, que ficaram conhecidas como "a doutrina Bush de segurança".

8   À época, os Estados tidos como hostis aos EUA eram Irã, Iraque e Coreia do Norte.

questão – com destaque para as divergências entre as potências nucleares e entre essas e os Estados não-nucleares – e a característica dual – com emprego civil e militar – das tecnologias utilizadas para a produção desses armamentos.

A primeira seção deste capítulo objetiva apresentar os principais conceitos utilizados pela área da Segurança para dar sentido ao fenômeno da proliferação de ADM, enquanto a segunda seção discutirá as iniciativas e os meios de controle do problema. A terceira seção apresenta, sem pretensões de esgotar o tema, o embate entre teorias de Relações Internacionais na busca de explicações para o fenômeno do não-uso frequente de armas de destruição em massa. Finalmente, conforme será discutido ao longo do capítulo, aponta-se a não linearidade da evolução dos acordos de controle de armas e de desarmamento. Em especial, o regime de não-proliferação nuclear enfrenta sérios desafios na contemporaneidade, os quais serão objeto da quarta seção deste capítulo.

1. PRINCIPAIS CONCEITOS: PROLIFERAÇÃO, DISSUASÃO, CONTROLE DE ARMAS E DESARMAMENTO

O termo armas de destruição em massa (ADM) é usado em referência aos *armamentos atômicos e materiais radioativos, bem como aos armamentos químicos e biológicos* (BAYLIS; SMITH, 2010). Embora tal terminologia faça parecer que o poder destrutivo dessas três classes de armamentos é similar, isso não corresponde à realidade. Desse modo, o agrupamento de armamentos com diferentes poderes de destruição em uma única categoria justifica-se apenas pela percepção consensual de que, em comparação com os armamentos convencionais, o emprego efetivo de armas de destruição em massa gera clamor na opinião pública e sofrimento desnecessário e desproporcional em suas vítimas.

Os estudiosos de Segurança costumam identificar dois processos relacionados à proliferação de armamentos de destruição em massa: a proliferação vertical (que envolve melhorias e/ou incrementos nos arsenais já existentes) e a proliferação horizontal (que diz respeito à aquisição de armamentos de destruição em massa por países que não os detinham) (SIDHU, 2018). Esse último processo tende a ser explicado por referência às leis da oferta e da demanda, sendo que as preocupações do lado da demanda referem-se às razões de segurança nacional para a aquisição desses armamentos, compreendendo fatores como: a busca por status internacional (no sentido de reputação de poder); a percepção de riscos à segurança nacional do país que adquire essas armas; a ocorrência de proliferação na região a que pertence esse país; as pressões domésticas e o alto custo dos armamentos convencionais (SAGAN, 2011).

Por sua vez, as preocupações do lado da oferta envolvem o desenvolvimento ou aquisição de tecnologia biológica, química ou nuclear com finalidade pacífica, que pode abrir caminho para o desenvolvimento de armas de destruição em massa. Em outras palavras, a natureza dual dessas tecnologias pode significar o desvio de tecnologia com finalidade originalmente civil para a construção de armamentos de destruição em massa. Nesse contexto, muitos dos esforços que buscam impedir, em especial, a proliferação horizontal nuclear concentram-se nas preocupações relativas à oferta, enfatizando o monitoramento de materiais nucleares para evitar seu desvio para fins militares.

A despeito da presença de esforços de não-proliferação na política externa e de defesa de diversos países, a literatura diverge sobre a viabilidade dessas iniciativas. Waltz (2003) argumenta que a política de controle da proliferação nuclear não seria o melhor caminho para evitar conflitos armados. Seu argumento toma por base o poder dissuasório das armas nucleares e a teoria racional da dissuasão[9].

A teoria racional da dissuasão, desenvolvida especialmente durante a Guerra Fria, estuda o uso da estratégia de dissuasão, que consiste em *proferir ameaças para impedir um comportamento indesejado*. A dissuasão diferencia-se da *compellence*, na medida em que essa última compreende o *uso de ameaças para forçar um adversário a realizar um curso de ação desejado* por aquele que ameaça. Quando bem-sucedido, o uso da estratégia de dissuasão envolve o alcance do cenário desejado sem que tenha havido o emprego efetivo da força (SCHELLING, 2008, p. 69-86). Isso dependerá: da capacidade retaliatória daquele que ameaça e da consequente credibilidade da ameaça de retaliação; da comunicação adequada da ameaça, bem como das consequências de realizar uma ação indesejada; e da disposição (*resolve*) daquele que ameaça em impor o dano na hipótese de que a parte ameaçada prossiga com a ação indesejada (KRAUSE, 1999). Presume-se que o ameaçado seja capaz de analisar o que é pior para os seus interesses: deixar de fazer o que o adversário

---

9   Waltz (2003) afirma que existem dois tipos de dissuasão: por negação (*dissuasion by denial*) e por punição (*dissuasion by deterrence/punishment*). A primeira implica em investir nas próprias forças de defesa de modo a desincentivar um ataque e dificultar uma vitória rápida por parte do oponente. A segunda consiste em usar de ameaças de uso da força em punição a uma ação indesejada. Diante da inexistência da palavra "deterrência" em português e da popularização do uso intercambiável dos termos *"dissuasion"* e *"deterrence"* na literatura, neste capítulo, optamos pelo uso da palavra portuguesa dissuasão para designar ambas as estratégias.

não quer que se faça ou sofrer a retaliação prometida. Nesse sentido, a explicação racionalista para o não-uso de armas nucleares durante a Guerra Fria baseia-se no sucesso do uso da estratégia de dissuasão nuclear pelas partes em conflito e a consequente expectativa de que um eventual primeiro ataque ensejaria uma retaliação nos mesmos termos. Esse cenário de destruição mútua assegurada (conhecido pela sigla em inglês MAD, em referência a *Mutual Assured Destruction*) era garantido pela posse de capacidades críveis de realização de um segundo ataque (*second strike capabilities*)[10] por ambos os lados.

Para Waltz (2003), do mesmo modo que as armas nucleares geraram cautela entre tomadores de decisão estadunidenses e soviéticos durante a Guerra Fria, poderíamos esperar cautela entre tomadores de decisão das chamadas potências nucleares de segunda geração (como Índia e Paquistão). Para o autor, a posse de armamentos nucleares evitaria, inclusive, conflitos convencionais, por medo de uma escalada nuclear.

Em contraposição, Sagan (2003) alerta para o fato de que as armas nucleares costumam ser adquiridas por díades de países que já possuem um histórico de conflitos bilaterais, aumentando, assim, a probabilidade do uso efetivo desses armamentos. Há que se considerar que a menor distância geográfica entre esses países (como Índia e Paquistão, que dividem fronteira, em contraste com a larga distância geográfica entre EUA e URSS) diminui o tempo de resposta em caso de alerta de um primeiro ataque, tornando o uso preventivo de armas nucleares mais provável. Ademais, os sistemas de comando e controle podem ser menos apurados em países em desenvolvimento, levando a usos acidentais de armas nucleares. Por fim, pode haver menor controle

---

10   As capacidades de realização de um segundo ataque envolvem a sobrevivência dos arsenais a um primeiro ataque e o domínio da chamada tríade nuclear, que se refere a meios de entrega diversificados como: bombardeiros, mísseis lançados de submarinos e mísseis lançados por terra.

civil sobre armas nucleares nas potências nucleares de segunda geração, possivelmente incrementando as chances de uso.

No que se refere ao combate à proliferação vertical, o tema está ligado às tentativas de desarmamento dos países que ainda detêm armas de destruição em massa. Nesse contexto, a literatura costuma diferenciar entre o controle de armas e o desarmamento, sendo que o primeiro se destina ao controle do uso de armamentos de destruição em massa e o segundo visa a abolir, parcial ou totalmente, esses armamentos (BAYLIS; SMITH, 2010).

2. INSTITUIÇÕES E ACORDOS ENVOLVIDOS NO COMBATE À PROLIFERAÇÃO DE ARMAS DE DESTRUIÇÃO EM MASSA

Os meios para controlar a proliferação de armas de destruição em massa envolvem: 1) a realização de acordos bilaterais entre as principais potências com vistas a restringir seus arsenais; 2) a abordagem multilateral convencional, isto é, a criação de tratados para controlar o uso, o teste e o armazenamento desses armamentos e para impedir a sua aquisição; 3) a abordagem multilateral que não os tratados, como as resoluções da Assembleia Geral (AG) e do Conselho de Segurança das Nações Unidas (CS), que, por considerarem a proliferação uma ameaça à paz e à segurança internacionais, impõem sanções internacionais aos atores proliferantes, bem como estabelecem medidas defensivas no caso de uso por atores não-estatais; 4) a implementação de medidas não-institucionais para combater a proliferação, como no caso das negociações multilaterais com o Irã e a Coreia do Norte, e o uso de capacidades militares no emprego da dissuasão ou no uso preventivo da força (essas últimas medidas são conhecidas como "contra-proliferação")[11].

No que se refere às iniciativas multilaterais de controle, em 1963, o *Partial Test Ban Treaty* proibiu os testes nucleares na superfície, mas manteve a permissão para testes subterrâneos. Em 1968, o Tratado de Não-Proliferação Nuclear (TNP) buscou congelar o *status quo* nuclear, na medida em que proibia que Estados não detentores viessem a adquirir armas nucleares, incorporando de forma insuficiente a promessa de desarmamento das potências nucleares. À Agência Internacional de Energia Atômica (AIEA) coube o monitoramento e a verificação do cumprimento do TNP. Em 1975, teve lugar a criação da Convenção sobre Armas Biológicas, que baniu a produção, o uso e o armazenamento desses armamentos. Contudo, a convenção não conta com mecanismos de verificação, enfraquecendo a sua eficácia (BAYLIS; SMITH, 2010).

Do ponto de vista dos acordos bilaterais, foi assinado, em 1972, o acordo entre EUA e URSS denominado SALT I (*Strategic Arms Limitation Treaty*), cujo objetivo era impor um limite máximo no inventário de armamentos estratégicos (mísseis e sistemas antimísseis), sem proibir outros de tipos de armas, como aquelas dotadas de múltiplas ogivas. Posteriormente, em 1979, o SALT II impunha limites para sistemas específicos como o MIRV (*Multiple Independently Targeable Re-entry Vehicles*) e os bombardeiros estratégicos. No entanto, esse tratado

---

11   A contra-proliferação, geralmente, é considerada como o componente militar da não proliferação. Refere-se às capacidades de defesa dos países contra o uso desses armamentos (SIDHU, 2018).

foi apenas assinado e não ratificado, tendo em vista a piora na relação entre as superpotências após a invasão soviética, em 1979, ao Afeganistão. Em 1987, EUA e URSS assinaram o INF (*Intermediate Nuclear Force Agreement*), banindo mísseis de alcance entre 500 e 5.000 km (BAYLIS; SMITH, 2010).

Após o fim da Guerra Fria, um grande avanço referente à abordagem multilateral deu-se em 1995, quando o TNP passou a ter validade indefinida. Contudo, os testes nucleares de Índia e Paquistão evidenciaram a fragilidade do tratado em relação aos Estados não participantes. Em 1996, os EUA recusaram-se a ratificar o *Comprehensive Test Ban Treaty* (CTBT), contribuindo para inviabilizar a iniciativa. Já em 1997, entrou em vigor a Convenção sobre Armas Químicas, que, ao contrário da Convenção das Armas Biológicas, previa mecanismos de verificação, a partir da criação da Organização para a Proscrição das Armas Químicas (OPAQ). Entretanto, sendo a tecnologia para a produção de armas químicas também de uso dual, tal verificação torna-se extremamente difícil na prática. Em 2017, teve lugar a negociação do Tratado de Proibição de Armas Nucleares (TPAN), o qual vigora desde 2021. O tratado conta com ampla participação dos países que não possuem armamentos nucleares, mas as potências nucleares e muitos dos seus aliados não aderiram ao tratado.

Sobre os acordos bilaterais entre EUA e Rússia, em 1991, esses países assinaram o START I (*Strategic Arms Reduction Treaty*), o qual, ao contrário do SALT (que apenas impunha limites ao montante máximo de armamentos), previa a redução efetiva dos arsenais já adquiridos. Em 1993, foi negociado o START II, com vistas a uma maior redução dos arsenais, mas o tratado não chegou a entrar em vigor. Em 2002, foi assinado o SORT (*Strategic Offensive Reduction Treaty*), igualmente buscando a redução dos arsenais de EUA e URSS. Em 2011, o

New START entre Rússia e EUA estabeleceu novas reduções e limitações nas armas estratégicas ofensivas. No entanto, embora a duração do tratado tenha sido prorrogada até 2026, em 2023, a Rússia suspendeu sua participação no acordo. Isso apenas consolidou a crise já iniciada em 2019, quando EUA e Rússia denunciam o INF, após acusações mútuas de não cumprimento das cláusulas do tratado.

3. TEORIAS DE RELAÇÕES INTERNACIONAIS E A PROLIFERAÇÃO: RACIONALISMO VERSUS CONSTRUTIVISMO

A explicação racionalista para o não-uso de armas de destruição em massa costuma envolver o conceito de dissuasão e o medo da retaliação nos mesmos termos. No entanto, Tannenwald e Price (1996) defendem que essa explicação seria inadequada para dar sentido ao não-uso desses armamentos nos casos em que a parte adversária não os possua em seu arsenal, não podendo, por óbvio, retaliar nos mesmos termos. Em contrapartida, os autores argumentam que seria preciso levar em consideração o discurso dos governantes no sentido de destacar esses armamentos como *armas que não podem ser usadas*. Para tanto, propõem uma abordagem construtivista e genealógica da criação dessas normas, destacando como práticas discursivas e não-discursivas conformaram um tabu, contribuindo para que o uso de determinados armamentos fosse deslegitimado, ao passo que outros armamentos foram normalizados.

Sobre o tabu das armas químicas, Tannenwald e Price (1996) enfatizam a importância da contingência no processo de criação da norma de não-uso e rejeitam explicações que recorrem a algum tipo de essência ou característica típica desses armamentos que fariam seu uso impensável.[12] Para os autores, eventos fortuitos contribuíram para a criação do tabu. Destacam a inserção do dispositivo contra o uso de armas asfixiantes na conferência de Hague de 1899 antes mesmo delas existirem. Nos tratados posteriores, a inserção de igual dispositivo foi tida como uma mera repetição de uma proibição existente.

No que se refere às armas nucleares, os autores argumentam que a emergência do tabu nuclear dependeu da contingência, da iteração do não-uso e da ação consciente de alguns indivíduos no sentido de declarar o seu uso proibido. Foi igualmente relevante a correlação entre o não uso e a ideia de pertencimento a uma "comunidade civilizada de Estados", isto é, o entendimento coletivo de que a obediência à norma de não-uso seria um requisito identitário de pertencimento à comunidade de Estados civilizados/responsáveis. Ao mesmo tempo, os tratados de controle de armas assinados entre EUA e URSS durante a Guerra Fria ajudavam a dar significado à dissuasão, consolidando o não-uso efetivo como um pressuposto implícito e comum.

---

12 A resposta racionalista ao desafio construtivista envolve a ineficácia desses armamentos no cumprimento dos objetivos políticos frequentemente pretendidos pelos tomadores de decisão.

4. QUESTÕES E DESAFIOS FUTUROS RELACIONADOS AO REGIME DE NÃO-PROLIFERAÇÃO NUCLEAR

O regime de não-proliferação nuclear compreende os princípios, regras e organizações que regem o comportamento dos Estados na área nuclear, tendo como marco central o Tratado de Não-Proliferação Nuclear (TNP), cuja origem remonta ao final da década 1950, quando passou a ser discutida no âmbito da AG a possibilidade de um aumento exponencial da proliferação nuclear e a necessidade de contenção da transferência de tecnologia nuclear entre países. A partir desse momento, inúmeras resoluções da AG demandaram que o Comitê de Desarmamento das Dezoito Nações (CDDN) conferisse atenção urgente às negociações de um tratado internacional para prevenir a proliferação de armas nucleares. As negociações foram co-presididas pelos EUA e pela URSS e o tratado resultante foi aberto para assinaturas em 1968, entrando em vigor em 1970.

Embora o TNP seja geralmente considerado bem-sucedido em ajudar a prevenir a proliferação horizontal, alguns pontos merecem atenção. No que se refere aos Estados dentro do regime, há discordâncias relacionadas ao fato de que a proliferação vertical não foi priorizada, isto é, as negociações sobre o desarmamento têm se mostrado insuficientes. Além disso, o tratado é inócuo contra Estados que possam deixar o tratado, como a Coreia do Norte, que denunciou o tratado em 2003. Há ainda o desafio proveniente dos Estados que não assinaram o TNP (como Índia, Israel e Paquistão) ou que não ratificaram o CTBT (como China, Coreia do Norte, Egito, Irã, Israel e EUA). Conforme o Direito Internacional, as regras dos tratados não podem ser aplicadas a não membros. Por fim, há o problema do possível uso de tecnologia nuclear por atores não-estatais, os quais, obviamente, não se submetem a tratados (SIDHU, 2018).

No que diz respeito a esse último ponto, grupos terroristas chegaram a fazer uso de armas químicas e biológicas, mas nunca de armamentos nucleares. Observa-se também que, quando de sua ocorrência, o uso de armamentos de destruição em massa esteve ligado a casos de terrorismo doméstico. O caso mais famoso envolveu o grupo terrorista religioso japonês *Aum Shinrikyo* que, em 1994, utilizou sacos plásticos como meio de entrega do agente químico sarin no metrô de Tóquio, causando a morte de 12 pessoas. Nesse caso, o número de mortos foi baixo se comparado a atentados como o de 11 de setembro de 2001 em Nova Iorque. Por outro lado, embora não haja circunstância histórica de uso terrorista bem-sucedido de armas nucleares, teme-se o uso de material radiológico: a chamada bomba suja envolveria a combinação de explosivos convencionais e material radioativo (DANNREUTHER, 2007).

Sobre a proliferação vertical, alguns especialistas argumentam que, por oposição aos esforços de desarmamento, tem ocorrido inovações nos arsenais das potências nucleares de primeira geração, especialmente, dos EUA, Rússia e China. De fato, foram feitos cortes quantitativos nos arsenais, mas esses ocorreram paralelamente a esforços de modernização. Somado a isso, tem-se a erosão dos acordos bilaterais EUA-Rússia, as ameaças russas de uso de armamentos nucleares desde o início da invasão à Ucrânia e a recusa da China de participar de negociações sobre desarmamento até que reduções significativas sejam realizadas nos arsenais das duas principais potências nucleares.

Diante da inércia em negociar o desarmamento nuclear, operou-se uma cisão entre as potências nucleares e muitos dos Estados não nuclearmente armados. Para as potências nucleares de primeira geração, o TNP é principalmente centrado na prevenção da proliferação nuclear horizontal. Já para a maioria dos Estados não-nucleares, o TNP tem três pilares igualmente importantes: não-proliferação (prevista nos artigos 1º e 2º), desarmamento (artigo 6º) e o direito ao uso pacífico da tecnologia nuclear (artigo 4º).

O artigo 4º do TNP estabelece: "o direito inalienável de todas as Partes do Tratado de desenvolverem a pesquisa, a produção e a utilização da energia nuclear para fins pacíficos". Relacionado a esse artigo, tem-se o desafio colocado pelo programa nuclear iraniano. Em 2015, os cinco membros permanentes do CS, somados à Alemanha, firmaram com o Irã o acordo denominado *Joint Comprehensive Plan of Action* (JCPOA), que previa restrições ao programa nuclear desse país. No entanto, os EUA deixaram o acordo no curso da administração do presidente Donald Trump e, no momento da escrita desse capítulo, as negociações para a retomada do mesmo encontram-se em um impasse. O Irã afirma que está agindo em conformidade com seu direito inalienável protegido pelo artigo 4º, enquanto a decisão da administração Trump de se retirar do acordo baseia-se na interpretação de que o Irã pode estar escondendo um programa de armas nucleares por trás de um programa nuclear civil.

Destacam-se duas interpretações para o art. 4º, sendo que os potenciais receptores de tecnologia nuclear tendem a adotar uma abordagem baseada em direitos. Esse grupo enfatiza a expressão "direito inalienável" no parágrafo 1º do artigo 4º. Consideram essa expressão como estabelecendo um direito *per se* à tecnologia nuclear, incluindo a tecnologia de fabricação de combustível e o material físsil. Também tendem a defender a existência de uma conexão entre os parágrafos 1º e 2º do art. 4º, de forma que, em troca de não desenvolver a bomba nuclear, os Estados nucleares têm a obrigação de transferir tecnologia nuclear com fins pacíficos para os Estados não-nucleares (FORD, 2009).

Por oposição, encontra-se a chamada escola de salvaguardas, a qual defende que o debate não deve ser em torno de direitos a tecnologias específicas, mas, sim, de políticas, significando que a aquisição, a transferência e o uso de tecnologia nuclear para fins pacíficos devem ser julgados caso a caso, com base na viabilidade da imposição de medidas de verificação/salvaguardas (FORD, 2009).

Tomando o enriquecimento de urânio como exemplo dessa disputa, muitos estudiosos argumentam que essa é uma tecnologia sensível que deve ser restrita, o que é resistido por países não detentores de armas nucleares como o Brasil, já que uma parte importante do programa nuclear brasileiro envolve a criação de um reator nuclear para o programa do submarino a propulsão nuclear brasileiro e o controle completo do ciclo do combustível nuclear.

Além disso, países como o Brasil e a Argentina, historicamente, argumentaram contra salvaguardas adicionais (como as medidas de verificação mais invasivas previstas no Protocolo Adicional ao TNP) sem que medidas correspondentes de desarmamento sejam tomadas pelos Estados detentores de armas nucleares. Nesse sentido, outra reclamação desenvolvida pelos Estados não detentores de armas nucleares tem sido a falta de cumprimento da disposição do art. 6 de: "entabular, de boa-fé, negociações sobre medidas efetivas para a cessação em data próxima da corrida armamentista nuclear e para o desarmamento nuclear, e sobre um Tratado de desarmamento geral e completo".

Para a concretização do art. 6º do TNP, formou-se, por exemplo, a chamada Coalizão da Nova Agenda (formado por Brasil, África do Sul, Egito, Irlanda, México e Nova Zelândia) que tem se engajado na defesa do desarmamento nuclear, tendo apoiado o Tratado de Proibição de Armas Nucleares (TPAN), em vigor desde 2021. O tratado é resultado de uma série de três conferências sobre o impacto humanitário das armas nucleares realizadas em 2013 e 2014, que destacaram a incompatibilidade das armas nucleares com o Direito Internacional Humanitário e o Direito Internacional dos Direitos Humanos.

O descontentamento sobre a falta de progresso concreto na área do desarmamento nuclear fica evidente nas conferências de revisão do TNP, que ocorrem de 5 em 5 anos. Do lado estadunidense, alega-se que os arsenais russos e chineses em expansão, bem como a não conformidade russa com o INF, são problemas-chave que dificultam as negociações sobre desarmamento. A Rússia, por sua vez, preocupa-se com as defesas antimísseis dos EUA, o uso de armas no espaço e o papel estratégico de armas convencionais de alta precisão, que, sob a ótica das autoridades russas, têm um impacto negativo na estabilidade estratégica entre as potências nucleares. Os representantes chineses costumam argumentar que somente reduções substantivas pela Rússia e pelos EUA criariam as condições necessárias para que outros Estados com armas nucleares se juntem às negociações multilaterais sobre desarmamento nuclear. O Reino Unido e a França afirmam que o ambiente de segurança atual exige que eles mantenham capacidades de dissuasão nuclear. Os cinco Estados nucleares do TNP condenam o TPAN, alegando que esse tratado contradiz o TNP e corre o risco de minar o regime de não-proliferação.

Também relevante para as conferências de revisão do TNP é a chamada "Resolução do Oriente Médio", de 1995, pela qual os membros do tratado concordaram em promover a criação de uma zona livre de armas de destruição em massa na região, mas a posse de armamentos nucleares por Israel (não assumida explicitamente, mas presumida) torna essa ambição pouco provável.

CONSIDERAÇÕES FINAIS

As iniciativas de controle dos armamentos químicos, biológicos e nucleares têm em comum a dificuldade de monitorar a posse de matérias primas de uso dual. No entanto, os aparatos institucionais e normativos de controle variam sobremaneira entre essas diferentes classes de armamentos. É antiga a existência de tratados banindo as armas químicas (desde 1997) e biológicas (desde 1975), sendo que o mesmo apenas ocorreu para as armas nucleares em 2021, quando entrou em vigor o TPAN. Não obstante, ao contrário das duas convenções anteriores, esse último tratado não possui a aprovação das potências nucleares e de muitos dos seus aliados.

Por outro lado, o regime de não-proliferação nuclear (centrado no TNP) enfrenta uma série de desafios: os Estados não detentores de armas nucleares exigem a preservação do direito ao uso da tecnologia nuclear para fins pacíficos e apelam por negociações sérias sobre desarmamento nuclear. Adicionalmente, a derrocada dos acordos bilaterais entre EUA e Rússia e a quase ausência de diálogo na temática nuclear com a China tornam mais frágil o equilíbrio nuclear que evitou o emprego efetivo de armas nucleares durante a Guerra Fria.

REFERÊNCIAS BIBLIOGRÁFICAS

BAYLIS, J.; SMITH, M. **The control of weapons of mass destruction.** In:_____. Strategy in the contemporary world. Oxford: Oxford University Press, 2010, p. 227-246.

DANNREUTHER, R. **International Security: the contemporary agenda.** Cambridge: Polity, 2007.

ESTADOS UNIDOS DA AMÉRICA. **National Security Strategy, 2002.** Disponível em: National Security Strategy 2002 – National Security Strategy Archive (nssarchive.us). Acesso em: 31 mar. 2023.

FORD, C. **Nuclear Technology rights and wrongs:** the NPT, article IV and nonproliferation. 2009. Disponível em: http://www.npolicy.org/article.php?aid=351&rid=4. Acesso em: 10 mar. 2023.

KRAUSE, K. **Rationality and deterrence in theory and practice.** *In:* SNYDER, C. (Ed.). Contemporary security and strategy. New York: Routledge, 1999. cap. 6, p. 120-147.

SAGAN, S, D. **The causes of nuclear weapons proliferation.** Annual Review of Political Science, v. 14. n. 1, p. 225–244, 2011.

SAGAN, S. **More will be worse.** *In:* WALTZ. K.; SAGAN, S. The spread of nuclear weapons: a debate renewed. New York: W. W. Norton, 2003. p. 46-87.

SHELLING, T. **Arms and influence.** New Haven and London: Yale University Press, 2008 [1966].

SIDHU, W. **The Nuclear Disarmament and Non-proliferation Regime.** *In:* WILLIAMS, P. (Org.). Security studies: an introduction. New York: Routledge, 2018. p. 334-349.

TANNENWALD, N.; PRICE, R. **Norms and deterrence: the nuclear and chemical weapons taboos.** *In:* KATZENSTEIN, P, J. (Ed). The culture of national security. Norms and identity in world politics. New York: Columbia University Press, 1996. p. 114-152.

WALT, S. **The renaissance of security studies.** International Studies Quarterly, v. 35, n. 2, p. 211-239, 1991.

WALTZ. K. **More may be better.** *In:* WALTZ. K.; SAGAN, S. The spread of nuclear weapons: a debate renewed. New York: W. W. Norton, 2003. p. 3-45.

CAPÍTULO 6
SEGURANÇA HUMANA

Renata B. Ferreira[13]

---

13   Doutora em Relações Internacionais pela PUC/RJ, Mestre em Gestão Escolar – USP e Pós-graduada em Gestão de Projetos – FGV. Professora Coordenadora de Monografia do Departamento de Relações Internacionais do IBMEC/RJ. Email: renata.ferreira@professores.ibmec.edu.br

INTRODUÇÃO

Desde o final da Segunda Guerra Mundial, a comunidade internacional tem se mostrado cada vez mais sensível a temas que antes eram tratados apenas no âmbito interno dos Estados. O processo de internacionalização de agendas domésticas tomou grande impulso, sobretudo, com a ampliação da agenda de direitos humanos e sua progressiva expansão para o âmbito internacional, capitaneada pela Declaração Universal dos Direitos Humanos de 1948. O avanço dessa agenda, em particular, trouxe muitas reflexões e questionamentos sobre o lugar, o papel e o tratamento dado à vida humana nas várias formas de organização das práticas políticas internacionais, principalmente no que concerne à tradicional primazia do Estado como foco central das relações internacionais. Essas reflexões e questionamentos não só tem revolucionado as leituras e práticas em política internacional como também transformaram o modo como a própria agenda de segurança internacional passou a ser pensada e praticada.

Isso posto, no presente capítulo, buscaremos observar como as preocupações internacionais com os direitos humanos impactaram a agenda de segurança e trouxeram para essa agenda um novo conceito e uma nova forma de praticar a segurança centrados nos indivíduos e inauguraram o que conhecemos hoje por segurança humana. Ainda, discutiremos quais contribuições e desafios a reflexão e a prática sobre segurança humana trouxeram para os estudos e a prática de segurança internacional contemporânea.

1. DIREITOS HUMANOS E SEGURANÇA HUMANA

As preocupações e reflexões sobre direitos humanos são bastante antigas e historicamente remontam aos filósofos gregos e aos estudos de religiosos do período medieval na Europa, respectivamente. Ambas as contribuições colaboraram para o surgimento do direito natural que representa uma noção fundacional e imutável de moralidade a orientar o comportamento humano independente do tempo e do espaço. A partir dessa noção, filósofos do século XVII desenvolveram o conceito de direitos naturais o qual, com o tempo, passou a ser chamado de direitos humanos e a se referir aos direitos e liberdades os quais caberiam a todos os indivíduos como consequência de sua condição de seres humanos dotados de razão.

Essa noção de direitos não será a única a se desenvolver, no entanto, uma vez que em muitos contextos ela coexistirá e, em alguns casos, rivalizará com a noção de direito contratual, resultante da busca de um consenso sobre o tipo de relação que deveria prevalecer entre governante e governados. O fato é que o desenvolvimento da noção de direitos humanos colaborou para o aprimoramento dos pactos contratuais entre governantes e governados, muitas vezes estimulando revoluções contra ordens estabelecidas com base no direito divino dos reis e enfatizando a ideia de que a legitimidade do soberano estaria na sua capacidade de respeitar e proteger um conjunto de direitos comuns a todos os indivíduos e que lhes reservam liberdade, agência e independência.

Apesar da resistência de agentes políticos e filósofos conservadores em diferentes partes do mundo, a noção de direitos humanos prevaleceu e embalou importantes revoluções como comprovam a Declaração de independência Americana de 1776 e a Declaração dos direitos do Homem e do cidadão de 1789, marco da Revolução Francesa. No primeiro caso, observamos que a declaração menciona claramente que "todos[14] nascem iguais e, portanto, possuem direitos naturais à vida, à liberdade e à busca da felicidade". Essa percepção se ampliou ainda mais com o *Bill of Rights* de 1789 que buscou especificar os direitos dos indivíduos relativos ao Estado como o direito de liberdade de expressão, de assembleia, religião etc. No caso da Declaração dos direitos do Homem e do cidadão, algo semelhante se instituiu, com a previsão de observação dos direitos naturais de liberdade, propriedade, segurança e resistência à opressão previstos, embora igualmente limitados aos homens livres. (RODGERS & CRAWFORD, 2023)

O legado desses eventos e documentos serviu de base para as noções contemporâneas de direitos humanos que aplicamos ainda hoje e que foram reafirmadas após as terríveis experiências do Holocausto durante a Segunda Guerra Mundial. O surgimento da Organização das Nações Unidas se fará acompanhar da adoção da Declaração Universal dos Direitos Humanos, adotada em 1948, documento esse que tem sido o pilar de todo o regime internacional de direitos humanos que se desenvolveu e se expandiu até a sua configuração global atual. Durante a Guerra Fria, contudo, embora tenha havido uma grande expansão normativa e jurídica em torno dos direitos humanos, muito de sua implementação permaneceu engessada pela dinâmica estratégica bipolar entre os EUA e a antiga URSS.

O fim da Guerra Fria trouxe consigo, por outro lado, uma nova realidade, marcada pelos ventos da globalização, da maior proximidade entre povos e culturas e de novos choques e desafios.

---

[14] "Todos" aqui se referia, no entanto, apenas aos homens livres, excluindo-se, assim, as mulheres e aos escravos.

Nesse novo contexto, mais complexo e dinâmico, muitos atores não estatais ganharam visibilidade e se empoderaram, passando a exercer diferentes papéis no que se convencionou chamar de governança global. Esse novo arranjo normativo internacional permitiu que a produção da ordem no sistema internacional se tornasse o resultado de uma produção compartilhada entre Estados e os diferentes atores não estatais, colaborando, assim, para enfatizar, entre outros coisas, a importância dos direitos humanos, sobretudo com a atuação de organizações não governamentais no monitoramento das ações dos Estados quanto ao cumprimento de seus deveres de promoção e preservação da segurança e dos direitos de seus povos.

É nesse cenário de renovados questionamentos sobre a capacidade dos Estados de prover segurança e proteger os direitos de seus povos que surge a ideia de segurança humana. As graves violações de direitos humanos que assistiremos durante os anos 90 e nas primeiras duas décadas do século XXI, levarão diversos atores governamentais e não governamentais a refletirem sobre como a política internacional estava sendo implementada. Simultaneamente, acadêmicos de relações internacionais em diferentes partes do globo se debruçaram sobre esses eventos motivados pelos mesmos questionamentos, todos em busca de uma solução para os inúmeros desafios trazidos por fenômenos como as guerras civis étnico-religiosas, pobreza, subdesenvolvimento, terrorismo, refugiados, crises climáticas etc.

A agenda de segurança humana representará, como veremos mais adiante, um espaço aplicado dos direitos humanos ao contexto da segurança internacional, no qual as reflexões e as práticas políticas se darão em torno de entrelaçamento desses dois debates e de um reposicionamento do objeto central de segurança, que deixará de privilegiar o Estado e se concentrará no indivíduo e na preservação de seu bem-estar em diferentes e importantes dimensões. Mas, para compreendermos melhor como essa agenda se desenvolveu, dividiremos nossas análises em dois momentos: o desenvolvimento histórico da agenda de segurança humana e o debate teórico sobre o conceito de segurança humana. Em ambos os casos, buscaremos analisar seus desdobramentos e seus desafios até o período contemporâneo.

2. A AGENDA DE SEGURANÇA HUMANA: EVOLUÇÃO HISTÓRICA E ESCOPO

Para os que defendem a proposta da segurança humana, ela representa, em última instância, um esforço de reformulação da teoria e da prática de segurança para além das prioridades de segurança nacional dos Estados. Desse modo, seu propósito analítico é o de refletir sobre a segurança de homens e mulheres em um sentido mais amplo e debater a primazia da visão de que a segurança dos indivíduos é melhor promovida através das políticas dos Estados ou é a única forma de promoção de segurança. (HAMPSON *et al.*, 2002)

As origens da ideia de segurança humana remontam aos grandes debates sobre desenvolvimento e segurança que marcaram as décadas de 1960, 1970 e 1980. Desde o início, na década de 1960, os debates giravam em torno de profundas críticas aos modelos econômicos predominantes entre os países da comunidade internacional os quais foram, durante as décadas seguintes, sendo incorporados como parte do propósito de se construir uma ordem mundial menos desigual e estável, sobretudo ao buscar tratar o problema do bem-estar e da segurança dos indivíduos.

Durante esse período, uma série de comissões multinacionais independentes – formadas por líderes políticos, intelectuais e acadêmicos – produziram um conjunto de documentos sobre questões mundiais que afetavam os homens em todas as nações e neles o argumento central era de que um sistema global complexo havia se desenvolvido cujos reflexos impactavam fortemente as chances de vida dos indivíduos por todo o globo em diferentes níveis, levando, assim, ao entendimento de que era necessário se repensar os termos em que a segurança desses indivíduos era concebida. (GASPER, 2005)

Essas preocupações se aprofundaram, no entanto, com o encerramento, da Guerra Fria, pois o fim da bipolaridade permitiu que os diversos problemas mundiais se tornassem mais visíveis e, em muitos contextos, se agravassem, demandando um tratamento mais sério e comprometido do tema da segurança humana. Na primeira metade da década de 90, o relatório "*Our Global Neighborhood*", da Comissão de Governança Global já apontava que o conceito de segurança global deveria ser ampliado para incluir a segurança dos povos e a segurança do planeta, buscando, assim, englobar um amplo espectro de ameaças decorrentes de crises ambientais, político-democráticas, econômicas etc. (CGG, 1995)

Nesse contexto, a concepção tradicional de segurança que colocava o Estado no centro do debate passa a ser progressivamente questionada, sobretudo a partir das contribuições do Programa de Desenvolvimento das Nações Unidas (PNUD), o qual buscou adotar a perspectiva da segurança humana de forma mais rigorosa e explícita. O PNUD foi criado em 1965 e tem por finalidade realizar atividades em países em desenvolvimento via cooperação técnica multilateral para a promoção do desenvolvimento econômico sustentável. Ainda em 1994, O Relatório de Desenvolvimento Humano do PNUD incluiu uma seção sobre segurança humana, contrapondo-se, assim, à concepção tradicional de segurança com seu referente nos Estados-nações e suas preocupações em torno de ameaças militaristas. Buscou-se aqui, então, resgatar os delineamentos originais de segurança contidos na carta da ONU que foram sufocados pela dinâmica da Guerra Fria, os quais acatam não só a ideia de '*freedom from fear*' bem como o '*freedom from want*' e propõem um tratamento igual aos territórios e aos povos.

Ainda, o relatório contempla uma lista de sete valores específicos de segurança humana, os quais incluem segurança econômica, segurança alimentar, segurança de saúde, segurança ambiental, segurança pessoal, segurança comunitária e segurança política. Já no que concerne às ameaças a esses valores, o relatório se divide na consideração de dois conjuntos: as ameaças mais locais, específicas de determinadas regiões e sociedades do mundo – e que variam segundo níveis econômicos e localização geográfica – e as ameaças globais por natureza, as quais rapidamente se estendem para além das fronteiras dos Estados. Por fim, como ameaças transnacionais ou de natureza global o relatório elenca seis grupos de ameaças:

1. *O crescimento populacional, a pobreza global, a degradação ambiental e as migrações internacionais;*

2. *Crescentes disparidades econômicas com o favorecimento dos países desenvolvidos e industrializados, pobreza e degradação ambiental nos países em desenvolvimento;*

3. *Aumento da migração internacional em função do crescimento populacional e aumento do número de refugiados e deslocados internos;*

4. *A decadência do meio ambiente e redução da biodiversidade e destruição da flora e rápida extinção da fauna;*

5. *O tráfico de drogas tornando-se uma indústria multinacional;*

6. *O terrorismo internacional, o qual se tornou um fenômeno global.* (Human Development Report, 1994)

É possível identificarmos em todo o texto do relatório as contribuições do pensamento de dois consultores tidos como fundamentais para os termos em que os relatórios de desenvolvimento humano, em geral, foram formulados: Mahbub ul Haq e Amartya Sen. O trabalho de ambos para a formulação do relatório de 1990 serviu de inspiração para os subsequentes, não só ajudando a dar robustez teórica para o conceito de desenvolvimento humano como o conectando à ideia de que a segurança humana fazia parte do desenvolvimento humano sustentável. Para as Nações Unidas, essa nova abordagem de segurança representava um importante exercício da diplomacia preventiva adaptada aos desafios dos anos 90 e um importante lembrete de que a segurança é, antes de tudo, um direito fundamental previsto na Declaração Universal dos Direitos Humano, precedendo todos os demais direitos. (TADJBAKSHSH, CHENOY, 2007)

No entanto, as Comissões independentes e o PNUD não foram os únicos colaboradores para o avanço da ideia de segurança humana na prática política internacional. Igualmente importante foram os trabalhos da Rede de Segurança Humana *(Human Security Network)* que foi uma iniciativa liderada pelos governos do Canadá e da Noruega com o objetivo de promover a segurança humana como prática política visando influenciar a agenda de segurança internacional como um todo, já no final dos anos 90. A Rede de Segurança Humana é formada por um grupo de países de diferentes partes do mundo que mantém diálogos interministeriais sobre questões de segurança humana e inclui treze países: Áustria, Canadá, Chile, Costa Rica, Grécia, Irlanda, Jordânia, Mali, Holanda, Noruega, Suíça, Eslovênia e Tailândia, além de ter a África do Sul como observadora. Ela possui uma agenda com perspectiva inter-regional e múltipla e mantém fortes conexões com a sociedade civil e a academia.

A Rede tem suas origens nas campanhas contra as minas terrestres e foi formalmente lançada em um encontro ministerial na Noruega em 1999. A partir daí, as conferências de ministros de relações exteriores de seus países-membros buscaram se reunir com regularidade, com a finalidade de atuarem como facilitadores para a formação de agendas em temas de segurança. Assim, de maneira informal e flexível, esse grupo busca identificar áreas para ações coletivas concretas para a aplicação de políticas de segurança que enfoquem a proteção e a segurança dos indivíduos e sociedades e promovam o *freedom from fear* e o *freedom from want*.[15]

A agenda de segurança humana também recebe o apoio do Japão, mas os japoneses, malgrado percebam a conexão dos temas não tradicionais com a agenda de segurança e sua importância no combate às instabilidades globais, busca enfatizar a necessidade de uma definição culturalmente maleável dos valores humanos considerados vitais de modo a conceber um conceito de segurança humana que seja permeável aos valores asiáticos e não apenas um espelho dos valores ocidentais. (Tadjbakhsh, Chenoy, 2007)

A Rede iniciou seus trabalhos com declarações emitidas pelo Canadá em 1997 e 1999, respectivamente, o que levou o país a coordenar, juntamente com a Noruega, uma Conferência que reuniu as chamadas potências médias em Lysoen, Noruega, com

---

15 https://www.bmeia.gv.at/en/european-foreign-policy/human-rights/the-human-security-network/, acessado em 14 de Fevereiro de 2023.

o objetivo de reafirmar suas posições sobre segurança humana. O ministro de relações exteriores canadense da época – Lloyd Axworthy – exerceu um papel fundamental tanto na declaração emitida em 1997 quanto na de 1999, pois se na primeira ele buscou incluir no documento preocupações com pobreza, busca de melhores níveis de vida e garantia de direitos humanos fundamentais, na segunda ele foi mais além, ao tratar a segurança humana como uma nova forma de segurança global. (BAJPAI, 2003)

Entretanto, ao analisarmos o documento de 1999, intitulado Declaração de Lysoen[16], podemos observar que embora ele busque abraçar a ideia de que os valores fundamentais da segurança humana sejam *freedom from fear* e *freedom from want* e oportunidades iguais para ambos, ele acaba privilegiando os valores de proteção contra ameaças aos direitos e à vida dos indivíduos, ou seja, ele enfatiza o *freedom from fear*.

Assim, quando nos debruçamos sobre sua lista de ameaças, percebemos que ela é mais restrita que a elaborada pelo PNUD, concentrando-se em problemas como conflitos interestatais, crimes transnacionais, proliferação de armas de destruição em massa, falência dos estados, degradação ambiental, conflitos étnicos e religiosos, repressão estatal, minas terrestres antipessoais, abusos infantis, subdesenvolvimento econômico e sistemas econômicos protecionistas. (*Lysoen Declaration*, 1999)

Nesse sentido, vale observarmos que essa tendência se fez presente também na atuação da Rede de Segurança Humana como inspiradora para outras iniciativas em rede entre Estados desejosos de reforçar essa dimensão do *freedom from fear* em outros arranjos, como foi o caso da *The International Commission on Intervention and State Sovereignty (ICISS)*. A ICISS se

---

16 https://publications.gc.ca/collections/Collection/E2-319-1998E.pdf, acessado em 10 de Fevereiro de 2023.

consubstanciou em uma comissão de Estados que buscou em 2001 produzir um documento intitulado *The Responsability to Protect* no qual se pretendeu reinterpretar o conceito de intervenção humanitária à luz das atrocidades testemunhadas em conflitos como os ocorridos na Bósnia, Ruanda ou em Kosovo, os quais colocaram a comunidade internacional diante do forte questionamento sobre o lugar da soberania dos Estados diante do desafio de proteção das vidas humanas a ela submetidas.[17]

A ICISS foi promovida e protagonizada pelos canadenses também, com a participação de Lloyd Axworthy, Gareth Evans e Mohamed Sahnnoun sob a autoridade do governo canadense e contando com diversos membros integrantes da Assembleia Geral das Nações Unidas. Ainda, grandes fundações internacionais participaram dos seus esforços como a Carnegie *Corporation of New York* e a *Rockfeller Foundation*, bem como outros governos como o da Suíça e do Reino Unido, os quais também ofereceram suporte político e financeiro para os trabalhos da comissão. O documento coloca a soberania dos Estados em discussão e observa que se a responsabilidade do Estado de proteger seus cidadãos não é cumprida, o Estado perde sua legitimidade, o que abriria espaço para que a comunidade internacional também viesse a atuar como forma de corrigir ou remediar essa quebra do contrato social entre governantes e governados. Essa atuação se daria via intervenções humanitárias e se justificaria como uma forma de aplicação prática da segurança humana em sua formulação *freedom from fear*.

A tentativa da ICISS de conciliação entre intervenções com fins humanitários e soberania de modo a fazer frente aos desafios trazidos para a cena internacional desde o início da década de 90, embora tenha contado com a participação de diversos atores,

---

17   The Responsibility to Protect: Report of the International Commission on Intervention and State Sovereignty, 2001 – Global Centre for the Responsibility to Protect (globalr2p.org).

diplomatas e acadêmicos de diversas nacionalidades, resultou em uma proposta bastante controversa até mesmo entre os membros da comissão, que divergiam quanto aos critérios e alcance das intervenções militares fora do escopo do Conselho de Segurança da ONU. No que concerne a segurança humana, as preocupações foram inúmeras, ressaltando-se sobretudo o fato de que as ameaças decorrentes da pobreza e do subdesenvolvimento serem as responsáveis por grande parte das vulnerabilidades enfrentadas pelos indivíduos no globo e não serem, contudo, o foco dessas ações, assim como o fato de que as intervenções humanitárias motivadas por segurança humana não estarem imunes a interesses político-estratégicos escusos que podem subverter seus reais propósitos. Nesses casos, os agentes políticos e seus países podem acabar se servindo da segurança humana como narrativa justificadora de ações as quais, muitas vezes, podem assumir formatos de biopolítica. (LARRINAGA, DOUCET, 2008)

Nesse cenário de inúmeras controvérsias, no entanto, um dos pontos a suscitar um forte interesse da academia de relações internacionais é o que se refere às dificuldades que o próprio conceito de segurança humana apresenta. E é sobre esse debate que nos debruçaremos na seção a seguir.

3. O CONCEITO DE SEGURANÇA HUMANA: PERSPECTIVAS E DESAFIOS

Os estudos de segurança humana fazem parte dos chamados estudos críticos de segurança os quais visam, em linhas gerais, questionar a concepção tradicional de segurança e seu significado. Surgiram, assim, como resultado da necessidade de maiores reflexões sobre as diferentes propostas políticas e acadêmicas em torno da ideia de segurança dos indivíduos e, mesmo trinta anos após seu surgimento em fóruns internacionais, ainda representa um desafio para a comunidade internacional quanto a sua implementação.

Para os estudiosos de segurança internacional, em particular, o conceito de segurança humana é entendido como essencialmente contestável, ou seja, um conceito tão profundamente eivado de valor que nenhum argumento ou evidência poderia conduzir a um consenso sobre sua definição como padrão geral de entendimento. Essa é, aliás, uma crítica que o próprio conceito de segurança sofre e que dificulta o estudo desses temas por impregná-lo de ceticismo, dificultando a possibilidade de escolhermos uma concepção de segurança como referencial de análise. (BALDWIN, 1997). No entanto, ao nos afastarmos dessa posição extremada, podemos ao menos nos permitir avaliar as diferentes concepções e observar a contribuição de cada uma sem incorrer no equívoco de afirmar que haja uma melhor conceitualização dentre todas.

Nesse sentido, a revisão bibliográfica sobre o tema nos aponta dois tipos de questionamentos os quais se referem a sua utilidade analítica e política, respectivamente. No primeiro caso, os questionamentos são os de que a priorização do indivíduo como referente aumentaria o leque de elementos entendidos como ameaças e isso dificultaria o estudo das relações entre elas, enquanto que no segundo caso o problema seria o de que as múltiplas ameaças dificultariam a definição das prioridades de ação política. (OWEN, 2004)

Em linhas gerais, os críticos mais rigorosos do conceito observam que a amplitude de ameaças consideradas com a finalidade de expandir a coalizão de atores e interesses em torno da agenda de segurança humana acaba misturando variáveis independentes e dependentes e torna o estudo do tema praticamente impossível.

Autores como Norman Newman (2001), no entanto, embora considerem essas limitações analíticas do conceito, não invalidam os estudos sobre segurança humana e conseguem assinalar pontos positivos nessa investigação. Nesse sentido, Newman observa que o conceito contribui para a pesquisa normativa dentro do discurso de segurança, além de oferecer reflexões importantes com a ampliação do referente de segurança para além do Estado. Outros, como Keith Krause (2003) e Keith Macfarlane (2006), acreditam que o conceito deveria se restringir apenas ao *freedom from fear*, uma vez que uma definição mais restrita permitiria o desenvolvimento claro de políticas e ações mais bem definidas no combate às ameaças diretas aos indivíduos.

Por fim, Barry Buzan (2004) apresenta um questionamento mais forte, ao afirmar que o conceito de segurança humana representa um entendimento reducionista de segurança internacional ao reforçar a idealização da segurança como um objetivo a ser desejado. Seu pensamento decorre do fato de ele favorecer metodologias coletivistas em contraponto ao nível individual de análise, pois para ele o conceito de segurança humana, ao equalizar direitos humanos com segurança humana, facilitaria o desenvolvimento de discursos de securitização de uma diversidade imensa de agendas que seriam mais bem tratadas – segundo o autor – se fossem restritas ao campo da 'política normal'.

Por outro lado, para os defensores do conceito de segurança humana, a falta de uma definição fechada e consensual entre decisores políticos e acadêmicos não representa uma fraqueza do conceito e sim uma forma de resistência às armadilhas políticas das disciplinas que impõem definições unificadas. Segundo Shahrbanou Tadjbakhsh e Anuradha M. Chenoy (2007), as preocupações analíticas deveriam se concentrar não nas tentativas de delineamento preciso do conceito e sim no significado que o ato de definir dentro dos estudos de segurança significa em termos de relações de poder fundamentadas em escolhas políticas, éticas e morais. Essa perspectiva é corroborada por Ken Booth (2005) e R. Wyn Jones (2001), os quais percebem que a definição ampla de segurança humana é uma forma de reflexão crítica que nos permite debater temas marginalizados pelas leituras de segurança tradicionais, mas que afetam fortemente o dia a dia dos indivíduos, ainda que sejam de natureza subjetiva.

Igualmente relevantes são as observações de Pauline Ewan (2007). A autora observa que o aumento da vitimização de civis decorrentes de problemas contemporâneos como as novas guerras apontam para a necessidade de tratamento de questões mais subjetivas nos estudos de segurança e isso explicaria por que não seria suficiente tratarmos apenas do *freedom from fear*. Ewan percebe as propostas de restrição dos estudos de segurança humana ao *freedom from fear* como um sintoma das preocupações metodológicas de leituras tradicionais neorrealistas as quais os estudos críticos de segurança buscam denunciar e combater. Ainda, a autora faz uma importante crítica aos argumentos de Barry Buzan, quanto ao risco de securitização decorrente de uma concepção de segurança humana. Segundo Ewan, o argumento de Buzan é problemático porque se fundamenta em uma concepção Schmittiana de política a qual compreende as relações de segurança a partir de política normal x políticas emergenciais que criariam espaços de ação arbitrários para o soberano, além de reforçar dicotomias do Eu x Outro.

Vale ainda considerarmos as reflexões de Alex Bellamy e Matt MacDonald (2002) sobre aqueles que ainda insistem em tratar as fronteiras internacionais como principal foco de segurança. Para os autores, considerar o sofrimento humano apenas quando ele vaza a fronteira dos Estados é um equívoco porque, muitas vezes, os Estados são eles mesmos parte ou a fonte principal do problema, pois eles não só se mostram frequentemente incapazes de fornecer e garantir proteção aos seus próprios cidadãos, como muitas vezes são a fonte primeira de insegurança, como bem observaram os estudiosos do conceito de responsabilidade de proteger. Da mesma forma, para os autores, o privilegiamento do *freedom from fear* representa uma ironia se considerarmos que as ameaças decorrentes de desigualdades econômicas são infinitamente mais letais e demandam soluções intervencionistas que não requerem o uso da força, mas que tratem de elaborar respostas efetivas para as consequências da violência do tipo estrutural. Por fim, Bellamy e MacDonald observam que a percepção de transnacionalidade adotada pelos países do ocidente é restrita e negligencia o fato de que muitas das inseguranças e ameaças que afetam os indivíduos em outras partes do mundo foram geradas, fomentadas e retroalimentadas por eles mesmos.

CONSIDERAÇÕES FINAIS

O tema da segurança humana segue orientando diferentes agendas de política internacional, embora permaneça ainda carregado de desafios tanto no seu melhor entendimento quanto nas suas formas de implementação. As mudanças no contexto político internacional que ocorreram nas últimas décadas, trazendo de volta tensões políticas entre grandes países como EUA, Rússia e China, bem como a retomada de movimentos de extrema direita em diferentes partes do globo, tornaram a tarefa de consolidação dessa agenda ainda mais difícil, pois acabaram fortalecendo leituras tradicionais de segurança na medida em que os Estados voltaram a assumir posturas de favorecimento de proteção de suas fronteiras e de seus interesses em prejuízo das necessidades de proteção da vida dos indivíduos. Malgrado esse cenário, os integrantes da sociedade civil global e das organizações internacionais persistem em seus esforços de mitigar os efeitos nefastos que essas novas/velhas dinâmicas exercem sobre a vida dos indivíduos, buscando sustentar em diferentes âmbitos ações que reforcem a segurança humana tanto em sua vertente do *freedom from fear*, mas sobretudo na sua versão *freedom from want*.

Duas iniciativas elaboradas nesse contexto valem a pena ser mencionadas aqui. A primeira refere-se aos Objetivos de Desenvolvimento Sustentável que foram compilados na Agenda 2030. Esses objetivos foram estabelecidos pelos 193 Estados membros da ONU em uma reunião da Assembleia Geral das Nações Unidas em 2015, momento no qual a organização buscou definir metas mundiais para que "ninguém fosse deixado para trás." A Agenda foi pensada a partir de quatro dimensões – social, ambiental, econômica e institucional e apresenta 17 objetivos além de 169 metas globais interconectadas cujo alcance está programado até que se chegue o ano de 2030. Nela estão previstas ações voltadas para a segurança alimentar, saúde, educação, igualdade de gênero, pobreza, desigualdades, entre outros temas, os quais – em conjunto – representam a pauta de segurança humana. Essa iniciativa foi resultado um processo global participativo que durou mais de dois anos e foi coordenado pela ONU desde 2013, junto a governos, sociedade civil, iniciativa privada e instituições de pesquisa, os quais contribuíram através da plataforma My World[18].

---

18 https://sdgs.un.org/partnerships, acessado em 18 de Março de 2023.

A implementação da agenda teve início em 2016, como continuidade à Agenda de Desenvolvimento do Milênio que foi implementada no período de 2000 a 2015. Ela coincide com outra importante iniciativa, consolidada na elaboração do *Human Security Handbook*[19], produzido pela unidade de Segurança Humana da ONU em 2016 e representa um guia elaborado para decisores políticos e atores cujos planos sejam o de integrar a segurança humana em seus projetos e atividades. Ele introduz um passo a passo analítico para o desenho e implementação de iniciativas de segurança humana que a consolidem como valor a guiar as diferentes ações políticas.

Isto posto, embora os percalços persistam, tudo indica que a segurança humana permanece como um valor a organizar a vida política internacional, sobretudo após a contundente experiência da pandemia de COVID-19, a qual trouxe consigo a inegável percepção de que problemas humanos são problemas globais e só poderão ser prevenidos e combatidos a partir de premissas que coloquem a vida humana em primeiro lugar.

REFERÊNCIAS BIBLIOGRÁFICAS

ANDERSEN-RODGERS, D.; CRAWFORD, K., F. **Human Security** – Theory and Action, The Rowman & Littlefield Publishing Group, Inc., Maryland, 2023.

---

[19] https://www.un.org/humansecurity/wp-content/uploads/2017/10/h2.pdf, acessado em 19 de Março de 2023.

BAJPAI, K. **The Idea of Human Security.** International Studies, v. 40, n. 3, p. 195-228, 2003.

BALDWIN, D. A. **The concept of security.** Review of International Studies, v. 23, p. 5-26, 1997.

BELLAMY, A. J.; MCDONALD, M. **"The Utility of Human Security":** Which Humans? What Security? A Reply to Thomas & Tow. Security Dialogue, v. 33, n. 3, p. 373-377, 2002.

BOOTH, K. **Beyond Critical Security Studies.** *In:* BOOTH, Ken (Ed.). Critical Security Studies and World Politics. Boulder: Lynne Rienner, 2005 (2005c). p. 259-278.

BUZAN, B.; Wæver, O. **Regions and Power:** the structure of international security. Cambridge: University Press, 2004.

COMISSÃO DE GOVERNANÇA GLOBAL – **Our Common Neighborhood.** *In:* https://www.gdrc.org/u-gov/global-neighbourhood/. Acesso em 14 de Março de 2023.

EWAN, P. **Deepening the Human Security Debate:** Beyond the Politics of Conceptual Clarification. Politics, v. 27, n. 3, p. 182-189, 2007.

GASPER, D. **Securing Humanity:** Situating "Human Security" as Concept and Discourse. Journal of Human Development, v. 6, n. 2, p. 221-245, 2005.

HAMPSON, F. O., with Jean DAUDELIN, John B. HAY, Todd Martin, and HOLLY, R. 2002. **Madness in the Multitude:** Human Security and World Disorder. Ottawa: Oxford University Press.

HUMAN DEVELOPMENT REPORT https://hdr.undp.org/system/files/ docu ments/hdr1994 encompletenostatspdf.pdf. Acesso em 14 de março de 2023.

HUMAN SECURITY NETWORK – LYSOEN DECLARATION – https://publications.gc.ca/site/eng/100509/publication.html. Acessado em 10 de fevereiro de 2023.

JONES, R. W. (Ed.). **Critical Theory and World Politics.** Boulder: Lynne Rienner Publisher, 2001

KRAUSE, K.; WILLIAMS, M., C. **Preface:** toward critical security studies. *In:* KRAUSE, K.; Williams, Michael C. (orgs.). Critical Security Studies: concepts and cases. Londres: Routledge, 2003.

LARRINAGA, M. e DOUCET, M. G. **Sovereign Power and the Biopolitics of Human Security** SAGE Publications, http://sdi.sagepub.com. Vol. 39(5): 517-537.

MACFARLANE, S. N.; KHONG, Y. F. **Human Security and the UN:** A Critical History. Bloomington: Indiana University Press, 2006.

MCDONALD, M. **Securitization and the Construction of Security.** European Journal of Interntional Relations, v. 14, n. 4, p. 563-587, 2008.

NEWMAN, E. **Human Security and Constructivism.** International Studies Perspectives, v. 2, p. 239-251, 2001.

NEWMAN, E.; RICHMOND, O. (Eds.). **United Nations and Human Security.** Gordonsville: Palgrave Macmillan, 2001.

ONU – Agenda 2030 – **Objetivos de Desenvolvimento Sustentável.** *In:* https://sustainabledevelopment.un.org/content/documents/21252030%20Agenda%20for%20Sustainable%20Development%20web.pdf. Acessado em 18 de março de 2023.

ONU – **Human Security Handbook.** *In:* https://www.un.org/humansecurity/wp-content/uploads/2017/10/h2.pdf. Acesso em 19 de março de 2023.

OWEN, T. **Human Security**: Conflict, Critique and Consensus: Colloquium Remarks and a Proposal for a Threshold-Based Definition. Security Dialogue, v. 35, n. 3, p. 373-387, 2004.

PARIS, R. **Human Security:** Paradigm Shift or Hot Air? International Security, v. 26, n. 2, p. 81-102, Fall 2001.

TADJBAKHSH, S.; CHENOY, A. M. (Eds.). **Human Security:** Concepts and implications. London: Routledge Taylor & Francis Group, 2007.

CAPÍTULO 7
SEGURANÇA E MEIO AMBIENTE: O NEXO ENTRE AS CRISES CLIMÁTICA E ALIMENTAR E A OCORRÊNCIA DE CONFLITOS

Marianna Albuquerque[20]

---

20 Pós-Doutora em Ciências Militares – ECEME. Doutora em Ciência Política – IESP/UERJ. Professora do IRID-UFRJ. Contato marianna.albuquerque@irid.ufrj.br.

INTRODUÇÃO

Nas últimas décadas, estudos científicos apontam a tendência de reversão da estabilidade climática do planeta. Os alertas sugerem que tal situação é resultado da concentração de gases de efeito estufa na atmosfera, sobretudo o gás carbônico. As evidências indicam, ainda, que as alterações nas condições determinantes da vida na Terra são causadas, fundamentalmente, pelas ações humanas, como atividades econômicas, aumento populacional e crescimento da economia capitalista baseada no uso do carvão e do petróleo. O histórico de emissões indica um salto significativo no período da Revolução Industrial, com um novo pico na década de 1950 (MARGULIS, 2020).

Para alertar os países, a comunidade científica chamou esse fenômeno de mudança do clima, cuja definição descreve a variação das condições climáticas derivadas de ações antrópicas, que pode ocasionar variações de temperatura, modificações nos regimes de chuva e aumento na frequência de eventos catastróficos extremos. As principais ocorrências são variações bruscas de temperatura e aumento da amplitude térmica, mudança nos índices de precipitação e na temperatura dos oceanos, derretimento de calotas polares, aumento do nível do mar e de eventos como seca, enchentes e inundações. Esses efeitos impactam a produção de alimentos a nível global.

Em paralelo, diversos estudos sobre a eclosão de conflitos armados têm apontado a conexão entre episódios violentos e a mudança do clima e a escassez de alimentos. Ao estimular a migração e aumentar disputas por recursos naturais progressivamente mais escassos, a mudança de clima é considerada uma "multiplicadora de ameaças", podendo ser o gatilho para a eclosão de conflitos latentes, ou uma das causas do aprofundamento de disputas em andamento (BRIGGS, 2012). Há, ainda, outra importante dimensão a ser explorada: a mudança do clima pode gerar insegurança alimentar. Devido à mudança de condições da terra de plantio e, em consequência, a redução da disponibilidade de alimentos, grupos em disputa podem utilizar o controle e a interrupção do fornecimento de alimentos como fator de pressão durante conflitos.

O aumento do interesse pelo vínculo entre mudança do clima, disponibilidade de alimentos e segurança se insere no contexto em que a própria noção de segurança tradicional vem sendo contestada. Para além do meio estritamente bélico e militar, o conceito de segurança humana colocou os holofotes em outras dimensões sociais que podem ser, direta ou indiretamente, fonte de insegurança (ALBUQUERQUE, 2022). Este capítulo, portanto, tem o objetivo de introduzir o debate sobre a conexão entre a segurança internacional e a mudança do clima e a crise alimentar.

1. HISTÓRICO

O início do debate sobre mudança no clima no sistema internacional é relativamente recente e data da década de 1970. Após alertas da comunidade científica, a Organização das Nações Unidas (ONU) convocou a Conferência sobre Meio Ambiente Humano, em 1972. Realizada na cidade de Estocolmo, o encontro é o grande marco da consolidação do debate ambiental a nível global. Na ocasião, foi criado o Programa das Nações Unidas para Meio Ambiente (PNUMA), primeira agência especializada da ONU exclusivamente dedicada à questão ambiental.[21]

Em Estocolmo, o tema provocou uma divisão de narrativas entre os países desenvolvidos e os em desenvolvimento que persiste até os dias de hoje. Os desenvolvidos, influenciados pelas publicações do Clube de Roma[22], defendiam uma política de controle do crescimento – demográfico e econômico – para refrear a degradação ambiental. Já os em desenvolvimento argumentavam que tal medida favoreceria os países desenvolvidos, que haviam se desenvolvido livremente, sem restrições de qualquer natureza. Os países em desenvolvimento argumentavam que os desenvolvidos eram os principais responsáveis pelo estágio de emissões e que possuíam, portanto, uma responsabilidade histórica. A repartição do ônus deveria ser, portanto, baseada na trajetória histórica de emissões, garantindo aos países do Terceiro Mundo o direito ao desenvolvimento.

Na década seguinte, em 1987, foi publicado, no âmbito da ONU, o relatório da Comissão Mundial sobre Meio Ambiente e Desenvolvimento. Conhecido como Nosso Futuro Comum, o documento ficou famoso por consagrar o termo desenvolvimento sustentável. Outra parte menos conhecida do relatório, no entanto, emprega, pela primeira vez em um documento internacional, o termo "segurança ambiental". O texto defende que a degradação ambiental pode ser uma importante parte da rede de causalidades associadas aos conflitos, sobretudo quanto relacionadas

---

21 Antes, a questão ambiental era tratada de forma complementar a outras temáticas, a exemplo de iniciativas da Organização das Nações Unidas para a Alimentação e a Agricultura (FAO), criada em 1945, que incluíam o meio ambiente como um dos elementos que impactam a produção mundial de alimentos.

22 Foro de discussão entre cientistas, acadêmicos, economistas, industriais e membros de instituições públicas de países desenvolvidos. Em 1972, pouco antes da Conferência de Estocolmo, o Clube de Roma publicou o documento *"The Limits to Growth"*, em que apresenta uma leitura malthusiana da sociedade moderna.

com a pobreza. O documento contempla, ainda, a ideia de que as ameaças à segurança ambiental só podem ser solucionadas por mecanismos multilaterais (WORLD COMMISSION ON ENVIRONMENT AND DEVELOPMENT, 1987).

Em 1992, vinte anos após Estocolmo, o Brasil sediou Conferência das Nações Unidas sobre Meio Ambiente e Desenvolvimento, mais conhecida como Rio-92. Com o debate mais enraizado nas estratégias de política externa dos países, foi possível acordar compromissos para temas como alterações climáticas, desertificação, proteção das florestas e da biodiversidade. Destaco a aprovação da Convenção-Quadro das Nações Unidas sobre a Mudança do Clima (UNFCCC, da sigla em inglês), documento basilar para compromissos posteriores na área climática, como o Protocolo de Kyoto e o Acordo de Paris.

A realização da Rio-92 convergiu, temporalmente, com os impactos causados pelo fim da Guerra Fria. Sem a ameaça soviética, os Estados Unidos e potências ocidentais precisaram reavaliar as fontes de insegurança globais para se readaptar. É nesse contexto que começa, portanto, o debate sobre a necessidade de ampliar a concepção de segurança. Tradicionalmente, o conceito tratava da defesa dos interesses soberanos de um Estado por meios militares. De acordo com essa perspectiva, temas como comércio e meio ambiente, seriam do ramo da "baixa política" e secundários para a sobrevivência do Estado.[23]

Apesar da resposta definitiva após o colapso da União Soviética, um primeiro indício de que essa visão poderia ser limitante ocorreu nas décadas de 1970 e 1980, após os choques de petróleo e o impacto da segurança energética para a estratégia dos Estados. Disseminou-se a percepção de que temas como

---

23   Para alguns pequenos países insulares, no entanto, as questões ambientais são, historicamente, do domínio da "alta política", uma vez que efeitos como a elevação do nível dos mares colocavam em risco a integridade territorial e a própria existência do Estado.

crescimento populacional, migração transfronteiriça e escassez de recursos naturais, inclusive combustíveis fósseis, não podiam deixar de figurar como possíveis novas fontes de conflitos. Desenvolveram-se, na sequência, diversos estudos, iniciativas, acordos e negociações para analisar e propor soluções para o nexo entre segurança e questões como degradação ambiental, mudança do clima e disponibilidade de alimentos.

2. PRINCIPAIS CONCEITOS

A segurança climática e a segurança alimentar são dois fenômenos derivados do debate mais amplo sobre segurança ambiental. Esta, por sua vez, refere-se a uma série de questões de segurança desencadeadas ou intensificadas por fatores ambientais, tais como alterações climáticas, disponibilidade de recursos naturais, fatores demográficos, catástrofes naturais, alterações ambientais e práticas não sustentáveis (GALGANO, 2019). Essas dinâmicas têm um potencial desestabilizador mais agudo nos países em desenvolvimento, uma vez que estes, em geral, são mais dependentes das atividades econômicas ligadas ao meio ambiente e costumam ter uma capacidade de resiliência menor (HOMER-DIXON, 1994).

Dessa forma, há uma correlação significativa entre pobreza, subnutrição e ocorrência de catástrofes climáticas, uma vez que a maioria das pessoas cuja segurança humana é afetada pelas alterações ambientais depende da disponibilidade de recursos naturais para sua alimentação e renda. A insegurança ambiental é produto da economia política global, que sustenta uma situação em que os ricos consomem uma quantidade maior de recursos e produzem uma quantidade desproporcional dos danos, embora permaneçam relativamente menos vulneráveis aos impactos das mudanças ambientais (BARNETT, 2010).

Cabe destacar que a literatura não argumenta que as questões ambientais, sozinhas, causam guerras. Elas costumam ser fatores multiplicadores que podem desencadear conflitos em locais onde há outras condições latentes e preexistentes. A insegurança ambiental é, portanto, dependente de fatores sociais como a dimensão e estrutura da economia, mercado de trabalho, serviços de saúde e educação, planejamento urbano e rural, disponibilidade de alimentos, infraestrutura, e participação política. Os impactos nas relações internacionais têm o potencial concreto de serem significativos. De acordo com Galgano (2019), as mudanças ambientais podem:

a. Alterar o equilíbrio de poder entre os estados, seja a nível regional ou global, produzindo instabilidades que podem levar à guerra;

b. A medida que os danos ambientais globais aumentam a disparidade entre o Norte e o Sul, nações podem usar meios militares para garantir uma maior parcela na partilha da riqueza do mundo;

c. O aumento da temperatura média pode levar a disputas sobre as novas vias glaciares no Ártico ou na Antártida;

d. A perda da capacidade produtiva da terra pode produzir ondas de refugiados ambientais;

e. Nos países em desenvolvimento, a queda na produção de culturas alimentares poderia levar a uma redução abrupta nas contas nacionais;

f. Os efeitos sobre a insegurança alimentar podem permitir que os exportadores utilizem alimentos como instrumento de barganha;

g. A mudança ambiental pode provocar o empobrecimento gradual das sociedades tanto no Norte quanto no Sul, o que pode agravar conflitos de classe e etnia;

h. A probabilidade destes diferentes tipos diferentes de conflitos pode afetar ou impedir o desenvolvimento de instrumentos de cooperação internacional.

3. ESTADO DA ARTE

A vinculação empírica entre questões ambientais e segurança não é nova. De acordo com Homer-Dixon (1991), já é possível observar violência civil devido a alterações climáticas desde o século XV. No reino de Castela, atualmente parte da Espanha, episódios de conflitos eclodiram devido à escassez de alimentos provocada por fenômenos climáticos não esperados. Na área acadêmica, os estudos sobre segurança e meio ambiente são relativamente recentes, remontando à década de 1970:

> *Neste processo de consolidação, a comunidade de pesquisa fez importantes desenvolvimentos que acessam o vínculo entre condições climáticas e emergência de conflitos, e identificam as variáveis que interferem e intensificam esta relação. Apesar dos inúmeros avanços, o campo é relativamente novo, remontando à década de 1970. Os teóricos pioneiros da primeira onda de estudos foram Lester Brown (1977), Richard Ullman (1983), Jessica Mathews (1989) e Norman Myers (1989), que incluíram o assunto em textos sobre a redefinição do conceito de segurança. Estas obras marcam o momento no qual as discussões sobre clima deixam de pertencer apenas ao domínio do ambientalismo e passam a se* integrar *aos estudos de segurança.* (ALBUQUERQUE, 2022)

A relativa demora para o tema ganhar a atenção que merece decorre de inúmeros fatores. Um deles é conjuntural: as Guerras Mundiais e a Guerra Fria consolidaram nas mentes dos tomadores de decisão e nas prioridades dos acadêmicos a necessidade de direcionar o foco para a segurança tradicional. As ameaças ambientais eram consideradas secundárias, uma vez que eram difusas, indiretas e internacionais, e traziam um questionamento do sistema capitalista. Havia a percepção de que os danos ao meio ambiente só seriam percebidos no longo prazo, o que reduzia o senso de urgência para os Estados. A extensão e natureza das incertezas e a distribuição desigual dos impactos e custos e benefícios políticos ao longo do tempo tornavam difícil incluir os problemas ambientais nas políticas nacionais (PEREIRA, 2015).

Entretanto, o estudo das implicações de segurança das alterações climáticas desenvolveu-se rapidamente. Em poucas décadas, o tema passou de uma área nascente a um campo de estudos que atravessa fronteiras epistemológicas. Em 2012, o *Journal of Peace Research*, um dos principais periódicos da área, publicou um número especial sobre mudanças climáticas e conflitos. Durante a última década, a literatura expandiu-se rapidamente. O foco das análises, apesar de diferentes abordagens, está na identificação e avaliação de vias causais plausíveis entre as condições climáticas e os conflitos.

Alguns analistas, entretanto, defendem que o campo ainda precisa resolver lacunas importantes. Von Uexkull e Buhaug (2021) argumentam que a literatura ainda se baseia em estudos de caso, o que gera dificuldades de análises ampliadas. Os autores apontam que a investigação de conflitos deve ultrapassar a análise empírica e considere os potenciais impactos a longo prazo das alterações climáticas na segurança. Por ser um fenômeno complexo e multicausal, há sempre um componente político na análise sobre a questão ambiental ser ou não um dos elementos causadores de um conflito.

Atualmente, o tema figura, simultaneamente, como interesse de pesquisa e como tópico prioritário de doutrinas de segurança nacional. No campo acadêmico, a questão vem sendo abordada em grandes revistas da área e analisada por instituições de referência da sociedade civil. Dois exemplos são o *Stockholm International Peace and Research Institute* (Sipri), que criou um programa dedicado a mudança do clima e segurança, e, no Brasil, o Instituto Igarapé, que instituiu um portfólio de segurança climática.

4. PRINCIPAIS ATORES E INSTITUIÇÕES ENVOLVIDOS

Pelo lado da prática, o primeiro grande marco remonta a 1975, quando o documento final da Conferência de Segurança e Cooperação na Europa (conhecida como Conferência de Helsinki) incluiu uma seção sobre o papel da cooperação em prol da manutenção da paz. Os Estados Unidos incluíram a questão ambiental desde o governo Reagan, quando a Estratégia de Segurança Nacional contemplou a noção de que o meio ambiente é um potencial gatilho para conflitos. Na sequência, Clinton criou órgãos como o *Global Environmental Affairs Directorate* no âmbito do Conselho de Segurança Nacional e o escritório de *Environmental Security* no Departamento de Defesa.

A Organização do Tratado do Atlântico Norte (OTAN), ao revisitar seu conceito estratégico na cúpula de 1999, reconheceu que a aliança adota concepção ampla de segurança, que inclui fatores políticos, econômicos, sociais e ambientais. A OTAN criou um Comitê de Ciência para a Paz e a Segurança, com um Painel Consultivo de Segurança Ambiental, que monitora temas como ecoterrorismo, gestão de recursos hídricos, desertificação e erosão do solo (STIGEN; FAUCHALD, 2009).

A União Europeia também passou a enfatizar o nexo entre segurança e meio ambiente:

> A UE, em especial a Comissão Europeia, tem insistido amplamente na relação entre os problemas ambientais globais e a probabilidade de países em conflito exportarem suas divergências para dentro da fronteira europeia. Um dos divisores de águas dessa abordagem foi a criação, em 2003, da Estratégia Europeia de Segurança (EES), cuja política integrada de segurança reuniu a prevenção de conflitos, a gestão de crises, o multilateralismo efetivo, além de integrar novas ameaças, tais como terrorismo, crime organizado, migrações ilegais e o aquecimento global. (...) Contudo, as mudanças climáticas só seriam definitivamente integradas à política de segurança europeia no ano de 2008, com o Relatório sobre a Execução da Estratégia Europeia de Segurança, cuja proposta é 'incorporar ameaças mais complexas' que, 'como o aquecimento global e a degradação ambiental, estão a mudar a face do planeta",

ameaçando a UE, que julga ser 'um polo de estabilidade'"
(BARBOSA; SOUZA, 2010; 130-131)

No Brasil, a Política Nacional de Defesa (2012) reconhece que as implicações climáticas podem trazer riscos para a segurança nacional. Uma tentativa de ampliar a conscientização no meio militar sobre as questões climáticas foi a publicação, em 2019, do livro "Defesa & Meio Ambiente – Preparo com Sustentabilidade", mas conhecido como Livro Verde da Defesa. O foco da publicação é difundir práticas sustentáveis n as operações militares, para reduzir as emissões de carbono e os danos ambientais em treinamentos e atividades. A atualização da Política Nacional de Defesa e da Estratégia Nacional de Defesa, publicadas em 2020, mantém no texto o reconhecimento que as mudanças climáticas podem causar consequências sociais, econômicas e políticas que exijam pronta resposta do Estado. Entre os fatores que podem estimular o envolvimento de forças militares, destacam-se a participação em missões de assistência humanitária e resposta a desastres, tensões sociais e políticas causadas por insegurança alimentar e stress hídrico, além da participação em operações de paz (IMCCS EXPERT GROUP, 2020).

Comum às estratégicas citadas acima é o reconhecimento que as questões ambientais são desafios globais que perpassam fronteiras. Não é coincidência, portanto, que o tema também tenha sido levado para fóruns multilaterais. Desde 2007, o Conselho de Segurança das Nações Unidas analisa o tema, quando o Reino Unido propôs um debate no órgão sobre o nexo entre mudança do clima e segurança. Como exemplos de riscos de segurança que podem ser exacerbados pelas alterações climáticas, o país citou disputas fronteiriças, migração, abastecimento energético, escassez de recursos, tensões sociais e crises humanitárias.

A reação dos Estados-membros da ONU não foi consensual. De um lado, países europeus e aliados tradicionais como Canadá e Japão, acompanhados por pequenos Estados insulares, defenderam que o Conselho incluísse o tema em sua agenda. De outro lado, estavam os países em desenvolvimento, que argumentavam que a questão climática estava fora do escopo de atuação do CSNU. Argumentavam que havia outros fóruns mais bem equipados para tratar da agenda – espaços nos quais mais países poderiam ter participação efetiva, em oposição à composição reduzida e assimétrica do órgão (STIGEN; FAUCHALD, 2009).

Enquanto a divergência sobre o papel do CSNU permanece, outros órgãos da ONU também trouxeram o meio ambiente para o centro do debate. A título de exemplo, por iniciativa de pequenos Estados insulares do Pacífico, a Assembleia Geral aprovou a Resolução 63/281, que requisitou os órgãos relevantes das Nações Unidas, conforme apropriado e no âmbito dos seus respectivos mandatos, a intensificarem os seus esforços na consideração e abordagem das alterações climáticas, incluindo as suas possíveis implicações de segurança, além de solicitar ao Secretário-Geral que apresentasse um relatório sobre as implicações de segurança dos danos ambientais (CONCA *et al.*, 2017).

5. PRINCIPAIS QUESTÕES OU DESAFIOS

Conforme introduzido nas seções anteriores, a emergência dos temas ambientais aliados à garantia da segurança internacional ocorreu ao fim da Guerra Fria, quando a identificação de ameaças à segurança já não era automática. As questões ambientais começaram a figurar de forma proeminente nesta busca para preencher o vazio da ameaça. Há, entretanto, um desafio de origem: o recorte Norte-Sul. Conforme apontado nas seções anteriores, o debate ambiental, desde o início, foi marcado pela polarização entre a visão dos países desenvolvidos e dos em desenvolvimento. Essa dissociação ocorre na questão climática (países desenvolvidos são os grandes emissores históricos, mas os principais danos são sentidos pelos países em desenvolvimento), na questão alimentar (a produção de alimentos mundial é concentrada nos países em desenvolvimento – tanto por questões geográficas quanto por questões políticas, devido à especialização em monoculturas para exportação imposta pela colonização) e na questão de segurança (atualmente, a maior parte dos conflitos armados ocorre em países em desenvolvimento.

Para os países do Sul Global, é imperativo evitar que a agenda internacional sobre meio ambiente e segurança seja informada apenas pelos interesses dos países do Norte, pois estes possuem uma narrativa diferente. Há, entretanto, assimetrias estruturais quanto à capacidade de influência de países em desenvolvimento, devido à disparidade de recursos humanos e orçamentários, bem como uma grande heterogeneidade de posições entre os próprios países em desenvolvimento (ABDENUR, 2021).

6. CASOS E EPISÓDIOS MARCANTES

Em relação ao papel das mudanças climáticas como fonte de insegurança, Bangladesh figura como um caso emblemático.

O país tem um histórico de eventos climáticos extremos, relacionados a questões como localização geográfica, território em planícies, baixa elevação do mar, alta densidade populacional, altos níveis de pobreza, e dependência econômica de ativos da natureza. Como resultado, o número de pessoas deslocadas internamente é alarmante, o que compromete a estabilidade e permite a conclusão de que há um potencial significativo para a tensões políticas e conflitos (BROCK, 2012). Alguns impactos das alterações climáticas, como a insegurança alimentar, crise hídrica e degradação do solo afetam os padrões de subsistência de pessoas em condições de vulnerabilidade e resulta no aprofundamento dos níveis de pobreza.

A instabilidade política e econômica resultante dos impactos das alterações climáticas pode levar à desestabilização e ao conflito em Bangladesh de várias formas: a) ruptura da harmonia e coesão social devido a uma concorrência crescente por recursos escassos, causando um colapso das estruturas de liderança tradicionais e um stress crescente sobre as estruturas de liderança política do Estado; b) abre a oportunidade aos atores não estatais de intervir e explorar a situação, minando ainda mais a segurança e a estabilidade do Estado, uma vez que a perda de meios de subsistência e o consequente aprofundamento da pobreza podem também servir de terreno de recrutamento para grupos extremistas; c) as consequências das alterações climáticas são susceptíveis de gerar migrações em larga escala (BROCK, 2012).

Focando na segurança alimentar, um estudo publicado em 2022 pela Organização das Nações Unidas para a Alimentação e Agricultura (FAO) e pelo Programa Mundial de Alimentos (WFP) da ONU conclui que a curva de pessoas sofrendo com segurança alimentar está em rápida ascensão (FAO; WFP, 2022). De acordo com o relatório, 970 mil pessoas estão em risco de fome extrema ou inanição, um número 10 vezes superior a seis anos atrás. Entre os fatores que explicam a piora estão a crise climática, o aumento dos conflitos e os efeitos econômicos da pandemia. Os cinco países elencados como maiores riscos potenciais de insegurança alimentar são Somália, Afeganistão, Etiópia, Sudão do Sul e Iêmen.

7. DEBATE FUTURO

Por ser um tema relativamente recente tanto na agenda internacional quanto nos estudos de segurança, há diversos temas e tópicos que ainda carecem de análise aprofundada. Destaco três áreas que possuem o potencial de tornarem-se centrais:

7.1 INFRAESTRUTURAS CRÍTICAS

> *Setores de infraestruturas críticas são aqueles cujos bens, sistemas e redes, físicos ou virtuais, que são considerados tão vitais para os países que sua incapacidade ou destruição teria um efeito debilitante sobre a segurança, a segurança econômica nacional, a saúde pública ou a segurança nacional, ou qualquer combinação dos mesmos, ou seja, a vos e serviços, públicos ou privados, que são essenciais para o funcionamento da sociedade e da economia. (BUSTAMANTE, 2022, p. 6)*

Pelo seu caráter existencial, diversas infraestruturas críticas estão ligadas às atividades das Forças Armadas e de outras instituições de segurança do Estado. É necessário que governos incluam em suas prioridades os riscos de exposição de infraestruturas críticas aos riscos climáticos, como aumento no nível do mar e eventos extremos.

7.2 MEIO AMBIENTE E PROMOÇÃO DA PAZ

A ideia de construção da paz ambiental refere-se aos esforços que visam a construção de relações mais pacíficas por meio da cooperação ambiental, sobretudo por meio da ação conjunta para gestão dos recursos naturais, adaptação às alterações climáticas e redução do risco de catástrofes. É um campo de investigação emergente com potencial transdisciplinar (IDE, 2019).

7.3 MIGRAÇÕES

Sobretudo em países em desenvolvimento, uma quantidade significativa de pessoas já abandonou as suas casas para escapar de catástrofes ambientais, e a tendência é que o número seja crescente. Como resposta, vários países estão restringindo e limitando a entrada de imigrantes, inclusive por meio de medidas como a construção de cercas, o uso de forças policiais ou militares e a deportação. A migração de pessoas em situação de escassez econômica ou alimentar para áreas onde também há carência destes ativos pode estimular disputas em cenários de hipossuficiência e altera as relações de poder entre os vários atores da sociedade receptora, o que também causa instabilidade. Há, ainda, o risco de crise diplomática, devido à não recepção dos migrantes ou à política de deportação (SWAIN, 1996).

CONSIDERAÇÕES FINAIS

Este capítulo teve o objetivo de apresentar uma introdução ao estudo do nexo entre segurança e meio ambiente. A partir da apresentação do histórico, dos conceitos principais, do estado da arte e dos atores e instituições centrais para o debate, espera-se que os leitores adquiram ferramentas iniciais para a análise crítica da relação entre os temas. Ao acrescentar exemplos de principais questões e desafios, casos marcantes e temas de debate futuro, espero despertar nos leitores o interesse por futuras agendas de pesquisa neste campo que, no Brasil, ainda carece de desenvolvimento.

REFERÊNCIAS BIBLIOGRÁFICAS

ABDENUR, A. E. **Climate and security:** UN agenda-setting and the 'Global South.' Third World Quarterly, v. 42, n. 9, pp. 2074-2085, 2021.

ALBUQUERQUE, M. **Securitização das Mudanças Climáticas:** Implicações para o regime internacional e para a grande estratégia dos Estados. *In:* Ameaças sem fronteiras: Somos capazes de lidar com os desafios? Rio de Janeiro: Fundação Konrad Adenauer, 2022.

BARBOSA, L. M.; SOUZA, M. **Securitização das Mudanças Climáticas:** O Papel da União Europeia. Contexto Internacional, v. 32, n. 1, p. 121-153, 2010.

BARNETT, Jon. **Environmental Security.** In BURGESS, P. (ed.), The Routledge Handbook of New Security Studies. New York: Routledge, pp. 123-131, 2010.

BRIGGS, C.M. **Climate security, risk assessment and military planning.** International Affairs, v. 88, n. 5, pp. 1049-1064, 2012.

BROCK, H. **Climate Change:** Drivers of Insecurity and the Global South. Oxford Research Group, 2012.

BUSTAMANTE, M. **Soluções baseadas na natureza e a redução da vulnerabilidade de infraestruturas críticas frente às mudanças do clima.** Diálogos Soberania e Clima, v. 2, n. 1, 2022.

CONCA, K.; THWAITES, J.; LEE, G. Lee. **Climate Change and Global security:** What Role for the UN Security Council? New York: Friedrich-Ebert- Stiftung, 2017.

FOOD AND AGRICULTURE ORGANIZATION OF THE UNITED NATIONS; WORLD FOOD PROGRAMME. **Hunger Hotspots:** FAO-WFP early warnings on acute food insecurity. Rome, 2022.

GALGANO, Francis. **The Environment-Conflict Nexus:** Climate Change and the Emergent National Security Landscape. Cham: Springer, 2019.

HOMER-DIXON. T. **Environmental Scarcities and Violent Conflict:** Evidence from Cases. **International Security**, v. 19, n. 1, pp. 5-40, 1991.

IDE, T. **The dark side of environmental peacebuilding.** World Development, n. 127, pp. 1-9, 2020.

IMCCS EXPERT GROUP. **Clima e segurança no Brasil** – World Climate and Security Report, 2020. Disponível em https://imccs.org/wp-content/uploads/2020/11/CLIMA-ESEGURANCA-NO-BRASIL.pdf.

MARGULIS, S. **Mudanças do clima:** tudo o que você queria e não queria saber. Rio de Janeiro: Konrad Adenauer Stiftung, 2020.

PEREIRA, J. C. **Environmental issues and international relations, a new global (dis)order** – the role of International Relations in promoting a concerted international system. Revista Brasileira de Política Internacional, v. 58, n. 1, pp. 191-209, 2015.

STIGEN, J.; FAUCHALD, O. K. **Environmental Security and the UN Security Council.** In BAILLIET, C. (ed.), Security: A Multidisciplinary Normative Approach. Koninklijke Brill NV, Leiden, pp. 313-342, 2009.

SWAIN, A. **Environmental Migration and Conflict Dynamics:** Focus on Developing Regions. Third World Quarterly, v. 17, n. 5, pp. 959-973, 1996.

VON UEXKULL, N.; BUHAUG, H. **Security implications of climate change:** A decade of scientific progress. Journal of Peace Research. v. 58, n. 1, pp. 3-17, 2021.

WORLD COMMISSION ON ENVIRONMENT AND DEVELOPMENT. **Report of the World Commission on Environment and Development:** Our Common Future, 1987. Disponível em: https://sustainabledevelopment.un.org/content/documents/5987our-common-future.pdf.

CAPÍTULO 8
OS CRIMES TRANSNACIONAIS COMO AGENDA DE SEGURANÇA INTERNACIONAL

Pablo de Rezende Saturnino Braga[24]

---

24 Professor do departamento de Relações Internacionais do IBMEC/RJ e pesquisador da FUNAG. Doutor em Ciência Política – IESP/UERJ. Mestre em Relações Internacionais pela PUC/RJ.

INTRODUÇÃO

Crimes transnacionais é um dos temas mais desafiadores para a agenda de segurança nas Relações Internacionais (RI). A primeira complexidade diz respeito ao seu enquadramento conceitual, uma vez que se tratam de ilícitos que desafiam um dos paradigmas da disciplina: a soberania dos Estados Nacionais.

A transnacionalidade em que operam essas redes criminosas expressa a permeabilidade das fronteiras nacionais e a dificuldade de controle de fluxos clandestinos de toda ordem, com destaque para os tráficos de drogas, armas, pessoas, animais silvestres e bens provenientes de atividades extrativistas, o cibercrime e a lavagem de dinheiro. As RI são um campo cuja epistemologia dominante é estadocêntrica, isto é, no caso da agenda de pesquisa da segurança internacional, as ameaças são definidas majoritariamente a partir das lentes do Estado Nacional. E é justamente tal problemática conceitual que nos leva para uma questão de ordem empírica: como lidar com os crimes transnacionais que movimentam uma economia de alta escala às margens da legalidade definida pelos Estados?

Mais do que isso, como entender a relação dos Estados com esses atores, uma vez que estas redes estendem suas articulações também para dentro dos aparatos de poder estatais? A proposta deste artigo é aprofundar essa discussão dos crimes transnacionais nas perspectivas conceitual e empírica, procurando apresentar caminhos que demonstrem ao leitor as possibilidades interpretativas das questões supracitadas. O texto será organizado da seguinte forma: primeiro com a discussão sobre crimes transnacionais; depois com o debate sobre o proibicionismo e a "guerra às drogas"; e, por fim, com a análise do caso brasileiro.

1. O QUE SÃO CRIMES TRANSNACIONAIS?

Os crimes transnacionais são diversas atividades ilegais com objetivos econômicos que ocorrem que envolvem a participação de indivíduos, grupos ou organizações operando em vários países. A discussão sobre os crimes transnacionais precisa ser introduzida, antes de tudo, pelo debate sobre o "crime organizado" e os fatores históricos que levaram à sua transnacionalização.

O crime organizado uma forma de comportamento criminoso que desperta até certo fascínio do público em geral. O mais clássico exemplo é o romance *"The Godfather"*[25] originalmente publicado em 1969, que se tornou o livro mais popular sobre crime já publicado e um dos romances mais vendidos da história, e, depois, ainda transformado em uma das maiores trilogias da história do cinema. (ALBANESE, 2015). O termo "crime organizado" pode ter surgido em Chicago em 1919, no contexto dos grupos criminosos que organizaram o contrabando de bebida durante a Lei Seca nos Estados Unidos da América (EUA). Mas o fenômeno é muito anterior a esta cunhagem e suas manifestações desenvolveram-se consideravelmente desde então (UNODC, 2010, p. 25). De maneira geral, a definição de crime organizado varia de acordo com o enfoque teórico e empírico adotado pelos estudiosos da área (OLIVEIRA, 2007; ZAFFARONI,1996; ZALUAR, 2002). As definições jurídicas em cada Estado também variam[26].

---

25 No Brasil é traduzido como "O Poderoso Chefão".
26 No Brasil, de acordo com a Lei 12.850 de 2013, considera-se organização criminosa a associação de 4 (quatro) ou mais pessoas estruturalmente ordenada e caracterizada pela divisão de tarefas com objetivo de obter, direta ou indiretamente, vantagem de qualquer natureza, mediante a prática de infrações penais cujas penas máximas sejam superiores a 4 (quatro) anos, ou que sejam de caráter transnacional.

Os esforços de conceitualização constroem tipos-ideais, e muitas vezes haverá uma sobreposição entre estas definições na análise do crime organizado. Grosso modo, pode-se dizer que o crime organizado se caracteriza pela existência de grupos ou redes criminosas que operam de forma sistemática e estruturada em atividades ilícitas. Existe hoje um amplo consenso na literatura de que o crime organizado funciona como:

> *empreendimento contínuo que trabalha racionalmente para obter lucro por meio de atividades ilícitas e que garante sua existência por meio do uso de ameaças ou força e da corrupção de funcionários públicos para manter um certo grau de imunidade da aplicação da lei (ALBANESE, 2015, p. 13).*

As organizações criminosas complexas mantêm controle sobre atividades econômicas ilegais e se expandem por diversos territórios usando a violência de forma estratégica, estabelecendo alianças, pactos e conflitos com outros grupos. Nesse debate conceitual, é importante ressaltar a relação entre o Estado e grupos criminosos. No caso, a busca do apoio do poder estatal por parte das organizações criminosas é apontada como uma das características das ações de grupos criminosos e, inclusive, o alcance de seu poder (OLIVEIRA, 2007, p. 703).

Desde a década de 1990, pesquisadores, agências governamentais e organizações internacionais passaram a enfatizar a natureza transnacional do crime organizado, produzindo um alargamento conceitual no que se refere às suas dinâmicas territoriais (PAOLI, 2014, p. 15). Não que antes o crime organizado não pudesse ser transnacional – na verdade, toda a história das sociedades sempre foi marcada por diversos ilícitos cujas rotas atravessaram as nações, como o tráfico de escravizados, por exemplo. A questão é que a revolução tecnológica catalisou a diversificação das redes criminosas transnacionais.

O processo de globalização ultrapassou o crescimento de mecanismos de governança global, e essa deficiência produziu exatamente o tipo de vácuo regulatório no qual o crime organizado transnacional pode prosperar. O aumento da escala e do escopo estimularam a maior discussão do tema e a sua entrada na agenda internacional, culminando com o principal marco jurídico internacional: a Convenção das Nações Unidas contra o Crime Organizado Transnacional, também conhecida como Convenção de Palermo[27], que foi adotada em 2000 pela Assembleia Geral das Nações Unidas e entrou em vigor em 2003.

A Convenção de Palermo criou uma lista exemplificativa de alguns tipos de crimes que podem ser considerados transnacionais, como tráfico de drogas, tráfico de pessoas, contrabando de migrantes, lavagem de dinheiro e crimes cibernéticos. Ela também define transnacionalidade como um elemento dos crimes em questão, ou seja, crimes que são cometidos em mais de um país e envolvem pessoas ou grupos de diferentes nacionalidades.

A convenção tem como objetivo principal fortalecer a cooperação internacional para prevenir e combater o crime organizado transnacional, estabelecendo medidas preventivas e de repressão, incluindo a criação de legislações nacionais, a cooperação jurídica internacional, o confisco de bens e a assistência às vítimas. Além disso, ela estabelece um conjunto de medidas que os países signatários devem adotar para prevenir e reprimir o crime organizado transnacional, incluindo a troca de informações, extradição de criminosos, apreensão de bens ilícitos e a colaboração em investigações e processos criminais.

---

27 A Convenção de Palermo possui três protocolos que a complementam e expandem sua abrangência: o Protocolo contra o Tráfico de Pessoas, o Protocolo para Prevenir, Suprimir e Punir o Tráfico de Pessoas, em Especial Mulheres e Crianças, e o Protocolo contra o Tráfico Ilícito de Migrantes por Terra, Mar e Ar.

Para facilitar a realização destes objetivos, a Convenção de Palermo criou o *United Nations Office on Drugs and Crimes* (UNODC), agência especializada da ONU responsável por apoiar os Estados-membros na implementação do tratado e no combate ao crime organizado transnacional. Além do trabalho operacional para estimular a cooperação dos Estados, o UNODC tem fundamental importância na sistematização de bases de dados[28] e relatórios que apontem para as principais políticas públicas neste propósito do combate aos crimes transnacionais. O mapa abaixo, baseado em relatório do UNODC, apresenta as rotas dos ilícitos transnacionais, e demonstram o seu potencial mercadológico:

Mapa 1. Rotas de tráfico no mundo

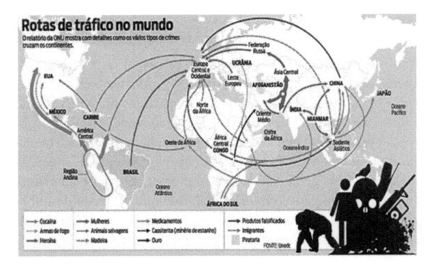

Fonte:

---

28   A base de dados está disponível em: https://dataunodc.un.org/. Todos os relatórios do UNODC podem ser encontrados no site: https://www.unodc.org/unodc/en/data-and-analysis/toc.html. Acesso em 20 de abril d e2023.

Estimativas do dinheiro movimentado por crimes transnacionais variam bastante, pois é difícil mensurar o valor exato devido à natureza clandestina dessas atividades. Além disso, os tipos de crimes transnacionais são diversos e cada um deles pode ter uma magnitude diferente em termos de lucro. Estima-se que o valor total movimentado por crimes transnacionais em todo o mundo gerem lucros ilícitos anuais de até US$ 2,2 trilhões, o que equivale a cerca de 3,6% do produto interno bruto global[29]. A tabela da lucratividade aponta a ordem de grande dos principais ilícitos[30].

Tabela 1. Estimativa do valor anual movimentado pelos crimes transnacionais

Transnational Crime	Estimated Annual Value (US$)
Counterfeiting	$923 billion to $1.13 trillion
Drug Trafficking	$426 billion to $652 billion
Illegal Logging	$52 billion to $157 billion
Human Trafficking	$150.2 billion
Illegal Mining	$12 billion to $48 billion
IUU Fishing	$15.5 billion to $36.4 billion
Illegal Wildlife Trade	$5 billion to $23 billion
Crude Oil Theft	$5.2 billion to $11.9 billion
Small Arms & Light Weapons Trafficking	$1.7 billion to $3.5 billion
Organ Trafficking	$840 million to $1.7 billion
Total	$1.6 trillion to $2.2 trillion

Fonte: Global *Financial Integrity*. https://gfintegrity.org/

---

29 Fonte: *Global Financial Integrity*, (GFI) https://gfintegrity.org/. Acesso em 15 de abril de 2023.
30 A lavagem de dinheiro é uma atividade para qual grande parte do dinheiro ilegal é destinada, por isso a não inclusão na tabela, uma vez que haveria sobreposição de dados. Estima-se que prática movimenta anualmente entre 2% e 5% do PIB global, e pode chegar até a US$ 2 trilhões (Fonte: UNODC, https://www.unodc.org/unodc/en/money-laundering/overview.html).

Este retrato financeiro é muito impreciso, porém o destaque para as atividades mais lucrativas é fundamental para a análise do tema. O tráfico de drogas, que movimenta um valor que pode chegar a US$ 650 bilhões por ano, é uma espécie de difusor das transnacionalidades, principalmente porque as rotas abertas para o suprimento das demandas globais por substâncias psicotrópicas são geralmente articuladas com outros crimes transnacionais, principalmente o tráfico de armas, pirataria e tráfico de pessoas. Por isso, para uma análise crítica sobre os crimes transnacionais como ameaças para a segurança internacional, é fundamental entender como o comércio de drogas ilícitas se transformou em um mercado tão lucrativo. Para isso, na seção a seguir será feita uma análise da construção histórica deste mercado, que remete ao proibicionismo e a famigerada "guerras às drogas".

2. O PROIBICIONISMO E A "GUERRA ÀS DROGAS"

O proibicionismo é uma abordagem que defende a proibição do uso, da produção, da distribuição e da comercialização de substâncias consideradas ilícitas. Sua principal ferramenta é a criminalização dessas atividades e a aplicação de sanções penais para aqueles que as praticam. Rodrigues explica que "articulado sincronicamente no plano interno de vários Estados e em incipientes foros internacionais, despontou, no início do século XX, um novo enfoque sobre as drogas psicoativas que acabou por iniciar a construção de um regime internacional" (2012, p. 9-10). Contudo, muito antes da internacionalização de um regime internacional de combate às drogas ilícitas, algumas experiências embrionárias ocorreram com substâncias e sociedades distintas.

A título de exemplo, o café foi uma proibido em alguns lugares, como no ano de 1511 em Meca, no Império Otomano durante o reinado de Murad I no século XVII, e na Prússia de Frederico II, em 1777 (SMITH, 1985). O Brasil fez a primeira lei do mundo a criminalizar o uso da maconha, de 1830, formulada pela Câmara Municipal do Rio de Janeiro. A maconha, conhecida à época como "pito do pango", era trazida por escravizados da região ocidental africana, aonde o uso recreativo e medicinal era mais difundido pelos povos bantos (CARLINI, 2006). Essas experiências proibicionistas eram mais restritas às dinâmicas sociais e econômicas destas sociedades.

A internacionalização do paradigma de combate às drogas psicoativas foi pautada por discussões inicialmente no campo da limitação do uso recreativo, e a primeira substância que se foi objeto de discussão multilateral foi o ópio, com a Convenção Internacional do Ópio realizada em 1912. A convenção objetivou o controle do comércio internacional da substância. Inicialmente, apesar dos esforços de proibição da produção e consumo para uso recreativo, havia ainda o entendimento de que as pesquisas cientificas e farmacêuticas sobre o ópio não deveriam ser proibidas. Seguindo esse padrão, as primeiras regulamentações de drogas tiveram embasamento a partir de normas sanitárias e farmacológicas, como o *"Food and Drug Act"*[31], de 1906 nos EUA.

---

31   Ver a lei em: https://www.fda.gov/drugs/guidance-compliance-regulatory-information/laws-acts-and-rules. Acesso em 20 de abril de 2023

Uma experiência paradigmática no debate sobre o proibicionismo foi a Lei Seca, que proibiu a produção, comercialização e consumo de álcool nos EUA de 1919 a 1933. Os resultados da Lei Seca se transformaram em prenúncio do fracasso da "guerra às drogas": fortalecimento de grupos criminosos que controlavam um mercado clandestino altamente lucrativo; aumento da violência relacionada à disputa entre grupos rivais e forças policiais, corrupção de agentes públicos em todos os níveis; e aumento dos riscos para a saúde da população pelo consumo de álcool sem controle de qualidade. O modelo proibicionista aplicado para o álcool nos EUA, mesmo que superado em 1933, foi estendido a partir de então para outros psicoativos, como a cocaína e a maconha (PROVINE, 2007). E a repetição destes resultados em escala muito maior será observada a partir da internacionalização da "guerra às drogas", amparada principalmente pelas convenções da ONU e pelos interesses geopolíticos dos EUA (FIORE, 2012).

A consolidação do regime internacional proibicionista foi acompanhada pelo aumento global da demanda por psicoativos no pós-Segunda Guerra Mundial a partir das políticas de repressão à tríade das plantas: papoula, coca e cannabis, e seus derivados (KOPP, 2006). Se os esforços iniciais de internacionalização de um paradigma, a partir do caso do ópio, abordavam a questão pelo prisma sanitário e da saúde pública, o modelo proibicionista foi arquitetado com as premissas de erradicação total, como no caso da Lei Seca. A expansão da demanda tornou, seguindo a lógica da racionalidade econômica, mais lucrativa a venda de drogas ilícitas. O estímulo para suprir tal demanda potencializou, portanto, a organização de grupos que aceitam o risco da ilicitude para atingir lucro em escala muito maior do que as atividades econômicas regularizadas. Este quadro se agrava, claro, em países com menor desenvolvimento, catalisando a expansão dos grupos criminosos que se organizam em torno da cadeia produtiva das drogas ilícitas.

Um dos principais marcos de internacionalização do proibicionismo e da "guerra às drogas" foi a Convenção Única de Entorpecentes de 1961. Segundo Fiore:

> Defendida, patrocinada e sediada pelos EUA, já sob a coordenação da ONU, a Convenção Única sobre Entorpecentes, de 1961, implantou globalmente o paradigma proibicionista no seu formato atual. Os países signatários da Convenção se comprometeram à luta contra o "flagelo das drogas" e, para tanto, a punir quem as produzisse, vendesse ou consumisse. (FIORE, 2012, p. 9)[32].

A "guerra às drogas" anunciada pelo presidente dos EUA, Richard Nixon (1969-1974), consolidou o proibicionismo como um projeto de segurança pública no país e o articulou como uma estratégia geopolítica. Desde então, diversos países adotaram políticas similares, muito embora este processo não tenha sido difundido como uma simples imposição dos EUA, mas costurado entre a diplomacia estadunidense e as elites locais de vários países, quase sempre com o objetivo de garantir maior controle populacional pelos Estados.

A criação da agência federal responsável pela repressão ao tráfico de drogas, a *Drugs Enforcement Administration* (DEA), em 1974, também é um marco importante, especialmente pela coordenação da estratégia doméstica do combate às drogas com as operações contra o narcotráfico em cooperação com os sistemas de repressão de outros países na América Latina. A diplomacia das drogas inaugurada por Nixon foi aprofundada nos governos seguintes, em um processo de militarização do combate ao narcotráfico que produziu importantes impactos na

---

32 O regime internacional proibicionista foi depois complementado, por outros dois tratados: a Convenção sobre Drogas Psicotrópicas, de 1971 e a Convenção das Nações Unidas contra o Tráfico Ilícito de Drogas Narcóticas e Psicotrópicas e Convenção contra o Tráfico Ilícito de Entorpecentes e Substâncias Psicotrópicas de 1988.

região, em especial nos países andinos, que possuem as maiores plantações de cocaína[33].

Desde sua implementação, o proibicionismo tem sido alvo de críticas por diversos especialistas e organizações internacionais. Além de não conseguir reduzir o consumo e o tráfico de drogas, ela gerou uma série de impactos negativos, como o encarceramento em massa de pessoas não violentas, o fortalecimento do crime organizado e a violação de direitos humanos. O proibicionismo não ataca as causas estruturais que levam ao tráfico e ao consumo de drogas, como a pobreza, a desigualdade social e a falta de oportunidades. Nos últimos anos, tem crescido o debate sobre a necessidade de mudança dessa política e a busca por alternativas que priorizem a saúde pública e a redução de danos, ao invés da repressão. Países como Portugal e Uruguai já adotaram medidas nessa direção, como a descriminalização do consumo de drogas e a legalização da maconha, respectivamente, e adoção de políticas de redução de danos, como o fornecimento de locais seguros para o consumo e o acesso a tratamentos de saúde para dependentes. Outro fator decorrente destes modelos alternativos é a diminuição exponencial dos lucros auferidos pelos grupos criminosos com o comércio de drogas ilícitas, diminuindo, desta forma, o poder destas facções e cartéis com conexões transnacionais.

O tráfico de drogas, um dos mais lucrativos crimes transnacionais, é um fenômeno multidimensional, o que potencializou sua expansão global e organização logística, principalmente com a evolução tecnológica e dos meios de transporte. A combinação da ideologia consumista com falta de oportunidade para jovens periféricos transformou o mercado da droga em um dos mais dinâmicos setores econômicos nos países de menor desenvolvimento relativo e países em desenvolvimento. Para lançar luz

---

33 Para uma análise mais completa sobre diplomacia das drogas na América Latina, ver Rodrigues (2012).

sobre este impacto específico, a próxima seção discute o impacto da "guerra às drogas" no Brasil.

3. CRIMES TRANSNACIONAIS E A "GUERRA ÀS DROGAS" NO BRASIL

O Brasil é signatário da Convenção de Palermo e dos seus protocolos, e se comprometeu a adotar medidas para prevenir e reprimir o crime organizado transnacional, além de cooperar com outros países para atingir esses objetivos. Os crimes transnacionais, em especial o tráfico de drogas e armas, estão frequentemente associados aos altos índices de homicídios no Brasil. A disputa por territórios para o tráfico de drogas é um dos principais motivos o alto índice de homicídios no país.

O demarcador racial foi constitutivo das políticas proibicionistas, principalmente com a seletividade da repressão ao consumo das substâncias ilícitas. No Brasil, esta seletividade revelou um processo de "criminalização da pobreza", produzindo efeitos colaterais severos para os mais pobres, quase todos pretos, parafraseando Caetano Veloso em sua canção "Haiti". Os índices de homicídios e encarceramento ao longo dos anos desde que a "guerra às drogas" se transformou em política de segurança pública refletem a escala absolutamente ultrajante de pessoas negras e periféricas mortas em conflitos entre facções rivais e com as forças policiais.

O recorte de raça e classe no Brasil aponta para a reprodução sistemática de uma política de segurança pública com resultados humanitários catastróficos. A política militarista baseada nas premissas da "guerra às drogas" tem impacto direto na epidemia da violência urbana no Brasil, país com maior número absoluto de homicídios do planeta e oitavo país mais violento do mundo considerando o número relativo de homicídios por habitantes, de acordo com ranking da UNODC. Com 2,7% da população do planeta, o Brasil respondeu por 20,4% dos 232.676 homicídios registrados em 2020 (O GLOBO, 2022). Segundo o Atlas da violência publicado pelo IPEA, entre 2009 e 2019, foram 333.330 jovens (15 a 29 anos) vítimas da violência letal no Brasil (CERQUEIRA, 2021, p. 27). E "em 2019, os negros (soma dos pretos e pardos da classificação do IBGE) representaram 77% das vítimas de homicídios." (CERQUEIRA, 2021, p. 49).

Soma-se a este quadro, a questão das armas. De acordo com o Atlas da Violência do IPEA, em 2019, de 41.635 homicídios, 32.302 ocorreram por armas de fogo, o equivalente a quase 78% dos homicídios ocorridos no Brasil[34]. Por estas razões, a regulação responsável de armas de fogo e munições é uma agenda fundamental para assegurar a segurança pública e limitar o poder dos crimes transnacionais no território brasileiro.

Outra trágica consequência humanitária da "guerra às drogas" no país é a superlotação carcerária. O Brasil já possui, hoje, a terceira maior população prisional do mundo, com mais de 830 mil pessoas presas, de acordo com o relatório consolidado do Sistema de Informações do Departamento Penitenciário Nacional (SISDEPEN) de 2022. A capacidade do sistema hoje é de abrigar aproximadamente 440 mil presos. O mais grave deste dado é que a maior parte destes crimes nem sequer foram

---

34   Fonte: https://www.ipea.gov.br/atlasviolencia/dados-series/180.

julgados e cerca de 35% são presos provisórios. E o problema está diretamente relacionado com a política de combate às drogas, uma vez que quase 30% da população prisional responde por crime de tráfico de drogas, um total de mais de 215 mil pessoas.[35]

A superlotação carcerária é um dos fatores que explica as lamentáveis situações de insalubridade em que detentos são abandonados em presídios brasileiros. Os dados revelam uma crise crônica que exige medidas urgentes para sua superação, por meio da revisão da legislação, ampliando, por exemplo, as alternativas penais para crimes sem violência, com a revisão da Lei de Drogas[36], e redução das prisões provisórias. Ademais, a superlotação carcerária termina por fortalecer a capacidade de recrutamento e organização das facções criminosas, que em grande medida administram a vida prisional e corrompem agentes públicos, transformando as prisões brasileiras em verdadeiros "escritórios" do crime.

A produção de índices alarmantes de violência e violação massiva de direitos humanos no Brasil está intimamente associada ao modelo de segurança pública forjado a partir do paradigma da "guerra às drogas". Tal constatação baseada em evidências empíricas permite afirmar que o Estado brasileiro produziu uma "necropolítica[37]" haja vista a eliminação sistemática e seletiva de negros e pobres.

---

35 https://www.gov.br/depen/pt-br/servicos/sisdepen/relatorios-e-manuais/relatorios/relatorios-analiticos/br/brasil-junho-2022.pdf.

36 De acordo com Rodrigues: "A Lei 11.343 introduziu o tema das penas alternativas para consumidores, mantendo a distinção entre "usuários" e "traficantes" existente na lei estabelecida no regime militar, sem especificar quantidades claras que tipificariam "posse para uso pessoal" ou "tráfico de drogas. Isso, na prática, oficializou a seletividade penal já em prática, que termina por encarcerar pobres, negros e favelados". (2012, p. 34).

37 O filósofo camaronês, Achille Mbembe, desenvolve o conceito a partir das reflexões sobre a biopolítica de Michel Foucault. A necropolítica é o poder de ditar quem pode viver e quem deve morrer. Com base no biopoder e em suas tecnologias de controlar populações, o "deixar morrer" se torna aceitável para determinados corpos descartáveis - em essência dos povos pretos e periféricos.

A banalização da violência, o culto à morte, a famigerada retórica do "bandido bom é bandido morto" são sintomas psicossociais deletérios da "guerra às drogas" no Brasil. Ao mesmo tempo, as discussões para produção de modelos alternativos voltados para a saúde pública são obstruídas pela abordagem moral-religiosa que, em geral, coloca o tema das drogas no Brasil como uma questão "de polícia".

Apesar de avanços tímidos produzidos em grande medida pelo poder judiciário, como na recente decisão que obrigou o Estado brasileiro a fornecer medicamentos à base de canabidiol para pessoas com epilepsia, existe uma grande dificuldade de abordar o tema politicamente por esse enquadramento moral-religioso que predomina na questão. Muito comumente o debate sobre a agenda é reduzido ao estereótipo de uma tentativa de "liberar as drogas para as crianças e jovens".

Por fim, o ciclo vicioso de pobreza e falta de oportunidades, tráfico de drogas e armas, encarceramento em massa e epidemia da violência aprofunda o fracasso descomunal da política de segurança do Brasil baseada em um modelo anacrônico de combate às drogas. Esse processo está intricado em uma trama complexa das redes ilícitas que potencializaram a transnacionalização do tráfico de drogas.

CONSIDERAÇÕES FINAIS

Os crimes transnacionais configuram ameaças cruciais à segurança internacional e movimentam um mercado de grande escala. Usufruindo do avanço tecnológico e da globalização, grupos criminosos se organizam para atender a uma crescente demanda por uma diversidade de mercados, desde drogas ilícitas até a prostituição infantil. A atividade que é carro-chefe de tais ilícitos é certamente o tráfico de drogas.

A forma de enfrentamento dos Estados ao tráfico de drogas foi construída no século XX a partir das premissas do proibicionismo, e os resultados foram na direção oposta dos objetivos de erradicação do consumo de drogas ilícitas – premissa que fundamentou a perspectiva da "guerra às drogas". As evidências empíricas apontam para a necessidade de modelos focados na redução de danos e na não criminalização do consumo, modelo que vem ganhando maior apoio em alguns países, ainda que sejam minoritários se considerados a escala sistêmica.

Os recursos despendidos na "guerra às drogas" podem ser voltados para a política de redução de danos e foco na saúde pública e, ao mesmo tempo, o combate pode ser articulado em redes de cooperação a nível internacional. A desarticulação das rotas transnacionais comuns aos vários ilícitos e a identificação dos grupos criminosos que as operam em alto escalão passam necessariamente por um trabalho de inteligência, como, por exemplo, o combate à lavagem de dinheiro.

Os desafios para a articulação de um regime internacional de combate aos crimes transnacionais são enormes, principalmente pelo poder que esses grupos mobilizam em Estados com sistemas judiciais frágeis e alto nível de corrupção. Situações limites são observadas principalmente na América Latina, em que os índices de violência letal por armas de fogos são absolutamente maiores do que no resto do mundo. O caso brasileiro ilustra essa organicidade entre o crime organizado e o Estado, e serve como exemplo do fracasso retumbante da estratégia de segurança pública definida pelo paradigma proibicionista, fracasso este evidenciado pelos índices alarmantes de violência e superlotação carcerária.

REFERÊNCIAS BIBLIOGRÁFICAS

ALBANESE, J, S. (2015). **Organized Crime:** From the Mob to Transnational Organized Crime. Routledge.

CARLINI, E. A.. (2006). **A história da maconha no Brasil.** Jornal Brasileiro De Psiquiatria, 55 (J. bras. psiquiatr., 2006 55(4)), 314–317. https://doi.org/10.1590/S0047-20852006000400008

CEPIK, M., & Borba, P. (2012). **Crime Organizado, Estado e Segurança Internacional.** Contexto Internacional, 39(3), 717-748.

CERQUEIRA, D. (2021) **Atlas da Violência 2021/** Daniel Cerqueira et al., — São Paulo: FBSP. Disponível em: https://repositorio.ipea.gov.br/bitstream/11058/11004/1/Atlas_da_violencia_2021.pdf. Acesso em 15 de abril de 2023.

FIORE, M. (2012). **O lugar do Estado na questão das drogas:** o paradigma proibicionista e as alternativas. Novos Estudos Cebrap, n. 92, p. 9-21, mar. 2012.

UNODC (2010). **The globalization of crime: a transnational organized crime threat assessment.** Nova Iorque: UNODC.

OLIVEIRA A. (2007). **As peças e os mecanismos do crime organizado em sua atividade tráfico de drogas.** Dados, n. 50, pp. 699-720.

O Globo (2022). **Apesar da queda de mortes violentas, Brasil é oitavo país mais letal do mundo.** Disponível em: https://oglobo.globo.com/brasil/noticia/2022/06/apesar-de-queda-em-mortes-violentas-brasil-e-oitavo-pais-mais-letal-do-mundo.ghtml. Acesso em 15 de abril de 2023.

PAOLI, L. (2014). **The Oxford Handbook of Organized.** Oxford University Press.

PROVINE, D, M. (2007). **Unequal under law: race in the war on drugs.** Chicago: University of Chicago Press.

RODRIGUES, T. (2012). **Narcotráfico e Militarização:** Vício de Guerra. Contexto Internacional, Rio de Janeiro, Vol. 34, nº 1, janeiro a junho, p. 9-41.

SMITH, R. F. (1985). **A History of Coffee.** *In:* Clifford, M. N., Willson, K. C. (eds) Coffee. Springer, Boston, MA.

ZAFFARONI, E, R. (1996), "C**rime Organizado:** Uma Categorização Frustrada", in N. Batista (org.), Discursos Sediciosos: Crime, Direito e Sociedade, ano 1, vol. 1, pp. 45-68

ZALUAR, A. (2002), **"Violence Related to Illegal Drugs, Easy Money and Justice in Brazil, 1980-1995"** Final Research Report on Brazil, China, India and Mexico. UNESCO, França.

CAPÍTULO 9
IDENTIDADE E RELAÇÕES INTERNACIONAIS

Monique Sochaczewski[38]

---

[38] Doutora em História, Política e Bens Culturais pelo CPDOC/FGV, com pós-doutorado pela mesma instituição. É professora do Instituto Brasileiro de Ensino, Desenvolvimento e Pesquisa (IDP) tanto do mestrado em Direito, Justiça e Desenvolvimento, quanto da graduação em Relações Internacionais. E-mail: monique.goldfeld@idp.edu.br

INTRODUÇÃO

Há corrente e importante debate que procura mostrar os múltiplos nascimentos e múltiplas histórias por trás da disciplina de Relações Internacionais, que mostram os muitos apagamentos existentes, bem como a agência de atores não-ocidentais, e que não deixam de lado as origens imperiais, masculinas e racistas da disciplina (Thakur; Smith, 2021). Convencionou-se, porém, localizar a criação da disciplina acadêmica de Relações Internacionais no pós-Primeira Guerra Mundial, com a criação em 1919 da cátedra de política internacional, denominada Woodrow Wilson, na *University College of Wales*, em Aberystwyth.

Revistas como *International Affairs* e *Foreign Affairs* foram criadas em 1922 e no decorrer dos anos iniciais da disciplina, os debates se deram em grande medida tendo como objeto de estudo as ações dos Estados fora de suas fronteiras nacionais em um contexto de anarquia (Resende, 2020: p. 235). O grupo denominado "teorias clássicas" sobre as Relações Internacionais, sejam as de matriz realista ou liberal, se debruçava em especial sobre o que seria os nexos paz/segurança e conflito/cooperação. Homens ocidentais – ou radicados no Ocidente, em grande medida, e mais especificamente nos Estados Unidos e no Reino Unido – entendiam a política internacional em termos materiais que indicavam poder e pretensamente racionais.

O fim da Guerra Fria, por um lado, e a "morte das metanarrativas" estão por trás da inserção dos debates sobre identidade nas Relações Internacionais, em especial através do chamado Construtivismo. A perspectiva em questão questionava a hegemonia racionalista/positivista, então vigente, propondo novo olhar para a política mundial. Como ressalta Felix Bereskoetter (2010), na década de 1950 o conceito de identidade ganhava espaço nas Ciências Sociais. Nos anos 1960 foi da Psicologia para a Sociologia e Antropologia. Na virada dos anos 1980 para 1990, o foco em identidade e formação de processo de identidade, finalmente chegou ao campo das Relações Internacionais. Essa "descoberta" está intrinsecamente ligada à ascensão do Construtivismo. Xavier Guillaume (2011) ressalta ser agora o nexo identidade/alteridade como nova perspectiva para pensar as relações internacionais além da ação dos Estados fora de suas fronteiras nacionais.

A busca por um novo vocabulário conceitual faz uso da **identidade** para ressaltar a natureza social construída do Estado e seus interesses em explicar causas da guerra e condições para a paz. Como pensar o Eu/*Self* e o Outro, o Interno e o Externo, o Pessoal e o Coletivo, o Amigo e o Inimigo, o Universal e o Específico, e o Doméstico e o Internacional? O intuito desse capítulo é apresentar como o tema adentrou a disciplina das Relações Internacionais, seja via Construtivismo ou em paralelo a esse – e por conta desse – no encontro de Relações Internacionais com estudos de área como Estudos de Gênero e Estudos Pós-Coloniais.

O capítulo busca fazer então um histórico, para então tratar dos principais conceitos, principais atores envolvidos, principais desafios, estado da arte, exemplos marcantes e debates futuros. Quando se fala em identidade e Relações Internacionais aqui três são os recortes de particular interesse: identidade nacional/nacionalismos; grupos étnico-raciais; e gênero.

1. HISTÓRICO

Como dito, o fim da Guerra Fria e a discussão teórica entre intelectuais de Relações Internacionais estão por trás do cenário em que ganhou força a chamada abordagem construtivista. O Construtivismo foi o quadro teórico que desafiou o neorrealismo reinante e entendia que os elementos fundamentais da política internacional são concebidos como constructos sociais. Buscava ir além dos componentes materiais do poder, indicando a importância do social, em especial os pensamentos e ideias. Disciplinas como Filosofia, Linguística, História e Sociologia inspiraram largamente as reflexões. O sociólogo britânico Anthony Giddens e seu conceito de estruturação como forma de analisar as relações entre estruturas e atores, teve papel importante inspirando visão menos rígida da chamada anarquia internacional (Jackson, Sorensen, 2013: p. 234). Os recursos materiais integram elementos sociais sendo assim ainda parte do Construtivismo, mas as ideias e crenças são tidas como mais importante. "Os fatos materiais compõem o quadro, mas são secundários em relação às ideias" (Jackson, Sorensen, 2013: p. 236)

A problemática da identidade e da alteridade ganharam então centralidade. Como aponta Xavier Guillaume (2011), trabalhos como os de Nicholas Onuf (1989), R. B. J. Walker (1993), Cynthia Weber (1995) e Alexander Wendt (1992; 1999), entre outros, demonstraram a dimensão construída das fronteiras e identidades dos Estados. É na interação entre os atores na política internacional que forma suas identidades e interesses bem como avaliações de poder. Algumas das contribuições sobre o "fator identitário" podem ainda ser localizados na égide mais canônica da disciplina das Relações Internacionais usando identidade como variável independente possível para explicar guerra/

conflito e paz/cooperação. No geral, porém, as análises tenderam a sublinhar um nexo alternativo, o da identidade/alteridade que poderia explicar o horizonte das Relações Internacionais como campo de estudos.

Durante muito tempo se pregou o chamado "modelo westfaliano", com noção de que o Estado soberano é fixo por espaço territorial. As reflexões aqui indicadas passavam a mostrar o Estado como não-unitário e não-coeso, com uma comunidade política estatal que interage no seu bojo, e que essa interação leva às políticas de identidade. A ênfase agora passava a ser a **construção social**. Construtivistas entendem que os interesses dependem das concepções de identidades. Berenskoetter (2010) fala de uma década de uso do conceito de identidade ainda como vago e gerando desilusões. Havia, sobretudo, a dificuldade em responder claramente o que é identidade e isso se traduzia em ambiguidades, mas o campo veio para ficar.

O cientista político teuto-estadunidense Alexander Wendt é dos mais influentes teóricos da abordagem construtivista nas Relações Internacionais. Mesmo construtivistas, porém, terão abordagens diferentes. No âmbito dos estudos de conflito, por exemplo, ocorre debate entre 'primordialistas' e 'instrumentalistas' entre os estudiosos do nacionalismo, diagnosticando ou rivalidades étnicas antigas ou manipulação política de narrativas identitárias (respectivamente). Já no campo dos Estudos da Paz, há os que defendem que identidades coletivas geram relações pacíficas entre Estados. A União Europeia dos defensores da ideia de "uma identidade europeia compartilhada entre os Estados membros" é um caso de estudo.

2. PRINCIPAIS CONCEITOS

O termo **Construtivismo** foi adotado por Nicholas Onuf em 1989 e apresentado como *"people and societies construct or constitute each other"*. O ponto principal, como dito, era que as estruturas fundamentais da política internacional eram sociais e que essas formam as identidades e interesses dos atores. Para além de fatores materiais, o mundo é também estruturado por ideias e a relação mais importante se dá entre agentes e estruturas. Intuito de explicar como estruturas internacionais são definidas por ideias e como identidades e interesses dos estados e atores não-estatais são influenciados pelas estruturas. O Construtivismo não prevê eventos ou aconselha como um Estado deveria agir na arena internacional, como em certa medida acontecia nos debates anteriores. Trata-se mais de uma ontologia do que uma teoria, com grupo de premissas e hipóteses sobre como a sociedade funciona, apostando que a centralidade se dá ao redor da importância fundamental do sentido de ação social. Alexander Wendt entende o Construtivismo como uma teoria estrutural do sistema internacional que clama: 1) que os estados são as principais unidades de análise da teoria política internacional; 2) as estruturas principais no sistema de estados são intersubjetivas mais do que materiais; 3) identidades e interesses de estados são em parte importante construídos por essas estruturas sociais mais do que dados de maneira exógena ao sistema pela natureza humana ou política doméstica" (Wendt, 1994: p. 385).

Cultura, por sua vez, pode ser definida como o conjunto socialmente compartilhado de conhecimentos e valores por parte de uma comunidade política (Wendt, 1999: p. 141). Como ressalta Marcelo Valença (2011), trata-se inicialmente de um conjunto de conhecimentos e valores que incluem práticas, posturas políticas, crenças e outras formas de se perceber o mundo. Envolve elementos históricos e outros ligados ao período de análise da cultura que determinada identidade carrega em diversos campos (Wendt, 1999, p. 142). A pesquisadora alemã professora da Universidade de Sussex, Beate Jahn, define cultura, por sua vez, como um conjunto de mecanismos e ferramentas construído socialmente através da interação entre agentes de diferentes naturezas que facilitaria o controle sobre o comportamento humano através da consolidação em uma esfera política. Fala-se então de uma cultura dinâmica e socialmente construída impactada pelas condições político-sociais, não estando, portanto, estanque no tempo.

O que é **identidade**? E como não essencializar cultura ou identidade? Como lidar com conceito usado para lidar com fenômenos muitas vezes opostos ou contraditórios? A perspectiva de identidade tanto pode ser usada para avaliar Estado como entidade coerente e contínua ao sugerir que identidade coletiva pode constituir e enfraquecer Estado; como para explicar conflito baseado em antagonismos profundos ou políticos manipuladores. **Identidade** pode ser entendida como a forma como nós nos definimos em relação ao nosso redor, ao mundo e aos outros, e como nos diferenciamos dos outros. Não é estático, mas de alguma forma estável, uma vez que é parte de sistemas cognitivo e emocional e formado anteriormente (Resende, 2020: p. 236). Pode-se buscar entender a identidade individual, de grupo, nacional e pode buscar se apreender a eventual hierarquia existente ou ainda a percepção do Outro como ameaçador, gerando, portanto, insegurança, ou não-ameaçador, gerando, portanto, segurança.

Não raro se falava que "identidade é o que você faz disso", reclamando-se assim de seu caráter vago e com vários significados.

Felix Berenskoetter (2010) ressalta, porém, que poder, interesses e Estado – tão presentes nos debates teóricos iniciais da área de RI – podem ser também tidos como vagos e nem por isso são banidos. O conceito de identidade abriu novas percepções para o fenômeno da política internacional e tendo-a como perspectiva faz buscar entender o que representa para X se sentir seguro e consequentemente o que isso significa para Y sobreviver.

As reflexões sobre **identidades coletivas** devem muito à Sociologia, com ampla literatura a seu respeito. Para as Relações Internacionais podem ser entendidas como formas de identidades sociais que induzem atores a definirem o bem-estar do outro como parte do seu *self* (Wendt, 1994: p. 385). Elas variam por tema, tempo e lugar, e podem se dar bilateral, regional ou globalmente (Wendt, 1994: p. 388). Baseiam-se em solidariedade, comunidade e lealdade. O nacionalismo é um senso de identidade coletiva societal baseada em ligações culturais, linguísticas ou étnicas. A profundidade ou exclusividade das identidades nacionais variam enormemente, porém. A identidade coletiva é diferente da aliança, que é uma coalizão temporária de Estados com interesses próprios em resposta a uma ameaça específica.

Identidades individuais dos agentes domésticos, por sua vez, adquire significado social com referência a identidade de outros, na interação com outros indivíduos dentro e fora dos Estados. "Elas são os aspectos endógenos das identidades nacionais coletivas e podem variar conforme as condições de interação com as demais identidades, não se mantendo estáticas ao longo do tempo". (Valença, 2011)

Políticas de identidade podem ser definidas como práticas políticas que representam e evidenciam os interesses de membros de determinado grupo autodefinido a partir de elementos identitários em oposição a uma determinada ameaça, real ou suposta. As políticas de identidade representam uma resposta à negação de direitos ou prerrogativas àqueles grupos e podem se basear em aspectos tão diversos quanto cultura, religião, etnia ou qualquer outro elemento que permita a clara separação – e distinção – entre os supostos grupos acuados e aqueles que o ameaçam. O desenvolvimento e exacerbação das políticas de identidade promovem uma fragmentação na unidade estatal, rompendo com a suposta unidade política que o Estado proporcionaria. Isto acontece porque o recurso a identidades pré-estatais exporia uma pluralidade identitária que o Estado tentaria ocultar e que é operacionalizada de forma a proteger determinados grupos. (Valença: 2011: p. 71)

3. PRINCIPAIS QUESTÕES

A questão de quem somos – qual a nossa identidade, seja pessoal, seja coletiva – não é autoevidente. Torna-se consensual na disciplina das Relações Internacionais na virada do milênio entender que a resposta é necessariamente complexa, que as identidades são sempre inacabadas, uma vez que envolvem a interação de variáveis psicológicas e socioculturais em um contexto histórico específico. Interessa aqui tratar um pouco de como um tema caro e tido como dado nos debates anteriores da RI se alteram com a virada construtivista, no caso a identidade nacional, e apresentar um breve histórico e principais desdobramentos que ocorrem nas questões identitárias de grupos étnicos e de gênero, em especial feministas.

3.1 IDENTIDADE NACIONAL/NACIONALISMO

A "virada social internacional" impacta também nas reflexões sobre identidades nacionais. Não se olha mais para as Relações Internacionais com indivíduos e Estados nação como atores unitários ou racionais, mas espera-se que a análise leve em conta identidades simultâneas e múltiplas buscando objetivos variados através de estratégias diversas. Aqui também o foco passa a ser nas categorias relacionais, nos processos interativos e nos contextos multidimensionais, no lugar de reduções e reificações não raro em fases anteriores (PETERSON, 1993: p. 1). Há a percepção de haver necessidade de correções e revisões.

O nacionalismo era em certa medido entendido como identidade coletiva em comunidade fictícia (levando em consideração o grande impacto dos estudos sobre "invenção das tradições" e "comunidades imaginadas" oriundas da História), ostensivamente representando uma integração de indivíduos heterogêneos, em que se negava a diversidade e identidades conflitantes. Os estudos tradicionais sobre formação e significado de identidade política normalmente se davam em termos de identidade nacional e nacionalismo. Com o fim da Guerra Fria, há a percepção que as identidades políticas têm impactos internacionais e ganha também força um questionamento sobre em que medida identidades baseadas em Estado são adequadas para lidar com temas como degradação ambiental. A coisa se complexifica.

Enquanto digito essas linhas vários são os debates candentes sobre o internacional. Um dos mais urgentes, talvez, seja o que compreender o que quer e faz a Rússia desde a invasão à Ucrânia em fevereiro de 2022 (sendo que já ocupava a Crimeia desde 2014. Daniela Vieira Secches, Marina Nunes Bernardes e Pedro Diniz Rocha (2021) se debruçam sobre a busca por compreensão do internacional da Rússia. O que fica claro na análise é a importância do outro na formação do campo das Relações

Internacionais na Rússia e seus desdobramentos dentro de distintos projetos políticos pragmáticos de nação. Se é para mimetizar, confrontar pela coexistência ou confrontar pelo conflito, é, sobretudo, em relação a um Outro ocidental. O pensamento sobre o internacional na Rússia é profundamente influenciado por definição identitária e essa passa necessariamente por como o Estado se vê tendo a Europa e os Estados Unidos como principal referência de outro na construção de seu *Self*. Essencial, portanto, levar em consideração o "complexo psicológico do medo do Outro e na necessidade de consolidação do *Self* em versões variadas de poder hegemônico com vistas à proteção, como pode ser notado na auto narrativa da Terceira Roma e no movimento de expansão e resguardo nas terras russas diante do reiterado domínio estrangeiro – hordas mongóis, turcos otomanos, lordes feudais suecos, aristocratas da Polônia-Lituânia, capitalistas britânicos e franceses e barões japoneses" (SECCHES *et al.*, 2021: p. 12).

3.2 GRUPOS ÉTNICOS

Mesmo o pensamento decolonial pode ser subdivido em fases, e todos eles têm seu impacto nas Relações Internacionais e especificamente dos debates sobre identidade. Aureo Toledo (2020: p. 29-30) em apresentação de coletânea elaborada a partir do trabalho da Rede Interdisciplinar de Pesquisas e Estudos sobre Colonialidades e Política Internacional chama de "**pós-colonialismo anti-colonial**" aquele originário da conjuntura histórica dos processos de libertação e descolonização dos anos 1950 e 1960 "cujos principais expoentes seriam figuras como Aimé Césaire, Frantz Fanon, Almicar Cabral, dentre outros, influenciados pelo marxismo revolucionário e o pan-africanismo, por exemplo".

Já no final dos anos 1970, discussões sobre globalização ganham projeção e reflexões parecidas com a fase anterior ganham caráter mais acadêmico através dos escritos de da área de estudos culturais. É aí que emerge o que Luciana Ballestrin "denomina **pós-colonialismo canônico**, influenciado pelos Estudos Subalternos Indianos, pós-estruturalismo, e outras correntes intelectuais, e cujas figuras de destaque seriam Edward Said, Homi Bhabha e Gayatri Spivak".

Já com o novo milênio, ganha projeção o "**pós-colonialismo decolonial**, sobretudo, a partir da América Latina e tendo como representantes de renome Walter Mignolo, Arturo Escobar e Maria Lugones, por exemplo". Essas perspectivas variadas têm em comum trazerem para o centro dos debates as questões de identidade, em especial raça e gênero. Alguns pesquisadores brasileiros, como Maurício Santoro, por exemplo, as trazem para reflexões e salas de aula como uma alternativa válida às abordagens tradicionais do realismo e do liberalismo para o estudo das Relações Internacionais. O colombiano Arturo Escobar, o argentino Walter Mignolo, o peruano Aníbal Quijano são autores de importantes reflexões sobre o pensamento decolonial latino-americano. Suas reflexões dialogam bem com disciplinas como História, Antropologia e Sociologia e alunos brasileiros têm reagido positivamente a esse enfoque não raro conectando com novos movimentos identitários brasileiros, como as mobilizações indígenas e coletivos antirracistas.

Do ponto de vista dos estudos de segurança internacional o tema relacionado a grupos étnicos (e outras identidades) foi bem capturado pela autora Mary Kaldor, em sua obra seminal *New & Old Wars* (2001). Kaldor argumenta que, uma das principais características das velhas guerras, guerras que assistimos nos últimos séculos, era que suas motivações eram fundamentalmente nacionais ou ideológicas. Dito de outra fora, os principais conflitos derivavam do interesse nacional do Estado ou a parti de uma agenda ideológica de atores não estatais. Isso muda, segundo Kaldor, neste novo contexto, que tem a Globalização como seu principal pano de fundo. Nas novas guerras a maior parte dos conflitos tem uma motivação identitária. As tensões e conflitos surgem de ressentimentos antigos entre grupos étnicos, religiosos, clã, entre outros. O trabalho de Kaldor ganha ainda mais notoriedade quando observamos o acentuado crescimento de conflitos que vimos na década de 1990, tendo como trágicos destaques: i. o genocídio de Ruanda, protagonizado pela violência entre hutus e tutsis; ii. os crimes contra humanidade identificados na guerra civil da Somália que pôs diversos grupos rebeldes uns contra os outros, muitos deles agregados em torno clãs; e iii. os crimes de limpeza étnica ocorridos nas guerras que dissolução da antiga Iugoslávia, que envolveu tanto elementos étnicos quando religiosos, opondo sérvios, bósnios, croatas entre outros grupos.

3.3 GÊNERO

Foi também na virada dos anos 1980 para os 1990 que os temas e gênero, e feminismo em especial, adentraram a disciplina das Relações Internacionais. A reflexão pós-positivista em RI foi também responsável por abrir espaço na disciplina à aplicação de gênero como categoria de análise. Junta-se à crítica aos esforços teóricos anteriores que estavam "desinteressados em incluir em suas análises as variáveis relativas à dimensão social dos fenômenos internacionais" (Monte, 2013: p. 59). Havia uma percepção prévia de que gênero era questão intranacional e que a disciplina era neutra em termos de gênero, mas é no bojo da ampliação do que era entendido como política global que adentraram as abordagens feministas. Embora as mulheres sempre fossem atores na política internacional, suas vozes raramente eram ouvidas nas altas esferas de poder.

Já foi amplamente ressaltado aqui a importância dos autores pós-positivistas em Relações Internacionais e seu lugar em relação às correntes hegemônicas anteriores. A "virada social internacional" passou a ter também o gênero como parte dessa dinâmica, e é também aqui que ocorre encontro entre RI e os Estudos de Gênero. Foi simultâneo ao terceiro debate de RI e a terceira onda do feminismo, envolto com análises pós-coloniais, pós-estruturalistas e pós-modernas. "Feministas acabam inevitavelmente do lado pós-positivista do debate por priorizarem, da mesma forma que construtivistas, pós-modernos e teóricos críticos, as relações entre poder e conhecimento e a importância da linguagem, regras e identidades para as relações internacionais" (Monte, 2013: p. 68). As principais abordagens feministas em RI buscam "em desenvolvimento ao dos pós-positivistas, relacionar o gênero às relações internacionais".

Os primeiros trabalhos são oriundos de conferências realizadas no final dos anos 1980 nos Estados Unidos e na Inglaterra, tanto de profissionais de RI como de Estudos de Desenvolvimento. Já as primeiras disciplinas específicas passaram a ser lecionadas na mesma época como foi o caso de "*Women and International Relations*" ministrada no programa de mestrado da LSE em 1989. No início dos anos 1990 as associações de estudos internacionais dos EUA e da Inglaterra passaram a contar com seções de estudos de gênero. Desde então as publicações, painéis em encontros profissionais e cursos proliferaram, havendo desde 1999 publicações especificas como "*The International Feminist Journal of Politics*". O tema cresceu, se consolidou, mas o encontro de RI com Estudos de Gênero também gerou conflitos e divergências, com várias lentes de análise e várias abordagens.

Um primeiro movimento foi o de lançar luz para o papel das mulheres nas relações internacionais e criticar o fato a disciplina ter sido fundada em certo machismo. Para as gerações iniciais de RI a visão era que o mundo era feito de unidades de atores nacionais e as feministas se juntaram ao coro que tiravam a ênfase nas fronteiras e a jogava nas relações sociais hierárquicas com forte papel de gênero, embora não único. Depois veio uma fase de novas agendas, pesquisas e métodos. Focando em temas deixados de lado como estupro, tráfico humano, prostituição, serviço doméstico e com foco em indivíduos ou grupo marginalizados passavam a usar métodos emprestados de outras disciplinas como análise de discurso, etnografia. Contribuem desde então para permitir novos olhares, novos temas e novas formas da análise da política global, bem como reconsiderar como os tradicionais são vistos. *"Listening to the voices of those on the margins has allowed feminists to uncover different worlds and begin to build the kind of practical knowledge necessary to construct a more democratic global politics".*

As abordagens que passam a usar gênero como categoria de análise em RI, como pontua Izadora Monte (2013: p. 68), procuram explicações nas instituições e normas do sistema internacional para a assimetria nas relações entre os gêneros e instâncias de constituição de identidades de homens e mulheres. São várias abordagens feministas, mas elas têm em comum a busca por inserir no projeto científico também uma dimensão política "não apenas de superação da opressão feminina, mas também de construção de uma ordem internacional mais justa, na qual hierarquias, de gênero, classe ou raça, não estejam presentes" (Monte, 2013: p. 68).

Outra abordagem que passará a ganhar espaço na agenda de debates será a criação do subcampo dos Estudos Feministas de Segurança. Eles surgem efetivamente ao chamar a atenção da existência da dimensão das relações de gênero para segurança internacional. Interessante notar, no entanto, que essa abordagem não surge sem resistência. Para alguns de seus críticos, os principais temas de segurança internacionais giravam em torno do fenômeno da guerra e como os Estados lidavam como ele, portanto, eles eram efetivamente 'neutros do ponto de vista de gênero". Uma das pioneiras deste subcampo, Carol Cohn criticará tais abordagens ao indicar que os estudos de segurança tal qual foram formados, focavam no Estado e na segurança nacional através de uma percepção militarizada, que por sua vez, era fundamentalmente calcada em uma percepção masculinizada e patriarcal do conceito de segurança.

Desde então o subcampo dos Estudos Feministas de Segurança se desenvolveram em diversas direções e se tornaram incrivelmente prolífico, em especial através dos trabalhos de algumas das principais referências no campo, como Laura Shepherd, Laura Sjoberg, Nicole Deratz, Cynthia Enloe e Aleksandra Gasztold entre outras. Entre alguns desses caminhos tomados podem ser destacados o debate entorno da desconstrução de conceitos (como poder, Soberania e até mesmo Estado), da metodologia de estudos, dos rumos teóricos e, em especial, os papéis desempenhados e impostos pelas mulheres em situação de conflitos e violência – que abre o debate para dentro de outros temas como refugiados, violência sexual, tráfico de pessoas e até participação das mulheres nos conflitos (como composição das forças armadas, por exemplo).

Um ponto de partida para a reflexão sobre gênero e RI teve como primeiro movimento as chamadas **abordagens de posições de mulheres, ou de ponto de vista**. São as que buscam as mulheres nas margens, nos locais subordinados, nos locais anteriormente impensáveis como parte das relações internacionais. Buscam não só dar visibilidade, como demonstrar que essas posições estão totalmente ligadas ao poder do gênero. O gênero aparece como categoria além do individual e as feministas preocupam-se com a construção política dos gêneros. Há clara diferença no acesso a recursos, poder e autoridade e isso afeta a posição das mulheres na sociedade. E o gênero aparece também como condicionante do "nosso pensamento a funcionar a partir de dicotomias hierarquizadas que legitimam formas múltiplas de dominação em diversas esferas sociais" (Monte, 2013; p. 70) O chamado "feminismo socialista" que entende que as diferenças entre condições materiais de existência entre homens e mulheres são base da opressão feminina pode ser entendido como parte desse grupo. Há largo foco no trabalho reprodutivo e no trabalho doméstico feito pelas mulheres e não remunerado.

Já as **feministas liberais** têm como foco uma busca mais prática do que teórica da reversão das desigualdades e hierarquias. Elas bagunçam um tanto a cronologia exata do pós-Guerra Fria por terem suas demandas feministas liberais – de estender às mulheres os direitos políticos e civis restritos aos homens – ainda nas revoluções do século XVIII e verem no Estado o "agente potencial de promoção da igualdade". Elas concordam que a constituição da disciplina de RI foi enviesada, mas que a "adição das mulheres no quadro epistemológico do pensamento convencional seria suficiente como ´correção de rumo´ das RI" (Monte: 2013: p. 72).

As **feministas radicais**, por sua vez, o patriarcado é tido como um sistema de opressão que permeia sociedade como um todo e as instituições, muito além da esfera legal e entendem que a "opressão feminina seria uma das primeiras, mais profundas e difundidas formas de opressão". O controle masculino sobre os corpos das mulheres está por trás da opressão e da falta de privilégios. "O projeto político das radicais está na defesa da superioridade cultural dos valores femininos. Radicais afirmam que essa valorização carrega em si um potencial transformador da própria sociedade" (Monte, 2013: p. 73).

Feministas pós-modernas modernas vão focar em "métodos genealógicos ou desconstrutivistas para analisar as formas pelas quais se constroem as ligações entre gênero e fenômenos internacionais. Já as **feministas pós-coloniais** têm na economia importante fator explicativo com ênfase entre imperialismo, colonialismo, capitalismo e racismo, e a opressão às mulheres. E, por fim, as ecofeministas, entendem que toda opressão existe de maneira contínua, "toda exploração, seja ela expressa no uso insustentável dos recursos naturais, na violência doméstica ou em guerras totais, está inter-relacionada e é essencialmente a mesma, variando apenas em grau" (Monte, 2013: p. 78).

3.4 DEBATE FUTURO

Robert Jackson e Georg Sorensen (2013: p. 60) brincam que se "você reunir quatro teóricos de Relações Internacionais, conseguirá dez maneiras diferentes de organizar a teoria, além de desacordos sobre quais teorias são as mais relevantes". De uma maneira geral, porém, as teorias/ontologias podem ser agrupadas em categorias e mesmo com várias subdivisões, conflitos e divergências, trata-se de campo do saber consolidado no Norte Global e que se enriquece com novos temas, olhares, teorias, questionamentos e críticas oriundos do Sul Global.

Como vimos, identidade é tema relativamente recente nas Relações Internacionais e que embora com idas e vindas desde sua introdução na virada dos anos 1980 para os 1990, veio para ficar. Já tem espaço consolidado das principais instituições de ensino e pesquisa, conferências e publicações. Há debates globais e no Sul Global e, apesar da larga presença nos cursos, instituições e publicações de RI no Brasil, talvez falte ainda uma reflexão a partir do Brasil que atravesse as fronteiras nacionais e se insira nos debates mais amplos, mesmo naqueles a partir do Sul Global.

Assim como no final da Guerra Fria – pano de fundo de tantas mudanças importantes nos debates teóricos de RI – vivemos nesse 2023 em que digito essas linhas em fase de claro ponto de inflexão na História Global. O fim da pandemia da COVID-19; inúmeros impactos energéticos, econômicos e políticos/geopolíticos da invasão russa à Ucrânia; e crescente declínio de poder estadunidense e ascensão chinesa na arena global são alguns dos pontos de destaque. Em termos políticos no Brasil, sai-se do governo Jair Bolsonaro para mais uma gestão de Luís Inácio Lula da Silva. Ocorre a volta de um olhar mais tradicional para o internacional, focado em multilateralismo, diplomacia presidencial, e um novo ativismo internacional entendendo o Brasil como um *global player*.

Em termos acadêmicos, porém, olhando para as relações internacionais do país, apesar de se debater nas universidades, conferências e publicações boa parte do que foi apresentado aqui e até se pensar em estudos de casos brasileiros, seria interessante pensar análises próprias, a partir do Brasil. O filósofo, escritor e ativista do movimento indígena Ailton Krenak já conta com reconhecimento como intelectual público e mesmo visibilidade política internacional, mas muitas de suas reflexões merecem mais atenção do meio acadêmico de Relações Internacionais. Em entrevista aos cientistas políticos Dawisson Belém Lopes e Guilherme Casarões Krenak para seu programa "Eu vi o mundo" apresenta uma análise bastante própria sobre a "identidade nacional brasileira" – entendendo-a ainda como um Estado colonial português, "arcaico, medieval, gordo e pesado – em contraponto ao que ocorre na América Latina e seu "Novo

Constitucionalismo Latino-Americano"[39]. Usa lentes bastante próprias para pensar a política internacional, podendo talvez ser mais uma voz da crítica pós-colonial, mas, em especial, uma análise de um indígena que integra as muitas nações das quais o Brasil é feito.

Pode se falar em um *"Brazilian way of Humanitarianism"*, para além de um *"Brazilian way of Peacekeeping"* já apresentado? Por que justamente um governo com narrativa tão progressista para tantos temas parece tão reticente em termos de uma Política Externa Feminista?

REFERÊNCIAS

BERENSKOETER, Felix. **Identity in International Relations**. *In:* International Studies, 2010.

GUILLAUME, Xavier. 2011. **International relations and identity: a dialogical approach.** London: Routledge.

JACKSON, Robert; SORENSEN, Georg. **Introdução às Relações Internacionais**. Rio de Janeiro: Zahar, 2013.

KALDOR, Mary. New & Old Wars, Stanford: Stanford University Press, 2001.

PETERSON, V. Spike. **The Politics of Identity** in IR. IN: The Fletcher Forum of World Affairs, Vol. 17, N. 2 (Summer 1993).

---

39 https://euviomundo.headline.com.br/curtas/ailton-krenak-o-brasil-nunca-percebeu-a-presenca-indigena-7698cd88

RESENDE, Erica. **The identity/alterity nexus in international relations: two cases of encounter with difference**. *In:* Civitas 20 (2): p. 234-247, maio-ago 2020.

SECCHES, Daniela Vieira; BERNARDES, Marina Nunes; ROCHA, Pedro Diniz. **A construção do pensamento sobre o Internacional na Rússia: identidades, projetos político-pragmáticos e o Ocidente**. *In:* Revista Carta Internacional, Belo Horizonte, v. 16, n. 1, e1000, 2021.

SJOBERG, Laura; TICKNER, J, Ann. **Feminist Perspectives on International Relations**. *In:* CARLSNAES, Carl; RISSE, Thomas; SIMMONS, Beth A. Handbook of International Relations. 2002. SAGE Publications.

THAKUR, Vineet; SMITH, Karen. **Introduction to Special Issue: The Multiple Mirths of International Relations**. *In:* Review of International Studies (2021), 46: 5, p. 571-579.

TOLEDO, Aureo (org.). **Perspectivas Pós-Coloniais e Decoloniais em Relações Internacionais.** Salvador: Editora UFBA, 2021.

VALENÇA, Marcelo M. **A política de identidade nas novas guerras e a construção social da diferença: notas a partir da cultura e da identidade**. *In:* Revista da Escola de Guerra Naval, RJ, v. 17, n. 2, p. 65-85, jul-dez 2011.

WENDT, Alexander. **Collective identity formation and the international state**. *In:* The American Political Science Review, Vol. 8, n. 2 (Jun 1994), pp. 384-396.

CAPÍTULO 10
OPERAÇÕES DE PAZ DAS NAÇÕES UNIDAS

Leonardo Paz Neves[40]

---

40 Doutor pelo Instituto de Economia da UFRJ. Professor no Departamento de Relações Internacionais do IBMEC/RJ. Pesquisador do Núcleo de Prospecção e Inteligência Internacional (NPII) da Fundação Getulio Vargas (FGV). Autor de: *Estados fracassados e o eixo do mal na política de segurança Norte-Americana; Assistência e Cooperação Internacional o Desenvolvimento;* e *O CEBRI e as Relações Internacionais no Brasil,* tendo este último recebido o Troféu Cultura Econômica do Jornal do Comércio em 2014.

INTRODUÇÃO

Operações de Paz é umas das faces mais visíveis do esforço da comunidade internacional em lidar com os conflitos em diversas partes do globo, e as tropas de capacete azul, apesar da sua atual complexidade e envolvimento de diversos atores, são sua figura mais icônica. Diversos autores já tentaram traçar a genealogia das Operações de Paz na história. Entendidas enquanto um esforço multilateral, que envolve um grupo de atores políticos (mais comumente Estados), com objetivo reagir a um conflito ou de garantir estabilidade de alguma região em seus momentos pós-guerra, 'Operações de Paz' podem nos levar até a Grécia Antiga. Entretanto, suas origens no que tange ao seu formato mais moderno, pode ser encontrada no período entreguerras (1919-1939) em iniciativas capitaneadas pela Liga das Nações, como foi o caso da Operação em Leticia (1933), na fronteira entre Colômbia e Peru, que envolveu não apenas um esforço de arbitragem, mas também o desdobramento de tropas neutras para supervisionar o cessar-fogo da região disputada.

Apesar da breve experiência da Liga das Nações, ao fim da Segunda Guerra Mundial, ao que tudo indica, os países envolvidos na criação das Nações Unidas não previram a necessidade da utilização das Operações de Paz como um instrumento de contenção de conflitos, de estabilização e de facilitação de acordos de paz. Isto porque as Operações de Paz não foram mencionadas na Carta das Nações Unidas quando esta foi escrita. Entretanto, com o recrudescimento das tensões entre Estados Unidos e União Soviética, ficou claro que as instituições originais da ONU, em especial o Conselho de Segurança, teriam dificuldades para agir em determinados casos de conflito.

O Sistema de Segurança Coletiva do pós-Guerra tinha o Conselho de Segurança como seu centro nevrálgico, e dependia, em especial, do consenso e ação das principais potências. A Guerra Fria, no entanto, tornou a possibilidade de negociação e eventuais consensos quase impraticável. Essa espécie de 'congelamento' do Conselho de Segurança, resultado de uma sequência de vetos postos pelas duas superpotências, gerou a necessidade das Nações Unidas em rapidamente inovar e improvisar para lidar com a emergência de conflitos nas mais diversas regiões.

Diante desse 'congelamento', a ONU precisou lançar mão de um amplo conjunto de outras práticas para lidar com as tensões daquele período, como Mediações, Envio de Representantes Especiais, Bons Ofícios, entre outros. Eventualmente, dada a necessidade de se envolver de forma mais robusta, e reconhecendo a necessidade de obter melhores informações sobre o que ocorria no campo, a figura de tropas, agindo sob a bandeira da ONU (formando assim as Operações de Paz) começa a ser desenhada por Ralph J. Bunche, Dag Hammarskjöld, e Lester Pearson. Esse novo constructo foi concebido, inicialmente, para lidar de forma não violenta com situações de conflito e pós-conflito, fornecendo subsídios (em termos de informações) às Nações Unidas e estabilizando as tensões, de modo a criar espaços para que esforços diplomáticos conseguissem chegar a uma solução pacífica do conflito.

1. OS PRIMEIROS ANOS DAS OPERAÇÕES DE PAZ

É neste contexto que surgem as Operações de Paz da ONU: como ferramentas que vão evoluindo gradualmente com a necessidade das Nações Unidas de lidar com as tensões e os conflitos diante de si. Tal evolução gradativa do escopo e objetivo das Operações de Paz ajuda a compreender a forma reativa de como as operações foram ganhando corpo e chegaram à forma atual. Por exemplo, as primeiras Operações de Paz, especialmente as que foram desdobradas na segunda metade da década de 1940, tinham um caráter mais restrito e tinham o objetivo de monitorar tréguas, armistícios e acordos de cessar-fogo entre as partes em conflito. Esse foi o caso das *United Nations Truce Supervision Organization* (UNTSO) de 1948, que tinha o objetivo de supervisionar o armistício entre Israel e os países árabes envolvidos na guerra. Outros exemplos são: a *United Nations Commission for Indonesia* (UNCI) em 1947, e *United Nations Military Observer Group in India and Pakistan* (UNMOGIP) em 1949.

Mais tarde, na década de 1950 e 1960, diante de crises mais complexas, a ONU se viu forçada a criar Operações de Paz maiores. Elas não apenas constituíam em um pequeno número de soldados observadores, mas operações que necessitavam um numeroso contingente de militares. Agora, além de observar e reportar à ONU movimentos e violações dos acordos em questão, suas tropas também implementavam e supervisionavam zonas desmilitarizadas – *buffer-zones* – e tinham um papel dissuasório de interposição de forças, ou seja, as tropas da ONU ficavam estacionadas entre as forças que outrora estavam em conflito. Esse foi o caso, por exemplo, da *First United Nations Emergency Force* (UNEF I) em 1956, que buscava estabilizar as tensões resultantes do conflito do Canal de Suez e ganhar tempo para que a diplomacia chegasse a um acordo de paz. Outro importante exemplo foi a *United Nations Peacekeeping Force in Cyprus* (UNFICYP) de 1964, que buscava uma solução para o dramático conflito entre os cipriotas de origem grega e turca.

Outra ação mais assertiva da ONU, nesse período, que envolveu anuência e forças na ONU, foi na Guerra da Coreia. Com a invasão da Coreia do Sul pelos norte-coreanos, o Conselho de Segurança foi acionado e determinou que a Coreia do Norte havia quebrado a paz, que os norte-coreanos deveriam retornar ao seu território (acima do paralelo 38º) e requisitou à comunidade internacional que oferecesse ajuda militar à Coreia do Sul para se defender da Invasão – ajuda essa que estaria sob a liderança dos Estados Unidos.

Entretanto, ainda que as operações tivessem funcionado com uma ferramenta de inovação política para lidar com o congelamento do Conselho de Segurança, até elas tiveram dificuldade na sua aprovação e implementação durante esse período da Guerra Fria. Nas suas primeiras quatro décadas de história, até o fim da década de 1980, houve apenas treze operações de paz da ONU. Dessas, nenhuma foi aprovada nos últimos dez anos do período, dado o contexto de recrudescimento da relação Estados Unidos *vs.* União Soviética – marcada pelo governo Reagan nos EUA e pela invasão do Afeganistão pelos soviéticos.

As Operações que compreenderam esse período são chamadas de **Operações Tradicionais** ou de **Primeira Geração**. Elas eram amparadas pelo Capítulo VI "Solução Pacífica de Controvérsias" da Carta das Nações Unidas, que determinava, entre outras coisas, o seguinte:

> "ARTIGO 37 - 1. No caso em que as partes em controvérsia da natureza a que se refere o Artigo 33 não conseguirem resolvê-la pelos meios indicados no mesmo Artigo, deverão submetê-la ao Conselho de Segurança. O Conselho de Segurança, caso julgue que a continuação dessa controvérsia poderá realmente constituir uma ameaça à manutenção da paz e da segurança internacionais, decidirá sobre a conveniência de agir de acordo com o Artigo 36 ou recomendar as condições que lhe parecerem apropriadas à sua solução.
>
> ARTIGO 38 - Sem prejuízo dos dispositivos dos Artigos 33 a 37, o Conselho de Segurança poderá, se todas as partes em uma controvérsia assim o solicitarem, fazer recomendações às partes, tendo em vista uma solução pacífica da controvérsia"
>
> Fonte: Carta das Nações Unidas, 1948[41]

Deste trecho podemos depreender algumas das principais características das Operações de Primeira Geração. Inicialmente, essas operações buscavam manter a paz, a despeito de uma intervenção no conflito em si, dando preferência a ajudar na estabilização de um contexto em que já havia um cessar-fogo. Daí inclusive seu nome original, *Peacekeeping Operations* (PKO) ou, Operações de Manutenção da Paz.

Outras características fundamentais eram: i. apenas eram desdobradas em situações em que o país recebedor das tropas dava seu consentimento, ii. não utilização de força pelas tropas da ONU, iii. neutralidade e imparcialidade, e iv. composição multinacional.

O contexto da Guerra Fria, por si só, já não dava espaço para intervenções mais assertivas, de modo que a não violação de soberania, além de um princípio basilar das relações internacionais desde o período da Paz de Westfália, era uma questão fortemente defendida pela maior parte dos países. Nesse sentido,

---

[41] Acessível em: https://www.oas.org/dil/port/1945%20Carta%20das%20Na%C3%A7%C3%B5es%20Unidas.pdf. Acessado em 11.03.2023.

as PKOs apenas eram enviadas para países que concordavam com o seu envio, onde elas funcionariam como uma ferramenta de monitoramento e estabilização. Ao mesmo tempo, as PKOs eram forças não reativas, ou seja, elas tinham um campo de atuação relativamente restrito, ao não poder usar de força para cumprir o seu mandato. Pouco militarizadas, as PKOs de primeira geração basicamente apenas poderiam usar força militar em uma situação de autodefesa.

Ainda, conscientes da necessidade de que as tropas da ONU deveriam ser reconhecidas como forças legítimas do esforço da comunidade internacional em busca da paz, as Operações de Paz deveriam ter uma composição multinacional, de forma a ser representativa e não parecer uma força de invasão de um Estado particular. Ainda, era fundamental que as forças da ONU fossem neutras e imparciais em relação ao conflito em questão, não podendo tomar partido de nenhum dos lados no conflito.

2. OS IMPACTOS DO PÓS-GUERRA FRIA

O final da Guerra Fria provocou impactos tectônicos nas Operações de Paz da ONU. Esse impacto teria origem na mudança da realidade geopolítica resultante do fim da bipolaridade. No contexto internacional, o fim do apoio da União Soviética e da drástica redução de apoio dos EUA aos seus aliados (tanto governos quanto atores subnacionais) resultou na instabilidade da situação política de diversos países ao redor no mundo, que resultou na eclosão de diversos conflitos, em sua grande maioria guerras civis. Esse aumento no número de conflitos encontrou uma ONU mais suscetível a agir, em virtude do 'descongelamento' do Conselho de Segurança. O resultado prático foi um aumento significativo tanto no número de Operações de Paz desdobradas como no número de tropas engajadas – haja visto que as operações do início dos anos 1990 eram bastante ambiciosas em termos de dimensão das PKO.

As Operações implementadas no pós-Guerra Fria, no entanto, enfrentaram enormes desafios. Até esse momento, as PKOs foram evoluindo gradativamente, se adaptando às necessidades e aos conflitos. Suas características foram sendo moldadas e consolidadas para um contexto específico de atuação. Nessa nova conjuntura, a ONU começou a ser confrontada a lidar com situações mais complexas.

Antes, as forças da ONU lidavam com situações de relativa paz estabelecida entre Estados. Agora, a ONU teria que operar em um contexto de conflitos intraestatais, no qual os atores eram em sua maioria rebeldes e outros grupos irregulares, que desconheciam ou ignoravam os princípios do Direito Humanitário, que tinham pouco respeito pelas tropas das Nações Unidas, e que raramente tinham uma estrutura hierárquica sólida de comando e controle, o que tornava praticamente inviável a responsabilização dos atores envolvidos no desrespeito dos acordos ou até de perpetrar atrocidades. Ainda, nas Operações de Primeira Geração, as tropas da ONU eram destacadas para monitorar acordo de cessar-fogo, realizar missões de *fact-finding* e se interpor entre as forças envolvidas no conflito. Nesses novos confrontos, as tropas da ONU eram instadas a engajar em um amplo e mais complexo conjunto de atividades como: policiamento, desmobilização e reinserção de grupos rebeldes, prover ajuda humanitária, proteger campos de refugiados e apoiar a repatriação, auxiliar na reconstrução de infraestrutura e organização de eleições, entre muitas outras missões.

Atuar dentro desse novo contexto, com as ferramentas e regras das Operações da Primeira Geração, não apenas se revelou uma tarefa hercúlea, como também acabou em resultar falhas importantes ao lidar com tragédias humanitárias de grande escala. Entre elas destacam-se os casos da Bósnia, Somália e Ruanda. A incapacidade da ONU em lidar com esses conflitos e a dimensão da violência nesses países resultaram em um golpe na credibilidade das Operações de Paz da ONU e em um amplo questionamento de sua razão de ser. Tais questionamentos foram fortalecidos por pelo menos dois outros aspectos. Primeiro pelos altos custos das operações, como mencionado anteriormente, na primeira metade dos anos 1990 o número de PKOs cresceu dramaticamente, o que resultou em um natural aumento de tropas e de recursos para viabilizar tais operações. Para ilustrar, em 1990, a ONU tinha desdobrado em operações 10.304 soldados, em 1993 esse número chegou a atingir 75.105 tropas[42].

O segundo aspecto lidou com a moral das tropas e a vontade política dos países em contribuir com tropas, aspecto esse que teve efeito em especial nas tropas ocidentais (RAM, 2007). Nos primeiros momentos pós-Guerra Fria, parece ter havido um intenso desejo de diversos países em se envolverem em Operações de Paz para lidar com conflitos ao redor do mundo. Havia uma percepção de que finalmente o Sistema de Segurança Coletiva começaria a funcionar e que a comunidade internacional, através da ONU conseguiria ser um protagonista na resolução de conflitos ao redor do globo. Entretanto, a mudança da natureza dos conflitos com os quais as Operações de Paz começaram a engajar, a complexidade das novas tarefas exigidas e o grau de violência inerente no processo rapidamente fez com que tanto a disposição política dos países ocidentais quanto a moral das tropas se esmaecessem.

---

42 United Nations Peacekeeping Website. Acessível em: https://peacekeeping.un.org/en/troop-and-police-contributors. Acessado em 11.03.2023.

Esse novo contexto exigia das tropas envolvidas nas PKO de não apenas lidassem com missões relacionadas ao que ficou conhecido como *"Nation-Building"*, ou seja, atividades de reconstrução de Estados cujas tropas não tinham treinamento adequado, como ainda tiveram que engajar forças de oposição não estatais, que não respeitavam as regras de engajamento tradicionais e o direito humanitário. Como resultado prático, foi possível observar uma escalada no número de mortes de tropas em Operações de Paz: em 1990 foram contabilizadas 24 fatalidades de soldados da UNO em Operações de Paz, enquanto em 1993 esse número subiu para 25[43].

O saldo geral desse processo foi um movimento de retração e reavaliação das Operações de Paz por parte da ONU e de seus principais contribuintes. Liderado pelo então Secretário Geral da ONU, Boutros Boutros-Ghali, e posteriormente, Kofi Annan, as Nações Unidas se dedicaram a elaborar um conjunto de esforços para reconceitualizar e reformar as Operações de Paz. Esses esforços podem ser melhor compreendidos através da leitura de uma sequência de grupos de trabalho, e seus relatórios, que foram moldando as Operações de Paz para os novos desafios.

O primeiro documento a buscar esse objetivo foi a *Agenda para a Paz*[44] (1992), capitaneada pelo Secretário Geral Boutros-Ghali. Nele, fica clara sua consciência de que nesse momento as principais ameaças à paz e segurança internacional adivinham de conflitos intraestatais e não necessariamente apenas das guerras entre Estados, e que as Operações de Paz da ONU tinham um alcance muito limitado para lidar com tais novas ameaças.

---

43 United Nations Peacekeeping Website. Acessível em: https://peacekeeping.un.org/en/fatalities. Acessado em 13.03.2023.
44 An agenda for peace: preventive diplomacy, peacemaking and peace-keeping. Acessível em: https://digitallibrary.un.org/record/145749?ln=en. Acessado em 13.03.2023.

Dessa forma, era necessário criar novos processos e estabelecer novos parâmetros para as iniciativas das Nações Unidas. O relatório então oferece um conjunto de sugestões, dentre as quais destaca-se uma divisão mais clara nos tipos de iniciativas. São elas: *Preventive Diplomacy* (com objetivos de antecipar e prevenir conflitos); *Peacemaking* (iniciativas diplomáticas de mediação que ajudassem as partes em conflito a chegarem a um cessar-fogo); *Peacekeeping* (Operações que permaneciam com seu foco em manter a paz, monitorando os acordos de cessar-fogo até que negociações diplomáticas chegassem a um acordo de paz); *Post-Conflict Peacebuilding* (atividades que buscavam atacar a raiz dos conflitos auxiliando a reconstrução dos países afetados); e *Peace Enforcement* (conscientes de que a inação da ONU por vezes favorecia os atores mais fortes, o que frequentemente resultava em tragédias humanitárias, de modo que a ONU passou a trabalhar com a hipótese de 'impor a paz').

Esse início do processo de reavaliação e reconceitualização das Operações de Paz da ONU acabaram por inaugurar a **Segunda Geração das Operações de Paz**, também conhecidas com **Operações Complexas** ou **Multidimensionais**. As características da nova geração consolidariam a nova atuação da ONU diante de uma miríade muito mais complexa de conflitos e novas ameaças à segurança internacional. Dentre as principais características, vale destacar: i. o fim da necessidade do consentimento; ii. a utilização de força pelas tropas da ONU; iii. a imparcialidade; iv. A composição multinacional; v. e a incorporação de um grande portfólio de atividades e ações com perfil de construção da paz já citadas, como policiamento, desmobilização e reinserção de grupos rebeldes, prover ajuda humanitária, proteger campos de refugiados e apoiar a repatriação, auxiliar na reconstrução de infraestrutura e organização de eleições, entre outras.

O fim do consentimento do Estado que iria receber as Operações lida diretamente com a dificuldade de atuar em contextos em que os líderes de algumas nações estivessem envolvidos em conflitos com atores subnacionais, e para lidar com tal sublevação promoviam atrocidades contra determinados grupos étnicos, nacionais, religiosos ou com qualquer outro tipo de identidade. Esse ponto estava intimamente relacionado ao fim da ideia do binômio imparcialidade-neutralidade, pois se assumia que a inação, em nome da neutralidade, por vezes se mostrava parcial, em favor do mais forte. Ou seja, a inação da ONU em um dado conflito, tendia a favorecer o grupo mais forte, que não tinha interesse em buscar soluções pacíficas, pois percebia mais valor em uma vitória militar. Dessa forma, a utilização de força pelas tropas da ONU, para além da sua autodefesa, passaram a ser consideradas, uma vez que elas eram necessárias para defender o objetivo da resolução. Essas operações passaram a ser respaldadas, com frequência, pelo Capítulo VII da Carta das Nações Unidas: a "Ação Relativa a Ameaças à Paz, Ruptura da Paz e Atos de Agressão".

> *"ARTIGO 42 - No caso de o Conselho de Segurança considerar que as medidas previstas no Artigo 41 seriam ou demonstraram que são inadequadas, poderá levar e efeito, por meio de forças aéreas, navais ou terrestres, a ação que julgar necessária para manter ou restabelecer a paz e a segurança internacionais. Tal ação poderá compreender demonstrações, bloqueios e outras operações, por parte das forças aéreas, navais ou terrestres dos Membros das Nações Unidas."*
>
> Fonte: Carta das Nações Unidas, 1948[45]

---

[45] Acessível em: https://www.oas.org/dil/port/1945%20Carta%20das%20Na%C3%A7%C3%B5es%20Unidas.pdf. Acessado em 11.03.2023.

O Capítulo VII busca lidar de forma mais assertiva com ameaças à paz e à segurança internacional, contemplando ações não coercitivas, como embargos e bloqueios, e ações coercitivas, como uso da força, tal qual descrito no seu artigo 42.

Um segundo importante documento que teve grande impacto no processo de transformação das Operações de Paz da ONU foi o *Report of the Panel on United Nations Peace Operations* (2000)[46], também conhecido como Relatório Brahimi. Preocupados com o desdobramento das tropas no campo e com a sua capacidade operativa, o Relatório Brahimi focou em desenvolver um conjunto de sugestões que buscavam deixar as Operações de Paz mais robustas, flexíveis e fortalecer a interlocução com os países contribuintes de tropas. Entre as principais sugestões podemos destacar: i. estabelecimento de mandatos mais robustos de modo que as tropas tivessem condições de proteger não só a si próprios com também os civis alvo do mandato; ii. Criação de uma força multinacional em *standby* de forma a permitir desdobramentos mais rápidos para lidar com emergências; iii. melhora nos canais de informações e comunicação para análise e apoio ao Secretário Geral; iv. Melhora da estrutura burocrática-institucional que dá suporte para as Operações de Paz; entre outros.

Outro importante documento que também ajudou na restruturação das Operações de Paz foi o *A New Partnership Agenda: Charting a New Horizon for United Nations Peacekeeping* (2009)[47]. Um dos principais destaques desse relatório é a tentativa das Nações Unidas de coordenar os esforços de operações fora do âmbito da ONU. Isso, pois as Operações de Paz não são um monopólio da ONU: outras organizações internacionais, como,

---

46   Acessível em: https://peacekeeping.un.org/sites/default/files/a_55_305_e_brahimi_report.pdf. Acessado em 12.03.23.
47   Acessível em: https://peacekeeping.un.org/sites/default/files/newhorizon_0.pdf. Acessado em 12.04.2023.

por exemplo, a União Europeia e a União Africana, também têm suas próprias operações para lidar com situações de conflito em regiões de sua influência. Ainda que sancionadas pela ONU, essas iniciativas têm independência operacional e muitas vezes são coorganizadas por mais de uma organização, tornando-as conhecidas como *Operações Híbridas*.

Para além das mudanças conceituais e operacionais sofridas pelas Operações de Paz resultante desses, e de outros relatórios de alto nível, é importante ainda mencionar que a arquitetura institucional que lida com as Operações de Paz da ONU também foi afetada. Inicialmente a unidade responsável pela organização das Operações de Paz no organograma da ONU era do Departamento de Operações de Manutenção da Paz (DPKO). A compreensão da incapacidade deste departamento em lidar com todas as dimensões das Operações, em especial em um momento em que havia um aumento expressivo na demanda, fez com que ele dividisse suas tarefas. Agora haveria duas instâncias: a primeira que seria o Departamento de Operações de Paz, que focaria na organização das missões e do nível político, e a segunda seria o Departamento de Suporte de Campo, que se dedicaria às atividades mais voltadas para a logística.

3. MUDANÇAS NO PARADIGMA: RESPONSABILIDADE DE PROTEGER

As mudanças geopolíticas ocorridas ao fim da Guerra Fria não impactaram apenas as Operações de Paz do ponto de vista quantitativo (ao aumentarem quase que exponencialmente) e formal (ao se reorganizarem internamente para fazer frente aos novos desafios postos à ONU). Houve ainda uma mudança de caráter normativo (Bellamy *et al.*, 2004), que implicou na incorporação ou fortalecimento de valores democrático-liberais com ênfase na promoção dos direitos humanos. Essa mudança se manifestou de algumas formas marcantes, com destaque para duas. Primeiro, no âmbito do conceito de *Post-Conflict Peacebuilding*, afinal, a prática padrão de "reconstrução" do Estado pelas forças das Nações Unidas envolviam a reconstrução dos Estados, dilacerados pela guerra, a partir de uma lógica liberal, tanto do ponto de vista econômico quanto político. A segunda se deu através da flexibilização de alguns princípios basilares das relações internacionais, conhecidos com westfalianos. As ideias de inviolabilidade da soberania e da não intervenção seriam postas em cheque quando confrontadas com a temática da proteção dos direitos humanos.

É nesse contexto que surge o debate sobre a Responsabilidade de Proteger (também conhecido como "RtoP" ou "R2P"). As crescentes intervenções humanitárias realizadas na década de 1990 suscitaram um forte debate a respeito da defesa da soberania, em especial por parte dos países em desenvolvimento e menos desenvolvidos que viam nessas intervenções os interesses geopolíticos e econômicos dos países ocidentais como real motivo das ações. Para lidar com essas demandas e, ao mesmo tempo, salvaguardar os avanços em matéria de proteção do discurso de segurança humana, surge o conceito de Responsabilidade de Proteger no âmbito da *International Commission on the Intervention and State Sovereignty*[48].

---

48 International Commission on the Intervention and State Sovereignty (ICISS). Acessível em http://responsibilitytoprotect.org/ICISS%20Report.pdf, Acessado em 16.03.2023.

O relatório da Comissão serviria como base para a adoção do conceito do RtoP na Cúpula do Mundo em 2005, estabelecendo-se assim o principal paradigma orientador da utilização de ações coercitivas por parte da ONU. O conceito tem como principal valor a ideia de fortalecimento da soberania, ao dar ao Estado o papel de protagonista do processo, mas ao mesmo tempo reserva à sociedade internacional a responsabilidade dela para com a proteção da segurança humana. De forma a delimitar o espaço de ação da comunidade internacional, determinaram-se as circunstâncias nas quais a ONU deveria se manifestar e tomar iniciativa, estas seriam no caso de: genocídio, limpeza étnica, crimes de guerra e crimes contra a humanidade.

4. CRÍTICAS

Apesar de as Operações de Paz terem sido desenvolvidas como uma ferramenta de estabilização e de apoio aos esforços para lidar com conflitos internacionais, elas tiveram que lidar com um amplo conjunto de críticas, que iam desde questões operacionais até da sua própria concepção e instrumentalização. Um dos problemas mais graves com o qual a ONU teve de lidar, foi com a reestruturação das PKOs, como já apontado anteriormente, bem com as críticas também já descritas em relação à percepção de instrumentalização das PKOs pelos países desenvolvidos para intervir em países mais pobres.

Outro tema frequentemente discutido é relacionado ao quanto as Operações de Paz são/foram utilizadas como um instrumento de promoção de valores liberais, ao fomentar democracias liberais e economia de mercado nos países nos quais ela atuou. Para os críticos, a visão cosmopolita ambicionando a construção de uma ordem liberal global, não apenas reflete apenas uma visão de mundo, mas também uma visão não prática e não atinente aos reais desafios da *realpolitik* (PUGH, 2008). Ainda, um dos temas mais visíveis na mídia internacional, em relação a problemas das PKO são as denúncias de corrupção e abusos, por parte das tropas e funcionários das Operações – em especial abusos sexuais. A violência contra comunidades vulneráveis, por parte dos capacetes azuis, é um tema recorrente em grande parte das missões e tem ganhado significativa proporção, tanto pela aparente inação da ONU para lidar com tais casos como pela estrutura de *accountability* que permite que as tropas acusadas de abusos respondam apenas em seus países de origem e com processos muitas vezes pouco transparentes. Para lidar com esse último tema, a ONU lançou um conjunto de iniciativas como o Códigos de Conduta para Unidades com base do relatório de investigações, conhecido como *Zeid Report*.[49]

---

[49] Report of the Secretary-General's Special Advisor, Prince Zeid Ra'ad Zeid Al-Hussein, on a Comprehensive Strategy to Eliminate Future Sexual Exploitation and Abuse in United Nations Peacekeeping Operations. Acessível em: https://peacekeeping.un.org/en/report-of-secretary-generals-special-advisor-prince-zeid-raad-zeid-al-hussein-comprehensive-strategy. Acessado em 16.03.2023.

REFERÊNCIAS BIBLIOGRÁFICAS

ABDENUR, A, E. **Making Conflict Prevention a Concrete Reality at the UN.** Bonn: Stiftung Entwicklung Und Frieden/ development And Peace Foundation (Sef:), 2019.

BELLAMY, A.; WILLIAMS, P.; GRIFFIN, S. **Understanding peacekeeping.** Cambridge: Polity Press, 2004.

CASTRO, J. A. A. **The United Nations and the freezing of the international power structure.** International Organization, v. 26, n. 1, p. 158-166, 1972.

CONING, Conig; PETER, Mateja (ed.). **United Nations Peace Operations in a Changing Global Order. Londres/Nova York:** Palgrave Macmillian, 2019.

GALTUNG, J. **Three approaches to peace:** peacekeeping, peacemaking, and peacebuilding. *In:* _____. Peace, war and defense: essays in peace research. Copenhague: Christian Ejlers, 1976. p. 282-304.

HAMANN, E. P. **A força de uma trajetória:** o Brasil e as operações da ONU (1947-2015). Military Review, July/Sep. 2016. Retrieved from: <https://bit.ly/2mnTdBR>.

KENKEL, K.; HAMANN, E. P. **Subsídios para a participação de policiais brasileiros em operações de paz das Nações Unidas:** funcionamento, tarefas, recrutamento e oportunidades de destaque. Brasília: Ipea, 2013.

KENKEL, K, M. **Five generations of peace operations:** from the "thin blue line" to "painting a country blue". Revista Brasileira de Política Internacional, Brasília, v. 1, n. 56, 2013, p. 112-143.

KRAUSE, K. Human Security. *In:* CHÉTAIL, V. (Ed.). **Post-conflict peacebuilding:** a lexicon. Oxford: Oxford University Press, 2009. p. 147-157.

PARIS, R. **At War's End:** building peace after civil conflict. Cambridge: Cambridge University Press, 2004.

RAM, S, V. **History of the UN Peacekeeping from Retrenchment to Resurgence:** 1997-2006. United Nations, New York, 2007.

RICHMOND, O. **A Genealogy of Peacemaking: the creation and re-creation of order.** Alternatives: Global, Local, Political, v. 26, n. 3, jul. 2001, p. 317-348.

SEITENFUS, R. **De Suez ao Haiti:** participação brasileira nas operações de paz. *In:* FUNAG – FUNDAÇÃO ALEXANDRE DE GUSMÃO (Org.). O Brasil e a ONU. Brasília: Funag, 2008.

THAKUR, R. **The Responsibility to Protect:** norms, laws and the use of force in international politics. Cambridge: Routledge, 2011.

CAPÍTULO 11
SISTEMAS DE ARMAS E BASE INDUSTRIAL DE DEFESA

João Marcelo P. Dalla Costa[50]

---

[50] Doutor em Ciência Política – *Eberhard-Karls Universität Tübingen*/Alemanha. Conselheiro acadêmico na Academia Diplomática de Bruxelas da Universidade Livre de Bruxelas e desempenha funções para a Indústria de Defesa na Europa. Foi professor de Tecnologia e Inovação Militar e coordenador da linha de pesquisa Gestão de Defesa no Departamento de Pós-Graduação em Ciências Militares – ECEME. E-mail: jmdallacosta@hotmail.com

INTRODUÇÃO

A política industrial é ferramenta fundamental do processo de desenvolvimento de uma nação. Nos países industrializados, o fomento de uma Base Industrial de Defesa (BID) é parte componente de uma política industrial robusta que pretende conferir ao país não somente desenvolvimento industrial com geração de empregos, renda e prosperidade para a população, mas também pretende o ganho tecnológico e a autonomia estratégica com a produção de sistemas de armas capazes de desempenhar um papel na defesa da soberania nacional. No Brasil, foi instituída somente em 2005 uma política nacional da indústria de Defesa (PNID) e posteriormente substituída pela política nacional da base industrial de defesa (PNBID) em 2022. Esta política busca a convergência de esforços, principalmente do Ministério da Economia, do Ministério da Ciência e Tecnologia e do Ministério da Defesa, para o fomento da indústria nacional e fortalecimento das cadeias produtivas locais, definição de linhas gerais para a compra de produtos de Defesa (PRODE) e a continuidade na execução de projetos estratégicos. Conjuntamente com a Política de Compensação Tecnológica, Industrial e Comercial de Defesa (PCOmTIC) e a Diretriz de Obtenção Conjunta de PRODE/SD (Produto de Defesa/Sistema de Defesa), a PNBID abrange políticas que vão desde a criação de regimes especiais para a BID, passando por aquisições conjuntas, promoção de exportações, obtenção de compensações, mecanismos de financiamento, aumento de conteúdo local, coordenação dos processos de certificação e prerrogativas da BID para produtos de segurança.

O presente capítulo propõe a apresentação de conceitos gerais relacionados à Base Industrial de Defesa. Subsequentemente, dividiremos os sistemas de armas respectivamente em plataforma militar naval, terrestre e aeronáutica. Seguiremos assim, de forma didática, a sugestão apresentada pela Agência Brasileira de Desenvolvimento Industrial (ABDI) e pelo Instituto de Pesquisa Econômica Aplicada (IPEA).

Por questões de tempo e espaço, o presente capítulo se limitará a apresentar a discussão sobre sistemas de armas e a Base Industrial de Defesa do Brasil. Para uma visão sobre a Base Industrial de Defesa da Europa, ver os artigos publicados pelo autor na "Coletânea de Artigos sobre Estudos Estratégicos em Defesa e Segurança" organizado por João Carlos Sanches e Fernando M. Araújo-Moreira (no prelo).

1. CONCEITOS GERAIS

1.1 BASE INDUSTRIAL DE DEFESA

De acordo com a Estratégia Nacional de Defesa (END, 2020), a Base Industrial de Defesa é um dos elementos de expressão do Poder Nacional identificado como Capacidade de Desenvolvimento Tecnológico de Defesa. De acordo com a definição proposta pela END, a Base Industrial de Defesa é:

> *formada pelo conjunto de organizações estatais e privadas, civis e militares, que realizem ou conduzam, no País, pesquisas, projetos, desenvolvimento, industrialização, produção, reparo, conservação, revisão, conversão, modernização ou manutenção de produtos de defesa. (END, 2020, p. 41)*

Conforme mencionado acima, a BID se enquadra no componente Capacidade de Desenvolvimento Tecnológico de Defesa, uma expressão do Poder Nacional. Portanto, ela se faz valer de uma infraestrutura estabelecida, ativada e integrada na área de Ciência, Tecnologia e Inovação (CT&I). Sem esta, a BID não possui condições de estimular a capacitação tecnológica nacional através do desenvolvimento de PRODEs complexos.

Um dos maiores estudiosos do binômio BID – CT&I, Professor José Carlos Albano do Amarante, define esta relação como Iceberg científico-tecnológico de defesa.

Figura 1.

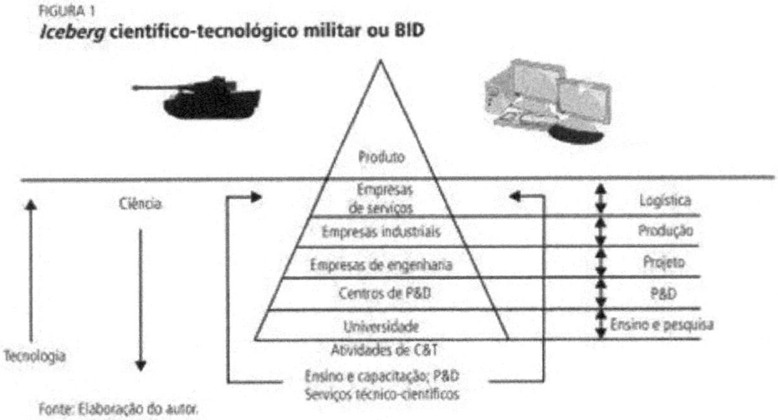

FIGURA 1
Iceberg científico-tecnológico militar ou BID

Fonte: Elaboração do autor.

Fonte: Amarante, 2012, p. 12

Segundo Amarante (2012), os PRODEs são os elementos finais visíveis de uma relação estrutural complexa entre instituições. Quanto mais próximo da base do iceberg, maior o conteúdo científico da instituição participante e quanto mais próximo do topo do iceberg maior o conteúdo tecnológico de suas atividades. Desta forma, Amarante apresenta cinco bases para a capacitação tecnológica da BID de um país: científica, tecnológica, infraestrutural, industrial e logística. Portanto, o sucesso da BID depende de uma integração profunda entre o setor produtivo e o setor de desenvolvimento.

Dentro do contexto de alta complexidade da BID e sua relevância para a soberania Nacional, o Estado tem um papel fundamental de prover as bases para a capacitação científica, infraestrutural e logística para o desenvolvimento da BID, bem como possui o interesse em apoiar a BID com instrumentos de planejamento e fomento. Com a END de 2008 foi criado o conceito de Empresa Estratégica de Defesa (EED). A empresa cadastrada como EED possui vantagens tributárias definidas no Regime Especial Tributário para a Indústria de Defesa (RTID) (Mercadante, 2021).

O Estado não somente tem um papel preponderante no fomento da BID, mas também é o seu principal cliente através da aquisição de PRODEs para as suas Forças Armadas. Neste sentido, o governo federal estabeleceu o chamado Plano de Articulação e Equipamento de Defesa (PAED) que é o principal instrumento para o planejamento e compra de PRODEs para os programas estratégicos de Defesa das Forças Armadas. Estes programas estratégicos são predefinidos de acordo com o planejamento estratégico de cada Força Armada e serão apresentados brevemente a seguir. O PAED busca dar previsibilidade ao mercado apresentando de antemão as demandas de longo prazo para a recomposição e ampliação da capacidade operacional do Exército, Marinha e Aeronáutica. O objetivo é estruturar a política de compras governamentais no setor de Defesa, oferecendo uma certa previsibilidade pelo lado da demanda, para estimular a cadeia produtiva de bens industriais e serviços da BID, com vistas ao aumento da autonomia estratégica e fortalecimento da indústria nacional.

1.2 SISTEMAS DE ARMAS DE PLATAFORMAS MILITARES

Os sistemas de armas referem-se, segundo a própria etimologia, ao conjunto de sistemas que, de forma integrada, desempenham um objetivo militar. De acordo com o glossário das Forças Armadas, Sistema de Armas é definido como:

> 1. Conjunto composto de armas, munições, acessórios, equipamentos bélicos, computadores/calculadores, sensores e interligações, que interagem para levar o poder destruidor das armas ao alvo. 2. Instrumento de combate com todo o pessoal, os equipamentos, as técnicas operativas, as instalações e os serviços de apoio, diretamente necessários a permitir sua operação como entidade singular, capaz de desempenhar uma missão militar. (MD35-G-01, 2020, p. 254)

Desta forma, podemos afirmar que os Sistemas de Armas são uma categoria de produto de defesa (PRODE) complexo. Diante desta definição de Sistema de Armas apresentada pelo Ministério da Defesa (MD), podemos identificar a importância da Base Industrial de Defesa para o desenvolvimento de tecnologias e autonomia estratégica do país.

Em sentido semelhante, porém mais amplo, foi desenvolvido o conceito de plataforma militar (IHS, 2014). O conceito de plataforma militar proposto por Heck e Amarante (2013), compreende tanto os sistemas embarcados sustentados pela própria plataforma (sistema de sistemas ou sistemas complexos, ver Pângaro, 2018), bem como sistemas conexos não embarcados na plataforma, mas que fazem parte de sua finalidade/uso.

Este conceito se aproxima da definição de Sistemas de Armas apresentada pelo MD. Desta forma, utilizamos neste trabalho os conceitos de Sistemas de Armas e Plataformas Militares de forma intercambiável.

A seguir apresentaremos brevemente os programas estratégicos das Forças Armadas enfatizando os sistemas de armas e sua contribuição para o desenvolvimento e capacitação tecnológica da Base Industrial de Defesa. Seguiremos a divisão dos programas e sistemas de armas de acordo com sugestão do IPEA e da ABDI (2016).

1.3 A PLATAFORMA NAVAL MILITAR

A plataforma naval militar tem como objeto central o navio de guerra (sistema de sistemas ou sistema complexo), que serve como elemento de sustentação para outros sistemas. A plataforma naval militar é, portanto, atendida por um segmento da indústria nacional denominado indústria militar naval ou segmento naval da BID.

Os meios componentes da plataforma naval militar são definidos pelo planejamento estratégico da Marinha (PEM), conduzido pela Marinha do Brasil, em concordância com a Estratégia Nacional de Defesa (END). De acordo com mapeamento da indústria de Defesa feito pelo IPEA/ABDI, o segmento é delimitado pelos seguintes setores básicos: estrutura (casco e superestrutura); máquinas principais (propulsão. transmissão e sistemas de óleo combustível e lubrificante); máquinas auxiliares (bombas, válvulas, redes de água doce e salgada, refrigeração e sistemas de governo); eletricidade (geração, distribuição e iluminação); comunicações (interiores, exteriores e navegação); acessórios e convés (controle de avarias e manipulação de pesos);

acabamento (compartimentos e estações de trabalho); e sistemas de combate (armamento, sensores, centro de controle munição, lançadores, sistemas de bloqueio e despistamento) (AIAB, 2011). Dentro deste contexto, Negrete (2016, p. 180) identifica as empresas que participam dos grupos de produtos acima mencionados e pertencentes ao segmento plataforma naval militar como sendo:

    a. *As autoras e integradoras de projetos militares, sendo as fornecedoras dos equipamentos de defesa;*

    b. *As firmas que desenham e produzem subsistemas e realizam serviços mais especializados; e*

    c. *As produtoras de peças e equipamentos necessários para as duas categorias anteriores, porém não especializadas no ramo naval.*

Com base na análise de possíveis ameaças e do ambiente operacional, a Marinha do Brasil (MB) estabelece o seu planejamento estratégico (PEM) onde define os seus programas estratégicos. Os atuais programas estratégicos da MB são: 1. Programa de Aperfeiçoamento da Gestão de Pessoal (modernização e gestão de pessoal, aprimoramento da capacitação, saúde integrada, família naval e programa olímpico da Marinha); 2. Programa Nuclear da Marinha (Ciclo de Combustível Nuclear e Planta Nuclear Embarcada); 3. Programa de Modernização do Poder Naval (programa de submarinos – PROSUB, programa fragatas Classe Tamandaré – PFCT, programa de obtenção dos meios hidroceanógrafos – PROHIDRO e demais subprogramas do Corpo de Fuzileiros Navais como o PROADSUMUS); 4. Programa de Obtenção da Capacidade Operacional Plena (manutenção e modernização de instalações e meios existentes); 5. Sistema de Gerenciamento da Amazônia Azul (SisGAAz) (monitoramento das áreas marítimas brasileiras); 6. Programa de Ampliação da Capacidade de Apoio Logístico para os Meios Operativos (estabelecimento de complexo naval de uso múltiplo na foz do rio Amazonas); 7. Programa de Promoção da Mentalidade Marítima (ações de comunicação estratégica voltada para a sociedade).

2. PLATAFORMA TERRESTRE MILITAR

A plataforma terrestre militar gira em torno do veículo, ou seja, o veículo militar é o elemento de sustentação para outros sistemas. Desta forma, a plataforma terrestre militar é atendida pelo segmento terrestre da BID. Segundo Andrade, Leite e Migon (2016. p. 345), a plataforma terrestre militar pode ser entendida como:

a. *O material de emprego militar;*

b. *Veicular;*

c. *Concebido originalmente para tal uso ou militarizado em fase subsequente do projeto;*

d. *De uso nas operações terrestres;*

e. *Preponderantemente, mas não exclusivamente, de uso coletivo; vi) evidenciando o conceito de "família de produto";*

f. *Evidenciando o conceito de gerações de produto";*

g. *Capaz de integrar diferentes tecnologias, aperfeiçoando-se ou modificando a sua utilidade militar; e*

h. *Que não se enquadre em outros segmentos.*

Neste sentido restrito do conceito, os autores eliminam os veículos administrativos leves e pesados (automóveis, motocicletas, caminhonetes etc.), bem como os veículos administrativos especiais (tratores etc.). Incluídos no conceito acima apresentado estariam inclusos na plataforma terrestre militar os veículos operacionais de transporte de pessoal (veículos para transporte de tropas), os veículos operacionais de transporte de carga (caminhões militares etc.), as viaturas operacionais especializadas (ambulâncias, postos de comando etc.), as viaturas operacionais blindadas (viaturas blindadas carro de combate, de reconhecimento, de transporte de pessoal, de defesa antiaérea etc.), reboques e implementos para veículos militares (cisternas, cozinhas de campanha etc.) e outros veículos empregados em operações terrestres não mencionados (ANDRADE, LEITE e MIGON, 2016).

Os meios componentes da plataforma terrestre militar são definidos no Planejamento Estratégico do Exército (PEEx), que ocorre quadrienalmente e busca dar prosseguimento ao processo de transformação do Exército (VALENTINI, 2022). O PEEx se divide em Objetivos Estratégicos do Exército e apresenta as estratégias, ações estratégicas, atividades, definição das capacidades militares terrestres, programas e projetos e qual órgão é responsável pela sua execução.

Figura 2

Estratégia	Ação Estratégica	Atividades	Capacidade Militar Terrestre	Prg/Pjt	Rspnv/Intrs
1.1 Ampliação da Capacidade Operacional	1.1.1 Reestruturar o Comando de Operações Especiais e as Brigadas da Força de Emprego Estratégico.	OEE 1 - CONTRIBUIR COM A DISSUASÃO EXTRARREGIONAL			
		1.1.1.1 Adequar⁽¹⁾ a infraestrutura do Comando de Operações Especiais em Goiânia-GO. (2020-2023)	Sentinela da Pátria PROTEGIDA		EME
		1.1.1.2 Implantar⁽¹⁾ o Batalhão de Operações Psicológicas em Goiânia-GO. (2020-2023)	Sentinela da Pátria PROTEGIDA		COTER DEC DGP
				SISOMT	COLOG
		1.1.1.3 Obter e/ou modernizar Sistemas e Materiais de Emprego Militar (SMEM) para as tropas das forças de emprego estratégico (Brigadas). (2020-2023)	SUPERIORIDADE NO ENFRENTAMENTO	(2)	DCT C Mil A
	1.1.2 Reestruturar a Força Terrestre com base nos conceitos da flexibilidade, adaptabilidade, modularidade, elasticidade e sustentabilidade (FAMES).	1.1.2.1 Equipar a Força Terrestre com módulo (s) subunidade do Sistema Combatente Brasileiro - COBRA. (2020-2023)	SUPERIORIDADE DE INFORMAÇÕES	OCOP SISOMT	EME COTER DCT
		1.1.2.2 Implantar os núcleos/fração de Sistema de Aeronaves Remotamente Pilotadas (SARP) na Força Terrestre. (2020-2023)		OCOP SISFRON	DECEx DGP
		1.1.2.3 Recuperar a capacidade anticarro das organizações militares. (2022-2023)		OCOP GUARANI	COLOG C Mil A
	1.1.3 Rearticular e reestruturar a Força Terrestre na Área Estratégica da Amazônia.	1.1.3.1 Adequar a infraestrutura das organizações militares (OM) sediadas no âmbito do Comando Militar da Amazônia (CMA) e Comando Militar do Norte (CMN). (2020-2023)	COMANDO E CONTROLE	Amazônia Protegida	EME COTER DCT DEC DGP
		1.1.3.2 Implantar⁽¹⁾ o CMN em Belém-PA. (2020-2023)			
		1.1.3.3 Implantar⁽¹⁾ a 22ª Bda Inf Sl em Macapá-AP. (2020-2023)			
		1.1.3.4 Implantar o núcleo do 2º B Com GE SI no Comando Militar do Norte. (2021-2023)			
		1.1.3.5 Transformar o 1º B Com SI em 1º Batalhão de Comunicações e Guerra Eletrônica de Selva (1º B Com GE SI). (2020-2023)	SUPERIORIDADE DE INFORMAÇÕES	SISFRON	SEF COLOG CMA CMN
		1.1.3.6 Transformar o Núcleo do Centro Regional de Inteligência dos Sinais (NuCRIS) do CMA em Nu Cia GE do 1º B Com GE SI. (2020-2023)			
		1.1.3.7 Implantar o Centro Regional de Monitoramento (CRM) do CMA. (2022-2023)	SUPERIORIDADE NO ENFRENTAMENTO	SISFRON Gestão de TIC	
		1.1.3.8 Propor a transformação do 12º Esqd C Mec em OM valor Regimento. (2022-2023)			
		1.1.3.9 Transformar o CFRR/7º BIS em Btl Tipo III. (2022-2023)		(2)	CMA
		1.1.3.10 Propor a transformação da 3ª Cia FE em Batalhão de Operações Especiais. (2022-2023)			

Fonte: PEEx 2020-2023, EB 10-P-01.007, 2019, p. 9

Desta forma, os atuais programas estratégicos do Exército são: 1. Programa Estratégico (PE) Forças Blindadas (obtenção de viaturas blindadas contribuindo para a transformação da infantaria motorizada em mecanizada e modernização da cavalaria mecanizada e a infantaria e cavalaria blindadas); PE Astros 2020 (lançador múltiplo de foguetes, míssil tático de cruzeiro, sistema integrado de simulação de fogos etc.); PE Sistema Integrado de Monitoramento de Fronteiras (SISFRON) (sistema de sensoriamento e apoio à decisão em apoio ao emprego operacional); PE Aviação do Exército (modernização e ampliação da capacidade da aviação do Exército); PE Defesa Antiaérea (DAAe) (aquisição de meios modernos de Defesa Antiaérea); PE Defesa Cibernética (criação e capacitação do Centro de Defesa

Cibernética – CDCiber); PE Lucerna (modernização do sistema de inteligência do EB – SIEx); PE Obtenção da Capacidade Operacional Plena (OCOP) (almeja o aumento da prontidão operacional, aumento da capacidade dissuasória, contribuição para a proteção da sociedade e fortalecimento da Base Industrial de Defesa através da recuperação e aquisição de PRODEs); PE Amazônia Protegida (instalação de unidades militares na região amazônica); PE Sentinela da Pátria (implantação, reorganização, adequação e aperfeiçoamento das Organizações Militares); PE Modernização do Sistema Operacional Militar Terrestre (aperfeiçoamento do sistema de comando e controlem governança e tecnologia da informação); PE Logística Militar (implantação de um novo sistema logístico militar terrestre, com base em uma nova doutrina); e PE Sistema Educação, Cultura e Desporto (PENEC) (aprimoramento do sistema de educação e formação militar do Exército).

3. PLATAFORMA AERONÁUTICA MILITAR

A plataforma aeronáutica militar gira obviamente em torno do avião. Ela inclui aeronaves, helicópteros e equipamentos aeronáuticos utilizados com objetivo militar. Neste conjunto estão representados, não somente aviões de combate (caças), fundamentais para manutenção da soberania aérea, mas também aeronaves de apoio, transporte, treinamento, busca e salvamento etc. Podem ser divididas em seis subsegmentos: aviões de combate, treinamento, transporte e vigilância, helicópteros e veículos aéreos não tripulados (VANTs). Barbieri (2016:400) chama a atenção para o alto nível de complexidade tecnológica destes produtos e identifica nove fases de acompanhamento do seu ciclo de vida, que também pode ser transbordado para as outras plataformas militares vistas anteriormente: concepção, viabilidade, definição, desenvolvimento, produção, implantação, utilização, modernização e desativação.

Conforme mencionado acima, a plataforma aeronáutica militar apresenta um alto grau de tecnologia e complexidade, sendo composta de uma grande variedade de sistemas e componentes. Sendo assim, a indústria aeronáutica militar se beneficia de tecnologias geradas em outras indústrias para absorver, aperfeiçoar e integrar inovações tecnológicas em seus produtos. Portanto, para o setor, é fundamental um crescente fluxo intersetorial de inovações. O fato de o setor ser altamente baseado em Pesquisa e Desenvolvimento (P&D), aliado a necessidade de incorporação de tecnologias complexas com as demais tecnologias vindas de outros segmentos (por exemplo, tecnologias da informação e comunicação), gera um aumento considerável dos custos.

Estas características do setor fazem com que haja uma grande concentração de grandes empresas no segmento da plataforma aeronáutica militar. Outra característica do segmento é a criação de alianças estratégicas entre empresas do setor (em boa parte localizadas em países diferentes) com o objetivo de dividir os custos e diminuir os riscos enfrentados pelos processos de desenvolvimento de novos produtos para o setor, posto na figura a seguir.

Figura 3

Maiores fabricantes de plataforma aeronáutica militar: subsegmentos

Empresas	Aviões				Helicópteros	Vant
	Combate	Treinamento	Transporte	Vigilância		
Boeing	▪□		▪□	▪□	▪□	▪□
Lockheed Martin	▪□	□□□	▪□	▪□	-	▪□
Northrop Grumman	□□□	-	-	▪□	-	▪□
Textron	-	▪□	▪□	▪□	▪□	▪□
UTC	-	-	-	-	▪□	-
BAE Systems	□□□	▪□	-	-	-	▪□
Airbus Group	▪□	-	▪□	▪□	▪□	▪□
Finmeccanica	□□□	▪□	▪□	-	▪□	▪□
Saab	▪□	-	-	▪□	-	□□□
Dassault Aviation	▪□	-	-	▪□	-	▪□
MHI	□□□	-	-	-	▪□	-
KHI	-	▪□	▪□	▪□	▪□	▪□
KAI	-	▪□	-	-	▪□	▪□
Elbit Systems	-	-	-	-	-	▪□
IAI	-	-	-	-	-	▪□
UAC	▪□	▪□	▪□	▪□	-	▪□
Russian Helicopters	-	-	-	-	▪□	-
HAL	▪□	-	▪□	-	▪□	▪□
AVIC	▪□	▪□	▪□	▪□	▪□	▪□
Embraer	-	▪□	▪□	▪□	-	▪□

Fonte: Relatórios Anuais das empresas selecionadas
Elaboração: Diset/Ipea
Obs.: Principal contratante: ▪
Participação no desenvolvimento: □

Fonte: Barbieri, 2016, p. 406.

Os meios componentes da plataforma aeronáutica militar são definidos pela Força Aérea Brasileira (FAB) em seu Planejamento Estratégico Militar da Aeronáutica (PEMAER) levando em conta os cenários de atuação de médio e longo prazo (10 anos) estabelecidos pela visão de futuro da FAB. Desta forma, a FAB propõe 18 projetos estratégicos agrupados em três macro eixos estratégicos que se relacionam ao seu emprego operacional.

O primeiro eixo, Meios de Força Aérea, integra os seguintes projetos: ARP-REC (aeronave remotamente pilotada para reconhecimento aéreo); Carponis (satélites de sensoriamento remoto óptico); E-99M (modernização dos sensores aeroembarcados nas aeronaves E-99); FX-2 (aquisição de aeronaves de caça de múltiplo emprego Gripen NG, simuladores, armamentos etc.); KC-390 (aquisição de aeronaves de transporte militar e de reabastecimento em voo); MICLA-BR (desenvolvimento de míssil de cruzeiro de longo alcance); MISSIL BVR (aquisição de mísseis ar-ar. Guiados por radar ativo, para lançamento além do alcance visual); VLM (desenvolvimento de foguete para lançamento de cargas úteis especiais ou microssatélites em órbitas equatoriais e polares ou de reentrada).

O segundo eixo, denominado Infraestrutura Aeroespacial, integra os seguintes projetos: Adequação da Ala 2 (obras de infraestrutura para emitir a operação das novas aeronaves); ADS-B Continental (implantação de estações terrestres para obtenção de dados de vigilância do espaço aéreo); ATN-BR (implantação de rede de telecomunicações operacionais aumentando a capacidade de controle do tráfego aéreo operacional do Sistema de Controle do Espaço Aéreo Brasileiro); CEA (consolidação do complexo aeroespacial brasileiro em torno do Centro Espacial de Alcântara); Centro de Controle de Guaratinguetá (concentração dos Controles de Aproximação do Rio de Janeiro e de São Paulo em uma única estrutura); Estande Operacional (criação de moderno centro de treinamento operacional para a FAB); Radar de Defesa Aérea (desenvolvimento de diversos radares nacionais de uso militar e civil).

O terceiro eixo é composto pelos projetos vinculados à Tecnologia Aeroespacial. Neste eixo estão incluídos os seguintes projetos: IFF Modo 4 (desenvolvimento de sistema de identificação amigo-inimigo); LINK-BR2 (desenvolvimento de protocolo que permita a troca de dados entre aeronaves da FAB em pleno voo); e o PROPHIPER (desenvolvimento de demonstrador tecnológico de aeronave com propulsão hipersônica).

CONSIDERAÇÕES FINAIS

O presente artigo buscou apresentar de forma bastante breve alguns conceitos importantes para uma análise da Base Industrial de Defesa (BID) bem como propôs um quadro teórico pertinente para realização de tal análise. Sugerimos a utilização da metodologia aplicada pelo estudo do Mapeamento da Base Industrial de Defesa, realizado conjuntamente pelo Instituto de pesquisa Econômica Aplicada (IPEA) e pela Agência Brasileira de Desenvolvimento Industrial (ABDI) e indicamos brevemente os programas e projetos indutores da BID conduzidos pelas Forças Armadas do Brasil (Exército, Marinha e Aeronáutica).

Com o presente artigo, se buscou chamar a atenção para a importância do estudo da Base Industrial de Defesa como elemento indutor do desenvolvimento tecnológico e econômico nacional. Assim tentamos levantar a curiosidade no leitor para que se aprofunde no debate sobre políticas públicas para o setor de defesa, aumentando a massa crítica de cidadãos que se interessem pelo tema e que possam contribuir para a proliferação de trabalhos acadêmicos na área. O presente artigo não pretende rigor científico-metodológico nem debate teórico ou empírico extensivo. Para tanto vale seguir as proposições de debates feitos ao longo do texto e extrair da bibliografia as sugestões para aprofundar o conhecimento no tema.

REFERÊNCIAS BIBLIOGRÁFICAS

AMARANTE, J. C. A. **A Base Industrial de Defesa Brasileira.** 1758 – Texto para Discussão. Rio de Janeiro: IPEA, p. 32-39, agosto de 2012.

BRASIL. **Ministério da Defesa.** Secretaria de Assuntos Estratégicos. Portaria nº 899/MD, de 19 de julho de 2005. Aprova a Política Nacional da Indústria de Defesa-PNID. Brasília, DF, 2005.

BRASIL. **Ministério da Defesa.** Plano de Articulação e Equipamento de Defesa (PAED). Brasília, 2015.

BRASIL. **Ministério da Defesa.** Projetos Estratégicos. Brasília: ASCOM, 2015.

BRASIL. **Ministério da Defesa.** Política Nacional de Defesa. Brasília, DF, Ministério da Defesa, 2016.

BRASIL. **EB 10-P-01.007.** Plano Estratégico do Exército 2020-2023. Brasília, 2019.

BRASIL. **Ministério da Defesa.** Estratégia Nacional de Defesa, Brasília, 22 julho 2020.

BRASIL. **Ministério da Defesa.** Livro Branco de Defesa Nacional. Brasília: [s.n.], 2020.

BRASIL. **Ministério da Defesa.** Glossário das Forças Armadas MD35-G-01. Brasília, 2020. Disponível em: https://bdex.eb.mil.br/jspui/handle/123456789/141.

BRASIL. **Ministério da Defesa.** Secretaria de Produtos de Defesa. Política de Compensação Tecnológica, Industrial e Comercial de Defesa – PComTIC Defesa. Brasília, DF: Ministério da Defesa, 2021.

BRASIL. **Ministério da Defesa.** Secretaria de Produtos de Defesa. Política Nacional da Base Industrial de Defesa – PNBID. Brasília, DF: Ministério da Defesa, 2022.

HECK, G. A. T.; AMARANTE, J. C. A. do: **Panorama da Base Industrial de Defesa** – segmento terrestre. I. Brasília: Agência Brasileira de Desenvolvimento Industria, 2013.

MERCADANTE, V. **Base Industrial de Defesa** – um estudo sobre a distribuição regional da BID no Brasil, Dissertação, Escola de Guerra Naval, Rio de Janeiro, 2021.

NEGRETE, A. C. A. et al. **Mapeamento da base industrial de Defesa.** Brasília: ABDI/Ipea, 2016. Disponível em: https://www.ipea.gov.br/portal/images/stories/PDFs/livros/livros/160706_livro_mapeamento_defesa.pdf.

PÂNGARO, E. L. A. **Aquisição de Sistemas Militares complexos e o suporte logístico integrado:** desenvolvendo um novo conceito, Tese Doutorado, Escola de Comando e Estado Maior do Exército Brasileiro, PPGCM, Rio de Janeiro, 2018.

VALENTINI, F. A. **A transformação da defesa no Brasil:** considerações sobre um projeto conjunto de força, Tese Doutorado, Escola de Comando e Estado Maior do Exército Brasileiro, PPGCM, Rio de Janeiro, 2022.

CAPÍTULO 12
GUERRAS, NOVAS GUERRAS E GUERRAS NO SÉCULO XXI: UMA ANÁLISE EVOLUTIVA NOS ESTUDOS DE SEGURANÇA

Yasmim Reis[51] *e Laryssa Barbosa*[52]

---

51 Mestranda no Programa de Pós-Graduação em Segurança Internacional e Defesa da Escola Superior de Guerra (PPGSID/ESG), bolsista CAPES, bacharel em Relações Internacionais (IBMEC/RJ). Contato: reisabril@gmail.com.
52 Mestranda no Programa de Pós-Graduação em Segurança Internacional e Defesa da Escola Superior de Guerra (PPGSID/ESG) e bolsista CAPES, bacharel em Relações Internacionais (IBMR/RJ). Contato: laryssa.llob@gmail.com.

INTRODUÇÃO

Durante muito tempo a segurança esteve inserida apenas no contexto militar, mas com o fim da Guerra Fria e a dissolução da União Soviética (URSS), tornou-se necessário repensar o conceito de segurança além das agressões externas ao território dos Estados. Consequentemente, ganharam destaque os debates sobre conflitos intraestatais, regionais e transnacionais no cenário internacional (KALDOR, 2012).

A Organização das Nações Unidas (ONU) também expandiu sua agenda no pós Guerra Fria, principalmente com a publicação do documento Agenda para a Paz, de 1992, para incluir a segurança dos indivíduos afetados por situações de guerra, como as populações de refugiados. Essa mudança de paradigma tem implicações importantes para a formulação de políticas públicas, incluindo a cooperação internacional, a ajuda humanitária e as operações de paz, que começaram a levar em conta a proteção e o bem-estar dos indivíduos afetados por conflitos e crises humanitárias.

Em consonância com os debates dos anos 90, o pensamento sobre segurança precisou ser reconfigurado. Em 1994, o Programa das Nações Unidas para o Desenvolvimento (PNUD) publicou um relatório que incorporou uma nova concepção nesse campo de estudo, denominada segurança humana. Essa nova abordagem coloca o indivíduo no centro do debate, preocupando-se com a dignidade humana (PNUD, 1994; REIS; BARBOSA, 2022).

As guerras que ocorreram após a Segunda Guerra Mundial não foram conflitos entre Estados estabelecidos, mas sim conflitos de libertação nacional e descolonização. Entretanto, o número de conflitos e suas escalas de violência contradizem a visão amplamente aceita no Ocidente de que a paz duradoura, criada pelo equilíbrio da bipolaridade e pelo medo de uma guerra nuclear, era uma realidade no mundo, principalmente nos países em desenvolvimento que sofriam com as ações das influências das duas potências, Estados Unidos (EUA) e URSS (KOLODZIEJ, 1995).

O presente capítulo pretende abordar a construção histórica do conceito da guerra e sua reformulação no momento pós-guerras. Para tal, o capítulo será dividido em dois macros tópicos. O primeiro abordará a construção histórica do conceito *per se* até a inserção do indivíduo no debate na década de 1990. Em seguida, abordaremos as novas guerras, as ilustrando com exemplos, e por fim, apresentaremos a conceituação de Guerra e ameaça Híbrida.

1. GUERRA: A CONSTRUÇÃO HISTÓRICA DO CONCEITO

A guerra tanto na sua natureza quanto nas suas formas é um evento de características milenares e essa pode ser interpretada como a narrativa mais antiga da sociedade, já que as narrativas dos séculos passados eram tradicionalmente repassadas de forma oral e usualmente estavam associadas a questões bélicas de conquistas. Com isso, Silva (2018) argumenta que,

> *Em princípio, as narrativas bélicas emergiram como tradições orais, e aos poucos foram se constituindo como nossos primeiros testemunhos escritos: a Epopeia de Gilgálimesh, datando possivelmente do segundo milênio a.C. [...] são imensas narrativas épicas (SILVA, 2018, p. 510-511).*

No entanto, a guerra não era percebida como uma atividade do Estado como nos dias de hoje. Para Kaldor (2012) "a noção de guerra como atividade estatal foi solidamente estabelecida apenas no final do século XVIII[53]" (KALDOR, 2012, p. 17). De outra forma, o fenômeno da guerra emergiu concomitantemente com a criação do Estado Moderno, visto que, até o século XVIII, o conflito era estabelecido pelos Estados sob o regime absolutista tendo como razão de guerra a própria existência do Estado e o processo de consolidação das suas fronteiras. Para mais, o exército não era visto como profissional, sendo constituído, portanto, por mercenários contratados pelo Rei (KALDOR, 2012). Deste modo, verifica-se que com a mudança da organização política, a razão e a configuração da guerra se modificaram paralelamente.

Para além, salienta-se que apesar de mudanças em suas ações, a guerra regularmente se origina da compreensão de não ceder a um adversário. Nesse sentido, Tucídides (460-400 *a.C.*), considerado um dos precursores da teoria realista nas Relações Internacionais, descreveu em sua obra História *da Guerra do Peloponeso* (1987) a guerra como um evento social sistemático de análise. Em outras palavras, Tucídides identificou que no conflito entre Atenas e Esparta (431-404 *a.C.*) causas materiais, descritíveis e compreensíveis possibilitou a realização de uma análise sobre o fenômeno, rompendo, assim, o aspecto místico que sobrevoava o assunto da guerra.

---

53 A tradução livre desta citação, assim como as demais presentes neste capítulo, é de responsabilidade das autoras.

Com o advento da modernidade, cidades-estados, principados e "repúblicas" constituíam o Estado na Grécia Clássica, em vista disto, temos a guerra como "um fenômeno que estava intimamente ligado à evolução do estado moderno" (KALDOR, 2012, p. 15). Contudo, este período caracterizou-se na história pelo estado permanente de Guerras, para Silva (2018)

> *A existência de diversas "repúblicas", cidades e principados na Península Itálica durante o Renascimento, de certa forma emulando as condições da Grécia Clássica, permitiu a emergência de um estado permanente de guerra (SILVA, 2018, p. 520).*

O estado permanente de guerra marcou o século XVII e os subsequentes na Europa, tornando-se ainda mais violentas durante a Guerra dos Trinta Anos (1618-1648) entre França, Suécia, Prússia, Áustria e Habsburgo, que inicialmente tinha o perfil religioso que fora abandonado ao longo do conflito. Sem dúvidas, a Guerra dos Trinta Anos foi um importante marco na história da guerra, dado que produziu uma nova ordem mundial. Desta surgiu a Paz de Westfália (1648) que instituiu a noção de soberania, a relação religião, vida privada e cidadania, e, os arranjos institucionais para os Estados-nação. Assim "a guerra passa, então, a ter um caráter nacional, popular e de libertação. É feita em nome "das gentes", não mais em nome dos reis e das dinastias" (SILVA, 2018, p. 521).

Para Kaldor (2012), "as guerras Napoleônicas constituíram a primeira guerra dos povos" (p. 23), um ano após o fim das guerras Napoleônicas Clausewitz começou a escrever sua tese Sobre a Guerra (1816), publicada posteriormente, identificando a guerra como uma atividade social política. De outra forma, identificou a guerra como um fenômeno em que o objeto principal era a política, isto é, era a continuação da política por outros meios.

A guerra no século XX associava-se a ideias de objetivos bélicos com capacidades materiais de destruição, como a Primeira Guerra Mundial (1941-1918) que trouxe novos elementos para a dimensão do objetivo, tais como: racistas, biológicos e de limpeza étnica, esses últimos visualizados no Holocausto que aconteceu durante a Segunda Guerra Mundial (1939-1945). Como trauma pós Primeira Guerra, o Pacto *Kellogg-Briand* (1928) foi aprovado com o objetivo de legitimar a guerra como "ilegítima", sendo, portanto, um instrumento de política, exceto em casos de *self-defense*.

À vista disso, a teoria realista predominou os estudos de segurança por décadas, no entanto, na década de 1960 houve um declínio na área por diferentes fatores como a dificuldade em formar especialistas e a Guerra do Vietnã (1955-1975). Todavia, a década de 1970 foi o marco para o renascimento dos estudos na área (WALT, 1991).

Em síntese, a história foi marcada pelo fenômeno da guerra, que sofreu uma redução com a ideia do discurso da democracia que surgiu no pós-guerra. Porém, com o advento da Guerra Fria (1945-1991), a dimensão da guerra ganhou outros meios como o nuclear, o que culminou na criação da estratégia militar denominada destruição mútua assegurada (MAD), em 1962, a qual tinha como objetivo evitar que as potências efetivamente se utilizassem de armas nucleares. Com isso, percebe-se que o conceito se evoluiu através do tempo e novas dimensões de segurança foram absorvidas para a discussão.

1.1 O PÓS-GUERRA FRIA: A INSERÇÃO DO INDIVÍDUO NO DEBATE

Com o término da Guerra Fria, as teorias convencionais de guerra e suas concepções perderam parte de sua relevância.

Em vez disso, tornou-se cada vez mais importante analisar as dinâmicas da segurança através do prisma das "novas guerras". Esse conceito aborda diversas formas de violência que originam conflitos que vão além do âmbito estatal, incluindo situações ideológicas e identitárias (KALDOR, 2012).

Os novos tipos de conflitos criaram uma atmosfera de medo, já que colocam em evidência a ineficácia das instituições globais, que anteriormente eram consideradas pontos cruciais das estratégias de segurança estatal (KALDOR, 2012). Além disso, o fim da polarização do conflito também levou à consolidação de uma nova ordem mundial liberal, que amplia a visão de Segurança Internacional: o Estado passa a ser encarado como um meio para manter a segurança nacional e internacional, e não como um fim em si mesmo (RODRIGUES, 2012).

De acordo com Wæver (1995), em consonância com as novas dinâmicas da Segurança Internacional no pós-Guerra Fria, a segurança não se limita mais à defesa militar do Estado, mas deve incluir uma agenda social e política mais ampla. Essa inclusão proposta é uma mudança em relação à visão tradicionalista de segurança, em que a segurança nacional é o principal foco do debate (WÆVER, 1995). No entanto, diante da mudança de paradigmas, o debate sobre segurança encontra-se em um impasse devido à dificuldade em definir o inimigo, isso destaca a falta de consenso em torno do conceito de segurança (ROCHA, 2017).

Pagliari (2005) aborda como as mudanças nos temas de segurança estão relacionadas à redução do papel do Estado na proteção do indivíduo e como a relevância dos temas tem variado, desde a década de 1990, a partir da identificação de ameaças na segurança internacional. De acordo com Saint-Pierre (2018) a "ameaça é essencialmente diferente do que ela manifesta: não é ela que provoca o temor, mas quem o anuncia" (p. 1), a definição do autor vai de encontro com a ideia de que a ameaça é uma percepção e se dá pela manifestação de uma situação percebida de perigo.

Saint-Pierre (2018), ainda, aborda que a ameaça possui um alvo, quando pensamos nas ameaças à Defesa, logo, pensamos no Estado como alvo. A ameaça pode ser à sua soberania e/ou à sua integridade territorial. O autor elenca 3 tipos de ameaças, a saber: (1) ameaças externas à integridade territorial e à soberania nacional, (2) ameaças internas à ordem constitucional e a paz interior, e, (3) ameaças sociais à segurança pública.

As ameaças no cenário internacional começaram a ser identificadas principalmente no âmbito das questões nos pós 11 de setembro, o ataque terrorista aos EUA intensificou as ressalvas ao Oriente Médio e aos perigos não-militares. Começaram a ter maior atenção as migrações internacionais e o aumento dos crimes transnacionais, como o tráfico de drogas, principalmente na seara da Guerra ao Terror. Tais ameaças não colocavam em risco a soberania e a integridade territorial dos países e suas formas de percepção estavam diretamente associadas ao bem--estar material e psicológico dos cidadãos do Estado nacional (VILLA; REIS, 2006).

A ideia da segurança centrada no indivíduo enquanto cidadão não surgiu em 2001, essa conceituação tomou forma em 1994 com a publicação do relatório do PNUD ao propor uma transição conceitual da segurança militar para uma abordagem mais ampla que se preocupa em manter as pessoas a salvo de ameaças em suas vidas cotidianas, sendo provenientes tanto de outros Estados quanto de atores não estatais ou das relações estruturais de poder. O Estado começa a ser visto como um meio pelo qual o indivíduo pode ter seu bem-estar, liberdade e direitos garantidos e efetivados (OLIVEIRA, 2009; REIS; BARBOSA, 2022).

2. NOVAS GUERRAS E A CONCEITUAÇÃO DE AMEAÇA HÍBRIDA

O atentado do 11 de setembro evidenciou para o sistema internacional transformações na configuração da natureza da guerra. Para Coutinho e Gomes (2016), "após o atentado de 11 de setembro de 2001, muito se tem discutido acerca das possíveis transformações na natureza da guerra, especialmente em virtude do terrorismo e de outros conflitos não tradicionais" (COUTINHO; GOMES, 2016, p. 171).

Assim, observou-se a inflexão que os atentados tiveram no presente século, dado que alterou os atores envolvidos nos conflitos. De outra forma, anteriormente os conflitos eram característicos entre Estados, no entanto, notou-se que com a transformação na ordem internacional outros atores emergiram no contexto de conflito.

Todavia, tem sido errôneo afirmar que a guerra irregular foi um fenômeno novo que emergiu conjuntamente com a globalização, já que poderia ser observada a título de exemplo na Primeira Guerra Mundial. Em outros termos, a guerra irregular se caracteriza pela participação de outros atores não estatais no conflito, assim como pela utilização de outros meios e financiamentos diferentes do que convencionalmente se denomina como "velha guerra" citado anteriormente.

Kaldor (2012), uma das principais autoras a discutir a temática sobre guerras e novas guerras, considerou e caracterizou nos seus estudos as novas guerras como fruto da globalização. Frente a isso, na percepção de Kaldor (2012) a Guerra na Bósnia- Herzegovina (1992-1995) ilustrou o primeiro caso de novas guerras no cenário internacional. A principal mudança significativa que foi encontrada nesse novo contexto foram conflitos deflagrados em nome da identidade étnica, tribal ou religiosa. Diferentemente dos conflitos anteriormente deflagrados, em que o interesse era de cunho geopolítico e/ou ideológico, conforme verificado durante a Guerra Fria.

Alguns autores observaram esse fenômeno diferentemente da percepção da Kaldor (2012), em que o conflito não é fruto propriamente da globalização, mas sim originários de conflitos internos e de "baixa intensidade". Nesse sentido,

> Na maior parte da literatura, as novas guerras são descritas como guerras internas ou civis ou ainda como "conflitos de baixa intensidade". No entanto, embora a maioria destas guerras sejam localizadas, elas envolvem uma miríade de conexões transnacionais de modo que a distinção entre interna e externas, entre agressão (ataques do exterior) e repressão (ataque do interior do país), ou mesmo locais e globais, são difíceis de sustentar. O termo "conflito de baixa intensidade" foi cunhado durante o período da Guerra Fria pelos militares norte-americanos para descrever guerrilhas ou o terrorismo" (KALDOR, 2012, p. 2).

Por outro lado, alguns autores identificaram esse fenômeno das "novas guerras" através da privatização da violência. De outro modo, no meio informal da realização da guerra através de outros atores, o que se denomina como "privatização da guerra". Em consonância a esse argumento, Kaldor (2012) destaca que "alguns autores descrevem as novas guerras como guerras privatizadas ou informais" (KALDOR, 2012, p. 2). Frente a isso Hoffman (2099) ilustrou como alguns conflitos variam a depender da sua intensidade e frequência, vejamos:

Imagem 1: Mudanças no espectro do conflito

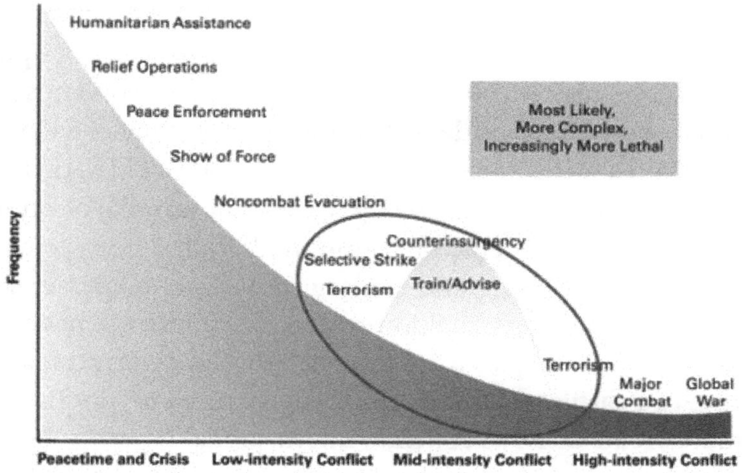

[Figura: gráfico de frequência vs. intensidade do conflito, mostrando curva decrescente com categorias: Humanitarian Assistance, Relief Operations, Peace Enforcement, Show of Force, Noncombat Evacuation, Selective Strike, Terrorism, Counterinsurgency, Train/Advise, Terrorism, Major Combat, Global War. Eixo x: Peacetime and Crisis, Low-Intensity Conflict, Mid-Intensity Conflict, High-Intensity Conflict. Caixa destacada: "Most Likely, More Complex, Increasingly More Lethal".]

Fonte: Hoffman, 2009, p. 6.

Perante o exposto, a seguir analisaremos quatro casos considerados dentro do escopo das novas guerras a fim de observar a evolução na natureza do conflito, são eles: Guerra na Bósnia-Herzegovina (1992-1995), Guerra no Afeganistão (2001-2021), Guerra no Iraque (2003-2011) e Guerra Rússia-Ucrânia (2014). E, por fim, abordaremos a conceitualização de Guerra Híbrida.

O conflito na Bósnia aconteceu entre 1992 e 1995 quando houve um acordo de cessar-fogo. A importância do conflito para a nossa percepção de guerra originou do surgimento de um novo paradigma pós-Guerra Fria. Para Kaldor (2012), "a guerra na Bósnia-Herzegovina tornou-se o exemplo arquetípico de um novo paradigma de tipo de guerra pós-Guerra Fria" (KALDOR, 2012, p. 32). Assim, foi um importante marco na consciência global do que qualquer outra guerra no século XX, dado que a mídia, assim como outros esforços internacionais foram acionados a fim de intervir no conflito.

Nessa linha, Kaldor (2012) destacou que "a guerra mobilizou um grande esforço internacional incluindo conversações políticas de alto nível envolvendo todos os principais governos e os esforços humanitários de instituições internacionais e ONGs, bem como a atenção da mídia de grande alcance" (KALDOR, 2012, p. 32). De forma concisa, notou-se que durante o conflito algumas atitudes operacionais foram alteradas, por exemplo, a mudança no pensamento estratégico no campo operacional, dado que o conflito possibilitou evidenciar a mudanças nas questões de segurança que anteriormente estavam concentradas na Europa e a partir desse momento mudou para o eixo dos Estados Unidos frente ao novo contexto internacional.

A questão que permeou o conflito foi originária do processo de desintegração, o qual pavimentou o caminho para uma sociedade mista. Em outras palavras, surgiu uma convivência entre diferentes grupos étnicos. Além disso, sublinha-se como relevante que o medo e ódio não são endêmicos do Estado, mas que podem ser utilizados como instrumento de guerra a fim de objetivos políticos. Em síntese, a Guerra na Bósnia foi um importante marco na virada do que convencionalmente denominamos "novas guerras".

O pós 11 de setembro iniciou um novo tipo de guerra para além do descrito acima, dado que inseriu novos meios no conflito, tal como as novas tecnologias. Corroborando com esse pensamento, Kaldor (2012) argumentou que "as guerras no Afeganistão e no Iraque, que acompanharam os terríveis acontecimentos do 11 de setembro e foram a expressão da chamada Guerra ao Terror, foram, de fato, novos tipos de guerra" (KALDOR, 2012, p. 151).

Em razão da limitação neste capítulo optamos por sintetizar as razões e evidências que colocam esses dois conflitos como uma nova identificação de Guerra após 2001. Deste modo, não sendo possível descrever cada conflito com suas particularidades. Visto isso, "o advento das tecnologias da informação gerou um debate sobre o futuro da estratégia militar nos anos 1970/80" (KALDOR, 2012, p. 153). Deste modo, observou-se a inserção de tecnologias como drones, sistema de celulares e outros meios robóticos no campo operacional de batalha. Por fim, analisaremos o último caso histórico que será aqui apresentado: a Guerra Russo-Ucraniana de 2014.

A Guerra na região Russa-Ucraniana foi deflagrada em 2014, a qual culminou na anexação da Crimeia pela Rússia. No entanto, faz-se válido entender as raízes da problemática envolvidas na região como forma de compreensão também do evento em atual percurso na Ucrânia. A Guerra Civil ucraniana teve início na "segunda revolução laranja" quando o presidente, Viktor Yanukovich, foi deposto do cargo por ser pró-Rússia e contrário à inserção da Ucrânia na União Europeia.

Por outro lado, a expansão da Organização do Tratado do Atlântico Norte (OTAN) foi um ponto de inflexão para política externa russa, dado que sua fronteira se aproximava do ocidente. Aqui, vale sublinhar de forma sucinta como foi a dissolução do Pacto de Varsóvia e a consolidação da OTAN no século XX. A OTAN foi fundada em 1949 e teve como objetivo a criação de uma aliança militar do ocidente. Em contraponto a sua criação, em 1955, foi fundado o Pacto de Varsóvia, o qual reunia os membros da URSS. Após a dissolução da URSS, o Pacto de Varsóvia foi dissolvido. Por consequência, à época, foi acordado que a OTAN não incorporaria nenhum Estado integrante do antigo Pacto.

Resumidamente, a questão na Ucrânia se tornou um exemplo da "Guerra Híbrida" nos últimos anos, sobretudo pela dinâmica de ação e do emprego da estratégia a fim de execução dos objetivos russos. Dado isso, faz-se necessário, em seguida, abordar em uma subseção a diferenciação conceitual entre Guerra Híbrida e ameaça híbrida.

2.1 GUERRA E AMEAÇA HÍBRIDA: UMA NOVA CAPACIDADE OPERACIONAL DO SÉCULO XXI?

Desde o início do trabalho temos abordado o surgimento da guerra como um fenômeno e a evolução dos estudos de segurança até o presente momento. Por outra forma, iniciamos do ponto de vista da guerra convencional, a qual era constituída entre os Estados. Para Fernandes (2016),

> Estamos habituados a ver a guerra como algo que acontece entre os Estados; no entanto, as guerras atuais envolvem o ator Estado confrontado ou em competição com o emergir de novos atores, num quadro de ameaças difusas e diversificadas e motivados por fatores étnicos, econômicos-sociais e religiosos, entre outros (FERNANDES, 2016, p. 14-15).

Assim, percebe-se que os conflitos designados como Guerra Híbrida são compostos por diferentes atores que exploram a capacidade militar máxima de um Estado. Assim, esse novo tipo de guerra como o mais recente na literatura é persistente na discussão atual. O debate conceitual surgiu frente aos desafios mais complexos em relação à operação militar enfrentados pelos Estados Unidos nas Guerras do Afeganistão e do Iraque. Porém, nota-se a necessidade de diferenciar dois termos usualmente confundidos: Guerra Híbrida e ameaça híbrida.

Deste modo, "as ameaças híbridas são tipos de atores, a Guerra Híbrida é um modelo de conflito, caracterizado pela ação" (RODRIGUES, 2021, p. 42). Apesar do uso próximo, conceitualmente são diferentes devido a sua aplicabilidade. Para mais, ressalta-se que a discussão acerca do termo se originou dos debates dentro no contexto da OTAN a partir de 2010. Assim, de encontro com esse argumento Rodrigues (2021) aponta que

> *Desde 2010, a OTAN utiliza o termo guerra híbrida para descrever ações adotadas por adversários com a capacidade de empregar, simultaneamente, meios convencionais e não convencionais de forma adaptativa na execução dos seus objetivos. O conceito de Guerra Híbrida utilizado até o momento foi produzido por militares e analistas ocidentais com o objetivo de compreender essa nova dinâmica de conflito que desafia o pensamento militar contemporâneo. Tem-se empregado a expressão, por exemplo, para descrever as ações de Hezbollah contra Israel em 2006; as ações do Estado Islâmico; e as operações militares russas na Ucrânia, que culminaram na anexação da Crimeia, em 2014 (RODRIGUES, 2021, p. 40).*

Dessarte, assume-se que Guerra Híbrida é a conjunção de ameaças híbridas conjuntamente com todas as formas de guerra em uso simultâneo. Em consonância com isso, Fernandes (2016) sinaliza que

> *Esta "nova" forma de fazer a guerra, assente na teoria da guerra híbrida, engloba uma combinação única de ameaças híbridas (Estados falhados e atores não-estatais, apoiados por Estados), que exploram uma combinação de desafios, empregando todas as formas de guerra e táticas, mais frequentemente em simultâneo (FERNANDES, 2016, p. 13).*

Para melhor ilustrar seus elementos híbridos vejamos a ilustração a seguir:

Imagem 2 - Elementos da Guerra Híbrida

Fonte: Fernandes, 2016, p. 25.

Dessarte, constata-se que a nova fonte de Guerra não mais somente concentra-se na discussão acerca da identidade e disputas étnicos e/ou religiosas, mas também na aplicabilidade militar operacional simultânea no teatro de operações através de diferentes elementos conjunturais e táticos.

2.2 MERCENÁRIOS E A PRIVATIZAÇÃO DA GUERRA: INSTRUMENTOS DE AMEAÇA HÍBRIDA NO SÉCULO XXI?

O fenômeno dos mercenários de Guerra não é novo no contexto dos conflitos internacionais. De outra forma, esse grupo de indivíduos denominados mercenários ou Companhia de Militares Privados são tão antigos quanto o fenômeno da Guerra *per se*. Desse modo, identifica-se que são grupos que, por dinheiro, servem a um Estado e/ou governo estrangeiro. Em vista disso, esse subtópico faz-se de suma importância, em razão de ser um elemento operacional da dimensão da ameaça híbrida. Assim como, ao final, de forma concisa, trataremos sobre o Grupo Wagner.

Diante do exposto, em seguida, ilustraremos a evolução desse grupo responsável pela mercantilização da Guerra, desde a idade antiga a contemporaneidade a fim de observar seu desenvolvimento na história. Com isso, "entre as primeiras menções históricas de grupos mercenários pode-se citar a Batalha de Kadesh (1294 a.C.), entre hititas do Rei Mawatalli II e egípcios" (NAGO, 2023, p. 17). Esse momento se mostra como característico de um tempo histórico em que a ação mercenária era incontável. Para mais, nota-se que o período da Grécia Antiga foi marcante ao que se refere a utilização dessa força coercitiva.

No contexto da Idade Média, o fim do Império Romano marcou o início do ciclo de instabilidade política em decorrência da guerra entre as tribos existentes da Europa Ocidental. Para Nago (2023),

> Com o desmantelamento do Império Romano, a Europa Ocidental passou por momentos de grande instabilidade política produzindo por inúmeras guerras entre as tribos e os povos da região que haviam se libertado da subjugação romana que perdurou durante séculos (NAGO, 2023, p. 19).

Em complemento, destaca-se que a conjuntura da época medieval impôs dificuldades aos Reis de recrutamento de tropas leais, o que ocasionou que os monarcas recrutassem guerreiros profissionais em prol da defesa do seu reino. Além disso, já na era da modernidade, os mercenários não deixaram de se fazer presente, dado que contribuíram para a formação auxiliar territorial europeia.

Nesse sentido, Nago (2023) argumentou que, "a partir da Idade Moderna pode-se afirmar que as práticas de mercenarismo permaneceram presentes nos conflitos europeus, uma vez que os Estados Nacionais europeus ainda estavam em formação tanto territorial quanto burocrática" (NAGO, 2023, p. 20). Com efeito, nota-se que esses grupos não deixaram e nem deixarão de existir, ainda mais no contexto das ameaças híbridas como ferramenta militar auxiliar aos governos, a título de exemplo a Rússia, a qual financia grupos privados e/ou mercenários como ferramenta de um Exército auxiliar.

Aqui, vale uma breve discussão sobre as Empresas Militares e de Segurança Privada (EMSPs) e os grupos mercenários. Usualmente são empregados como sinônimos, mas existem características que os distinguem como mostraremos em seguida. "O surgimento das EMSPs está relacionado a dinâmicas estruturais e conjunturais que emergem sobretudo pós-Guerra Fria" (PIMENTEL; PAOLIELLO, 2018, p. 327). Nessa perspectiva, um dos fatores estruturais foi a proliferação de conflitos irregulares, assim como o evento pós 11 de setembro de 2001. Assim, a mercantilização da Guerra se tornou importante, em razão dos baixos valores em aquisição de armamentos e tecnológicas por esses grupos privados.

O aumento de EMSPs não se limitou somente aos nichos de proteção de bens e pessoas, houve uma intensificação nos treinamentos de forças policiais e militares, além da privatização de serviços de espionagem, informação, monitoramento e inteligência (NASSER; PAOLIELLO, 2015). Entretanto, "a demanda por EMSPs atingiu um patamar inédito no pós-11 de setembro, particularmente após o anúncio da Guerra ao Terror e das operações norte-americanas no Afeganistão e no Iraque (PIMENTEL; PAOLIELLO, 2018, p. 328). Dessa forma, observa-se os Estados Unidos como o principal empreendedor desse serviço no século

XXI. Ainda, salienta-se como pertinente a discussão da prática dos grupos mercenários serem condenados internacionalmente. Para Pimental e Paoliello (2018),

> Um debate central nas discussões acerca das EMSPs refere-se à questão do mercenarismo. Conceitualmente, as EMSPs se diferenciam do mercenarismo, prática condenada internacionalmente pela Convenção de Genebra. Além da questão legal, o termo "mercenário" também envolve conotação pejorativa e uma decorrente condenação de caráter legal (PIMENTEL; PAOLIELLO, 2018, p. 329).

Nesse sentido, é uma prática questionada na contemporaneidade quando comparada a idade antiga. Assim, em decorrência da Guerra Russo-Ucraniana deflagrada em 2022, vale-se uma breve contextualização sobre o Grupo Wagner, esse que possui relação direta com o governo russo.

A Rússia, ao final da década de 1990, teve dificuldades logísticas ao que tange ao recrutamento de pessoal devido aos conflitos do período. Assim, foi instituída a primeira empresa de segurança russa com finalidade a atingir os objetivos geopolíticos do país. As EMSPs têm atuado de forma equivalente às forças regulares, participando de conflitos armados que envolve a Rússia. Com efeito, segundo Cormenzana (2019) o modelo "híbrido" característico das EMSPs combina o melhor do público e do privado: a discrição e a impunidade, enquanto a presença do Estado confere poder e significado.

O Grupo Wagner foi criado pelo tenente-coronel Dmitri Ultkin, ex-militar do Exército Russo, e foi financiado pelo oligarca Yevgeny Priogozhin. O Grupo é uma Empresa Militar Privada (EMSPs) que atua em consonância com o governo da Rússia. Ainda, ao que tange a recrutamento, o Grupo de mercenários busca pela contratação de "veteranos com experiência militar, voluntários de todo o Oriente Médio e Ásia Central, ex-operadores das Forças Especiais Russas e conscritos de unidades autônomas da Federação Russa" (MACHADO, 2023, p. 6). Com efeito, compreende-se que o Grupo possui atuação primária operacional nos conflitos empreendidos pela Rússia, sobretudo no contexto das ameaças híbridas.

O Grupo Wagner participou de alguns conflitos recentes nos seguintes Estados: Síria, Venezuela, Sudão e Líbia. Apesar de o grupo possuir forte ligação com o governo e dentro dos quatro países citados. Embora haja interesses declarados pelo governo russo, o país nunca oficializou o envio dos mercenários.

CONSIDERAÇÕES FINAIS

A interpretação da guerra como originária da interação e disputa entre os Estados teve início no final do século XVIII quando a noção da guerra como uma atividade do Estado foi solidamente estabelecida. Dessarte, identificou-se a atividade antes do estabelecimento convencional na noção de guerra que durante os regimes absolutistas a guerra estava atrelada a ideia privada do Rei. E, posteriormente, notou-se que a evolução do conceito acompanhou o desenvolvimento e mudanças tanto no âmbito da organização política quanto da própria configuração da guerra.

Deste modo, admite-se que os séculos XVII e XVIII foram importantes marcos para o estudo da guerra como um fenômeno do Estado moderno, dado que a Europa viveu sob um estado permanente de guerras, o qual atingiu seu auge com a Guerra dos Trinta Anos e suas consequências que ainda estão presente no sistema internacional. Por consequência desse período surgiu uma nova ordem internacional com a Paz de Westfália. Esta que instituiu a percepção de soberania no ocidente e produziu um novo arranjo institucional.

Com o fim da Guerra Fria a academia ampliou suas dimensões de segurança. Em outras palavras, com o novo período instaurado no sistema internacional, outras percepções de segurança emergiram frente às questões que anteriormente eram estritamente militares. Diante disso, em 1994, foi publicado um relatório no âmbito da ONU que trouxe a discussão à amplificação das dimensões de segurança para o centro do debate, tendo o indivíduo como o ponto central.

Frente a isso, o século XX produziu novos objetivos e ideias acerca da guerra, sobretudo pelos novos objetivos bélicos com capacidades materiais de destruição. Nesse contexto, a teoria realista predominou os estudos de segurança durante algumas décadas. Entretanto, como medida reativa a Guerra do Vietnã e o pós-guerras, um renascimento dos estudos na área foi demandado na década de 1970.

Em primeira instância, foi apresentada a Guerra da Bósnia-Herzegovina como o que se conveniou a chamar de "novas guerras" evidenciando a inserção da limpeza étnica como o fator matriz dos conflitos na referida década. Em seguida, o paradigma da discussão evoluiu na medida que os atentados de 11 de setembro produziram como efeito um novo fenômeno da guerra, simbolizando um novo marco nas discussões, sobretudo em decorrência das Guerras no Afeganistão e no Iraque. Essas inseriram a informação e a tecnologia como meios táticos operacionais no teatro de operações.

Por fim, o capítulo aqui produzido, em razão da sua limitação, trouxe a discussão da evolução do conceito de Guerra desde o seu surgimento como percepção estatal no século XVIII até os momentos mais recentes, apresentando suas principais alterações ao longo do percurso. Dado isso, o último elemento apresentado para discussão e, de suma relevância para os estudos de segurança no século XXI, é o que tem se convencionado a chamar de Guerras Híbridas. Assim, assumiu-se ao longo do trabalho ilustrar que esse é um novo fenômeno, em especial pela maior aplicabilidade militar operacional simultânea no teatro de operações através de diferentes elementos. Isto posto, a discussão não se esgota no presente trabalho, este teve como objetivo ilustrar de forma concisa e didática como os estudos de segurança evoluíram até o presente momento.

REFERÊNCIAS BIBLIOGRÁFICAS

CORMENZANA, M. D. **Sobre la privatización del uso de la fuerza y su regulácion.** Asociación Veritas para el Estudio de la Historia, el Derecho y las Instituciones, Nov. 2019.

COUTINHO, R. S. da R.; GOMES, V. L. C. **Clausewitz e os conflitos irregulares**: um panorama sobre as "novas" guerras no século XXI. Revista da Escola Superior de Guerra, Rio de Janeiro, v. 31, n. 62, jan./jun., p. 171-183, 2016.

DA SILVA, A. K. M.; ABREU, B. dos S.; MENEM, I. R. **Imperialismo, petróleo e o intervencionismo ocidental:** análise da Guerra Civil na Líbia (2011-2020). Revista Conjuntura Global, v. 10, n. 1, 2021.

DUQUE, M. G. **O papel de síntese da escola de Copenhague nos estudos de segurança internacional.** Contexto Internacional, v. 31, n. 3, p. 717-745, dez. 2009.

FERNANDES, H. **As Novas Guerras**: o desafio da Guerra Híbrida. Revista de Ciências Militares, nov., IV (2), p. 13-40, 2016.

HOFFMANN, F. G. **Hybrid Threats**: reconceptualizing the evolving character of modern conflict. Strategic Forum, Washington, n. 240, abr., p. 1-8, 2009.

KALDOR, M. **New and Old Wars:** organized violence in a global era. 3. ed. Cambridge: Polity Press, 2012. 267 p.

KOLODZIEJ, E. A. **Segurança internacional depois da Guerra Fria:** da globalização à regionalização. Contexto Internacional, Rio de Janeiro, v. 17, n. 2, p. 313-349, jul./dez. 1995.

MACHADO, Douglas de Paula. **O emprego do Grupo Wagner em proveito do Estado russo na Guerra da Síria.** Revista do Exército Brasileiro, Rio de Janeiro, v. 1, n. 159, p. 3-13, 30 maio 2023. Disponível em: http://www.ebrevistas.eb.mil.br/REB/issue/view/1466.

MEI, E. **Guerra**. *In:* SAINT-PIERRE, H. L.; VITELLI, M. G. (org.). Dicionário de Segurança e Defesa. São Paulo: Editora Unesp, p. 451-469, 2018.

NAGO, Bruno Bispo. **O mercenarismo e a privatização da segurança no contexto das guerras irregulares transnacionais:** um estudo de caso da empresa Blackwater Worldwide. Universidade Estadual Paulista (Unesp), 2023. Disponível em: http://hdl.handle.net/11449/242938.

NASSER, R. M.; PAOLIELLO, T. O. **Uma nova forma de se fazer a guerra?** Atuação das Empresas Militares de Segurança Privada contra o terrorismo no Iraque. Revista de Sociologia e Política. v. 23, n. 53, p. 27-46, 2015.

OLIVEIRA, A. B. de. **O fim da Guerra Fria e os estudos de segurança internacional:** o conceito de segurança humana. Aurora, ano III, n. 5, dez. 2009.

PAGLIARI, G. de C. **Temas da agenda de segurança hemisférica no pós-guerra fria:** entre a hegemonia e a multidimensionalidade. Anais do XXIII Simpósio Nacional de História – ANPUH, Londrina, 2005.

PIMENTEL, C. R.; PAOLIELLO, T. O. **Empresas Militares e de segurança privada.** *In:* SAINT-PIERRE, H. L.; VITELLI, M. G. (org.). Dicionário de Segurança e Defesa. São Paulo: Editora Unesp, p. 327-331, 2018.

REIS, Y. A. M.; BARBOSA, L. **O conceito de segurança humana e segurança alimentar:** uma análise à luz das Operações de Paz. Anais Eletrônicos do XII Encontro Nacional da Associação Brasileira de Estudos de Defesa (XII ENABED), 2022.

ROCHA, R. M. de A. **Segurança humana: histórico, conceito e utilização.** 2017. 99f. Tese (Doutorado em Relações Internacionais) – Instituto de Relações Internacionais, Universidade de São Paulo, São Paulo, 2017.

RODRIGUES, F. da S. **Guerra Híbrida:** anexação da Crimeia e a crise da Ucrânia sob a perspectiva político-estratégica da OTAN. Centro de Estudos Estratégicos do Exército, Brasília, v. 20, n. 2, p. 39-57, mar./maio, 2021.

RODRIGUES, T. **Segurança Planetária, entre o climático e o humano.** Ecopolítica. São Paulo, n. 3, 2012, p. 5-41.

SAINT-PIERRE, H. L. Ameaça. *In:* SAINT-PIERRE, H. L.; VITELLI, M. G. (org.). Dicionário de Segurança e Defesa. São Paulo: Editora Unesp, 2018.

SILVA, F. C. T. da. **História da Guerra.** *In:* SAINT-PIERRE, Hr Luís; VITELLI, Marina Gisela (org.). Dicionário de Segurança e Defesa. São Paulo: Editora Unesp, p. 509-530, 2018.

TUCÍDIDES. **História da Guerra do Peloponeso.** Brasília: Unb, 1987.

VILLA, R. D.; REIS, R. R. **A segurança internacional no pós-Guerra Fria:** um balanço da teoria tradicional e das novas agendas de pesquisa. BIB – Revista Brasileira de Informação Bibliográfica em Ciências Sociais, [S. l.], n. 62, p. 19-51, 2006.

WÆVER, O. **Securitization and Desecuritization.** *In:* LIPSCHUTZ, R. D. ON SECURITY. 233 p. Columbia University Press, 1995.

WALT, S. **The Renaissance of Security Studies.** International Security Quarterly, v. 35, n. 2, p. 211-239, 1991.

CAPÍTULO 13
SEGURANÇA, DEFESA E GUERRA NA ERA DO CIBERESPAÇO: UM ESTADO DA ARTE

Augusto W. M. Teixeira Júnior[54]

---

54 Pós-Doutor em Ciências Militares – IMM/ECEME. Doutor em Ciência Política – UFPE. Professor do PPGCPRI/UFPB. Autor de *Geopolítica: do Pensamento Clássico aos Conflitos Contemporâneos*. Pesquisador do PROCAD-DEFESA/CAPES. Coordenador do GEESI. Bolsista Produtividade em Pesquisa do CNPq. E-mail: augustoteixeirajr@gmail.com

INTRODUÇÃO

"Governos do Mundo Industrial, [...], eu venho do Ciberespaço, o novo lar da Mente. Em nome do futuro, eu peço a vocês do passado que nos deixem em paz. Vocês não são bem-vindos entre nós. Vocês não têm nenhuma soberania onde nos reunimos." (BARLOW, 1996, p. s/p). Com estas palavras John Perry Barlow abria o famoso documento intitulado "Uma Declaração de Independência do Ciberespaço". Passadas quase três décadas, o ciberespaço no mundo contemporâneo é não apenas uma extensão de nossas vidas, como também das diversas arenas de competição e conflito entre Estados, companhias privadas e grupos sociais.

Se o estado de coisas acima é verdade para áreas como finanças, economia e relações interpessoais, pode-se dizer o mesmo dos fenômenos da segurança, da defesa e da guerra. Aquilo que podemos considerar como uma dependência do ciberespaço tem cada vez mais implicações para a arena de segurança nacional e internacional. O adensamento das interconexões entre as atividades humanas e o mundo digital produz e amplifica vulnerabilidades, riscos e ameaças.

Se por um lado a virtualização contribui para novas formas de sociabilidade, formas de geração de renda e governança; por outro, eleva vulnerabilidades nestas mesmas áreas. Por mais que pareça prevalecer o virtual, o ciberespaço e suas implicações dialogam com as vulnerabilidades reais das sociedades que embarcam nessa transformação.

A enorme dependência a que temos do ciberespaço também amplifica riscos existentes, tal como os cria. A enorme disponibilidade de dados em fontes abertas traz o risco de manipulação política, ameaçando disputas democráticas limpas, como exemplificado pelo caso envolvendo o *Facebook* e a *Cambridge Analytica*. Fenômenos tradicionais, como a espionagem e a produção de inteligência são áreas que se valem substantivamente da revolução digital e do ciberespaço. No campo da segurança e da defesa, mesmo com perspectivas contrárias (LIBICKI, 2012), o espaço cibernético se converteu de uma arena de apoio ao uso da força nas relações internacionais para um reconhecido domínio da guerra (SLOAN, 2012).

Ao reboque dessas mudanças, novas formas de crime e arenas de disputa emergem, trazendo consigo novas expressões e debates que buscam dar conta desta nova realidade. Nesse diapasão, torna-se claro o porquê na contemporaneidade o debate sobre segurança e defesa tem que levar em consideração o ciber espaço e as suas diversas implicações nas mais diversas arenas.

De forma a apresentar o tema da segurança e defesa cibernética ao leitor, de forma introdutória, porém densa, o presente capítulo apresenta um breve histórico acerca da convergência entre tecnologia, ciberespaço e segurança. O panorama temporal nos será relevante para explorar os principais conceitos que estruturam os termos desse debate. O capítulo evolui para abordar os principais atores emergentes e tradicionais do ciberespaço. Ilustrado por casos paradigmáticos, sintetizamos o estado da arte, seus desafios e o que aponta para o futuro da segurança e defesa cibernética.

1. HISTÓRICO E PRINCIPAIS CONCEITOS

Embora os elementos que compõem o ciberespaço estejam presentes em todas as dimensões da vida contemporânea, nem sempre foi assim. Em seu início, os *hardwares* e *softwares* que dão vida ao ciberespaço tiveram uma relação umbilical com o contexto da segurança internacional durante momentos como a Segunda Guerra Mundial e a Guerra Fria. Durante a segunda grande guerra, esforços na área de inteligência impulsionaram projetos que desembocaram nos primeiros computadores, como a "Máquina de Turing", cujo desenvolvimento foi liderado pelo matemático Alan Turing.

Por sua vez, a Guerra Fria desenvolveu-se sob o signo da ameaça nuclear e o medo da destruição mútua assegurada. Nesse contexto, o desenvolvimento de tecnologias de comunicação, comando e controle foi impulsionado, ilustrado pela ARPAnet, primeira rede de computadores criada, com objetivo de transmissão de dados sigilosos entre distintos departamentos de governo dos Estados Unidos da América.

Um dos aspectos mais interessantes desses desenvolvimentos foi o transbordamento dessas tecnologias do setor militar para o meio civil. Nas décadas posteriores, universidades e institutos de pesquisa sofisticaram a comunicação em rede de computadores, contribuindo decisivamente para a criação da internet. Paralelamente, o desenvolvimento do computador pessoal foi essencial para a popularização e combinação dessas duas tecnologias.

É necessário contextualizar, entretanto, que com a terceira revolução industrial, através da eletrônica, a transição tecno-produtiva de padrão analógico tornava-se, paulatinamente, mais digital e eficiente. A digitalização da vida experimentada contemporaneamente teve o lançamento de suas bases objetivas na segunda metade do século passado. Porém, cabe indagar: se elementos estruturantes do ciberespaço foram desenvolvidos em um contexto de segurança e defesa, como essas agendas evoluíram com essas tecnologias?

Uma das áreas mais expressivas a se valer do ciberespaço foi a espionagem e a atividade de inteligência em geral. As relações internacionais são caracterizadas por uma condição de incerteza estrutural. As interações estratégicas entre Estados, companhias e atores politicamente relevantes se dão em um contexto de informação imperfeita e/ou incompleta. Assim, informação é uma condição importante para a tomada de decisão e o exercício do poder. Com isto em mente, a espionagem industrial e a inteligência de Estado (civil e militar) incorporam o emergente espaço cibernético a formas tradicionais de coleta de informação, ao lado das fontes humanas, eletrônicas e de imagens.

A simbiose entre o ciberespaço e a defesa se deu de forma ainda mais estrutural no âmbito do poder militar entre as décadas de 1980 e 2000. Em particular, à luz do que ficou conhecido como Revolução nos Assuntos Militares (RMA). A supracitada terceira revolução industrial teria impactado a forma de como países, a exemplo dos Estados Unidos, se preparavam e faziam a guerra. Ao reboque da crise após a derrota no Vietnã, as forças armadas estadunidenses passaram por uma severa reformulação, tornando-se ainda mais dependentes de tecnologia.

Novos sistemas de armas, como os mísseis guiados de precisão, tornavam possível mitigar o princípio da massa. Mais importantes, conforme dito pelo então Almirante Owens, emergia na época o "sistema dos sistemas", permitindo a integração dos diversos sistemas (de armas, apoio ao combate, comando e controle), fortemente apoiado na digitalização. Esse processo de mudança militar ocorrido nos Estados Unidos teve um efeito de transbordamento em diversos países, impactando como pensamos a guerra e a sua relação com as tecnologias.

Sem esse histórico, qualquer compreensão de como o ciberespaço emerge como uma realidade de segurança e defesa torna-se incompleta. Processos como a Revolução nos Assuntos Militares e seus congêneres levaram a criação de unidades militares voltadas exclusivamente a defesa e a guerra cibernética nas principais forças armadas ao redor do globo. Como fruto deste processo, o ciberespaço é hoje encarado como um legítimo domínio de operações e dimensão da guerra.

De forma a podermos adensar a nossa compreensão sobre segurança e defesa cibernética, cabe destacar alguns conceitos que compõem o repertório interpretativo desse fenômeno. O manifesto de Barlow (1996) que abriu este capítulo entendia o ciberespaço como um "espaço" ontologicamente distinto do mundo dominado pelos estados. Nesse ambiente, indivíduos poderiam realizar a plenitude de princípios como a liberdade. Nesse sentido, questões como soberania (individual e do estado), liberdade e privacidade transcendem do plano material para o do ciberespaço.

Contudo, esse processo de transcendência entre o mundo físico e virtual se dá mediado por aquilo que Sheldon (2013) chama de três camadas do ciberespaço, são elas a física, a sintática e a semântica. Decantar o ciberespaço sob a ótica desses três conceitos nos permite entender que o ciberespaço é, ao mesmo tempo, um produto material e imaterial. A camada física consiste nos componentes que produzem as infraestruturas básicas para o ciberespaço, de satélites a cabos subaquáticos. A camada de sintaxe se materializa no código e nos softwares, enquanto a camada semântica é responsável essencialmente por mediar a interação entre humanos e máquinas, em particular no que toca ao sentido da informação em fluxo.

Estruturado o ciberespaço, este torna-se mais uma arena a partir da qual o fenômeno do poder é exercido. Assim, é cunhada a expressão de *poder cibernético* ou *cyber power*, diretamente relacionado a utilização estratégica do espaço cibernético (VILAR-LOPES, 2020). As formas pelas quais o poder cibernético é exercido são múltiplas e nos ajudam a compreender as zonas cinzentas da divisão entre segurança, defesa e guerra cibernética. A atuação de estados e indivíduos no ciberespaço é mediada por dados, seu fluxo, aquisição e negação. Uma das formas mais tradicionais de atuar nesse ambiente são as ações de Exploração de Redes de Computador (*Computer Network Exploitation*, CNE).

Segundo Sloan (2012), ações de CNE não buscam perturbar o funcionamento dos sistemas, mas se utilizam destes para a busca e coleta de informações. Uma forma alternativa de emprego do poder cibernético são os Ataques a Redes de Computadores (*Computer Network Attack*, CNA). Aqui o objetivo essencial consiste em perturbar o funcionamento normal dos sistemas, tendo como fim a negação do uso dos meios cibernéticos ou, a partir deste ambiente, afetar outros domínios de operações (terra, mar, ar ou espaço).

Como se observa, a fronteira entre segurança, inteligência e guerra cibernética é muitas vezes cinzenta. Entretanto, é possível argumentar que existe um balanceamento entre ações de inteligência e guerra cibernética em cada uma dessas expressões de poder cibernético. As ações de Exploração de Redes de Computador são muito mais operações de inteligência e segurança do que de guerra cibernética. Alternativamente, os Ataques a Redes de Computadores são muito mais ações de guerra cibernética do que operações de inteligência.

Obviamente que no mundo real, segurança, inteligência e defesa são aspectos que dialogam intimamente, para fins ofensivos ou defensivos. Afinal, para o êxito do ataque (cibernético) é fundamental conhecer (explorar) as deficiências e vulnerabilidades de um sistema inimigo. Como um domínio e realidade em constante mutação, por sua natureza, o ciberespaço parece favorecer posturas mais ofensivas do que defensivas (VILAR-LOPES, 2020).

Outro tópico conceitual que emerge desse debate é o da geopolítica do ciberespaço. Tradicionalmente, a geopolítica é ancorada no trinômio geografia, história e política (poder). Estes se processam essencialmente nas dimensões físicas da guerra, em domínios como terra, mar, ar e espaço. Inicialmente o ciberespaço trouxe a questão sobre onde está a geografia da geopolítica cibernética. Como visto na decomposição desse ambiente em camadas, além das camadas de sintaxe e semântica, existe uma camada física. Afinal, sem energia, infraestrutura física e servidores o ciberespaço inexiste (GARTZKE, 2013).

Por isso, a vertente que estuda essa nova arena à luz da geopolítica é tão relevante para melhor compreender as suas implicações para a segurança internacional e defesa nacional. Mais uma vez, a geopolítica do ciberespaço deixa claro que até a geografia deste domínio é uma simbiose entre as suas estruturas materiais e imateriais, tornando-se um desafio perene para a segurança e a defesa.

2. ESTADO DA ARTE E O DEBATE FUTURO

Caracterizado o histórico e algumas expressões que compõem o vernáculo do campo, cabe agora discorrer sobre os principais atores e instituições do ciberespaço. No campo da segurança, atores não-estatais que agem no espaço cibernético tendem a ser um desafio expressivo. De crimes financeiros na internet à clonagem de cartões de crédito, o crime no ciberespaço tem em grupos organizados um risco e ameaça flagrante contra a ordem pública, mas também à segurança internacional.

Um exemplo contemporâneo são os ataques a hospitais envolvendo o uso de vírus denominados de *Ransomware*. Com esse tipo de ataque, criminosos conseguem retirar dos hospitais o acesso a dados e controle de estruturas críticas vitais, cobrando vultosos recursos pelo seu resgate (INTERPOL, 2020). Ações como essas, vistas sob a ótica da segurança pública, denotam fragilidades em infraestruturas críticas à segurança nacional, como na área de saúde e financeira, por exemplo.

Na zona cinzenta entre ações criminosas e estratégicas, indivíduos e grupos não-estatais são cada vez mais usados como *proxies* de países em conflito ou guerra, como Rússia e Ucrânia. Em virtude do fenômeno aludido da digitalização, grupos outros, não diretamente envolvidos com nenhum ator da guerra – como GNG e NB65 – agem de forma ofensiva em fator de uma das partes. Atores como o *IT Army* da Ucrânia ou o *Sandworm*, oficialmente desvinculado dos países beligerantes, tornam-se parte do conflito na arena cibernética.

Assim, os países podem utilizar esses grupos, de forma direta ou indireta, dificultando a atribuição, a punibilidade e retaliação a possíveis ataques cibernéticos realizados contra seus adversários (LONERGAN, 2022). Como se observa, somando-se às capacidades estatais cibernéticas, o expediente de *proxies* não-estatais dificulta a defesa no ciberespaço e arrisca desnudar as vulnerabilidades a novos ataques, mesmo em tempos de paz. Talvez, nenhum caso ilustre esse argumento tão bem como os ataques contra a Estônia, em 2007 (MCGUINNESS, 2017).

Apesar do voluntarismo de alguns grupos não-estatais, ocorre a suspeita de suas ligações com serviços de inteligência e governos. Nesse sentido, órgãos de inteligência de estado, civil e militar, são atores protagonistas no campo da segurança e defesa cibernética. Isto ficou evidente quando do escândalo desencadeado pela denúncia de Edward Snowden, então funcionário da *National Security Agency* (NSA), de que a agência estaria realizando ações de espionagem ilegal, dentro e fora dos Estados Unidos. Inclusive, o vazamento dessas informações que levaram ao caso "Snowden" ocorreu na internet, na plataforma *Wikileaks*. Esse escândalo foi importante para se dar visibilidade à escala global da espionagem perpetrada pelos Estados Unidos, potencializada pelo seu imenso poder cibernético.

Outro caso exemplar, a demonstrar as fronteiras cinzentas entre inteligência e guerra, foi o emprego da primeira "arma cibernética" conhecida, o vírus *Stuxnet*. O emprego desse vírus de computador permitiu a Israel degradar substancialmente o ritmo de desenvolvimento do programa nuclear iraniano, seu rival estratégico no Oriente Médio. Outro exemplo, mais recentemente, ilustrativo do poder cibernético israelense é o caso do *spyware Pegasus*. Este *software* espião, desenvolvido por empresa privada israelense foi comercializado para diversos governos globalmente, foi objeto de críticas e suspeição pelo seu potencial empoderar líderes autoritários e populistas contra grupos de oposição e jornalistas.

Ao lado das agências de inteligência e empresas privadas, o poder cibernético tem se desenvolvido expressivamente no âmbito das Forças Armadas. Embora as estruturas básicas do ciberespaço – como a internet e a infraestrutura física – fossem em grande parte impulsionadas por grandes potências, como os Estados Unidos, no século XXI a guerra cibernética foi percebida muitas vezes como uma das armas dos fracos, em contexto de severa assimetria. Nesse diapasão, as capacidades cibernéticas de potências como Coreia do Norte e Irã foram objeto de estudo e receio, em parte pelo desequilíbrio entre a sua baixa dependência de sistemas *online* ou em rede (reduzida vulnerabilidade) e a sua elevada capacidade de perpetrar ataques no ciberespaço.

Se por um lado o poder cibernético é percebido como uma ferramenta da guerra irregular e assimétrica, por outro, é entendido como um multiplicador do poder de combate de grandes potências. A mais de vinte anos, a Rússia é reconhecidamente uma potência cibernética, incorporando o ciberespaço em sua Doutrina Militar e na sua compreensão da competição estratégica e da guerra. Sendo inclusive, importante considerar que estas capacidades transcendem da esfera militar para setores como a inteligência militar e policial, como a GRU e o FSB.

Por sua vez, a China também desenvolveu expressivo poder cibernético. Na última década, esse processo desembocou na criação da Força de Apoio Estratégico do Exército Popular de Libertação (PLA). Esta nova estrutura militar congrega as missões espaciais, ciberespaciais e de guerra eletrônica das forças armadas chinesas, criando assim estruturas orgânicas para um "sistema dos sistemas" chinês. No Ocidente, mais recentemente o Reino Unido é um dos casos de destaque. Em anos recentes foi criada a 77th *Brigade* do *British Army*, responsável não apenas para as missões acima discutidas da guerra cibernética, como também para a guerra de informações (UNITED KINGDON,

2020). Esse dado é importante, pois aproxima a discussão contemporânea sobre o ciberespaço do debate mais antigo sobre infoesfera e informações (LONGSDALE, 1999). Questões contemporâneas como o papel das *Fake News* e as operações de informação, como na cobertura sobre a guerra russo-ucraniana, demonstram o *timing* correto da criação da 77ª brigada do Exército Britânico.

Por mais relevantes que os casos acima sejam na ilustração dos principais atores da segurança e defesa cibernética, os Estados Unidos ainda são a principal vitrine para o estudo do tema em tela. Nas últimas décadas, cada força singular no país possuía unidades ou subunidades responsáveis por questões de guerra informacional e cibernética. Porém, com a criação do Comando Cibernético dos Estados Unidos (U.S. *Cyber Command*) duas mudanças expressivas se fizeram notar. Primeiro, foi a tentativa de gerar interoperabilidade na arena cibernética sob a forma de um Comando Conjunto permanente. Segundo, foi a elevação do ciberespaço a domínio de operações, ou seja, um ambiente não apenas de apoio à guerra/operações, mas uma das dimensões da guerra.

Inclusive, massivos ataques contra a infraestrutura bancária e ao governo digital da Estônia em 2007, os quais a Organização do Tratado do Atlântico Norte (OTAN) reputou à Rússia, foram o estopim da criação do *NATO Cooperative Cyber Defence Centre of Excellence* (CCDOE), com sede em Tallinn, Estônia (NATO CCDCOE, s.d). Além de ações conjuntas de ciberdefesa e segurança no âmbito da OTAN, a iniciativa levou ao desenvolvimento do "Manual de Tallinn", importante documento que busca refletir as implicações do uso do espaço cibernético à luz do direito internacional. Nesse quesito, para além do âmbito estatal e de alianças militares, outras organizações como as Nações Unidas e a UNESCO buscam contribuir com a governança da internet, demonstrando que esse tópico, apesar de seu notável apelo realista, possui múltiplas dimensões na arena internacional.

Não obstante, os debates e tentativas de regulamentar o ciberespaço ensejem a promessa de mais segurança nesse novo ambiente de sociabilidade e conflito, o estado da arte da segurança e defesa cibernética aponta para questões presentes e futuras que privilegiam um cenário de mais conflito, letalidade e de uso da força cinética e não cinética.

Conforme visualizado pelo Almirante Owens nos anos 1990, os investimentos em computação e eletrônica deram a países como os Estados Unidos o potencial para o surgimento do que ele chamou de "sistema dos sistemas". Nesse sentido, os avanços nas áreas da eletrônica, computadores e redes contribuíram para maximizar o poder de combate, elevando a possibilidade de interoperabilidade entre diversos ramos das forças armadas, tal como em operações combinadas (entre forças de países diversos).

Aquilo que chamamos aqui de Revolução nos Assuntos Militares se materializou em novos e melhores meios de inteligência, vigilância e reconhecimento (IRS), capacidades de C4I avançadas (comando, controle, computadores e inteligência), tal como em uma força de precisão, impulsionada por armamento inteligente (OWENS, 1996). Se isso era verdade na passagem do século XX para o XXI, ocorre no presente outro salto tecnológico ligado diretamente à emergência do ciberespaço como domínio da guerra: a digitalização da guerra.

A interação entre o ciberespaço e o mundo físico se vê materializada, por exemplo, no amplo emprego de inteligência artificial em ações de apoio e de combate em conflitos contemporâneos. Dois casos exemplificam bem esse ponto. Primeiro, o progressivo uso das *Loitering Munitions* (Munições Vagantes) em conflitos como o de Nagorno-Karabath (2022) e segundo, o amplo emprego de drones de reconhecimento e ataque na guerra russo-ucraniana em curso. Conforme se percebe, o ciberespaço não se converte apenas em uma arena em que a força (não-cinética) é empregada contra outros alvos no espaço cibernético.

Na prática, a partir do espaço virtual é possível gerar efeitos (táticos ou estratégicos) em alvos no mundo real. De forma mais comum, o avanço da computação, a conexão entre o mundo físico e o ciberespaço contribuem substantivamente para elevar a letalidade e eficiência de diversos sistemas de armas. A promessa da integração dos sistemas pensada por Owens (1996) é hoje realidade.

Outro tema fundamental, objeto do estado da arte sobre segurança e defesa cibernética é a potencial evolução desse campo com efeito para a estratégia nacional e militar. Armas cibernéticas e o ciberespaço em si têm sido utilizados como meios ou instrumentos para produzir efeitos no mundo material e virtual. Entretanto, em que medida a emergência dessas armas em um mundo fortemente dependente do ciberespaço não elevem essa arena a outro patamar? Diante disso, duas questões emergem.

A primeira, atenta para a possibilidade do ciberespaço e das forças de ação ofensiva no mesmo se converterem em arma estratégica (TEIXEIRA JÚNIOR, VILAR-LOPES, FREITAS, 2017). O potencial disruptivo em escala nacional ou global dessas armas poderiam causar danos equivalentes ao de bombardeios estratégicos, causando elevados custos ao ator agredido (KREPINEVICH, 2012). Esta possibilidade foi ilustrada no cenário de um *"cyber Pearl Harbor"* por Clarke e Knake (2015). Um exemplo empírico que ilustra modicamente esse argumento é o já mencionado caso da Estônia em 2007. Os ataques contra o seu sistema bancário, de comunicações e governo ameaçou causar uma séria disrupção em infraestruturas estratégicas do país, sem a necessidade de um bombardeio ou tropas cruzando a fronteira.

Consequentemente, se o ciberespaço e as suas armas podem ter um efeito estratégico, em que medida é possível pensar na ampliação do seu horizonte para além de ações ofensivas e defensivas? Em caso positivo, seria possível estruturar uma estratégia de dissuasão cibernética (SMEETS & SOESANTO, 2020). Esse tema representa um dos assuntos da fronteira do conhecimento sobre estratégia no ciberespaço. Debate-se sobre em que medida ações cibernéticas poderão apoiar estratégias coercitivas, como a dissuasão ou a compelência (SMEETS & SOESANTO, 2020). Atualmente, meios cibernéticos já são usados como métodos de negação (ataques de DDoS) e punição/retaliação (Estônia em 2007). Atualmente esse debate tem sido encampado pela academia, *Think Tanks* e organizações como a CCDCOE da OTAN.

CONSIDERAÇÕES FINAIS

O presente capítulo teve como objetivo central apresentar os principais debates acerca da segurança e defesa cibernética na contemporaneidade. Para tal efeito, buscou-se realizar a introdução ao debate com o apoio da história de aspectos fundantes como a internet, o computador pessoal e o contexto dos efeitos da revolução da eletrônica e digitalização.

De forma não exaustiva, o capítulo apresentou os principais conceitos e definições para que o leitor consiga navegar nos debates sobre segurança e defesa cibernética. Com especial atenção para a decantação das camadas que compõem o ciberespaço, buscamos apresentar as principais formas de ação tática e estratégicas que ilustram o ciberespaço como arena de disputa e conflito na atualidade. Para tal, conceitos como exploração e ataque a redes de computadores foram de expressiva relevância, inclusive para dar concretude ao conceito de poder cibernético.

Seguindo-se à história do tema e a conceitos basilares, o capítulo buscou apresentar os principais atores, estatais e não--estatais, que compõem a arena do ciberespaço. Buscou-se demonstrar que para além dos extremos no imaginário – do guerreiro cibernético solitário ao uso do ciberespaço por sólidas estruturas de estado – existe uma miríade de atores que povoam esse universo de sintaxe, semântica e infraestruturas. Com destaque, demonstramos como a relação entre segurança e defesa cibernética muitas vezes é indissociável da atividade de inteligência, privada e estatal (militar e civil). Os debates, conceitos e histórico apresentados levaram o leitor a melhor compreender aspectos do estado da arte e debates de futuro do campo, tais como a virtualização da guerra, a relação entre o ciberespaço e a letalidade dos sistemas de armas, mas também a elevação desta dimensão como um domínio de operações da guerra contemporânea.

Apesar da tônica deste capítulo privilegiar a perspectiva de conflito e competição, o leitor deverá concluir que existem importantes esforços e debates no sentido da regulamentação das ações de força e exploração do espaço cibernético. Estas questões, como atribuição e culpabilidade, estão imbricadas em debates políticos mais amplos, como soberania e liberdade. Como se observa, longe de ser exaustivo, este capítulo consiste em mais uma introdução e um convite à pesquisa e reflexão. Neste admirável mundo novo, dilemas tradicionais – como segurança *versus* liberdade – são tão presentes quanto no mundo fora do ciberespaço, sendo este uma extensão de quem nós somos.

REFERÊNCIAS BIBLIOGRÁFICAS

BARLOW, J, P. A **Declaration of the Independence of Cyberspace.** Eletronic Frontier Foundation, February 8, 1996. Disponível em: https://www.eff.org/pt-br/cyberspace-independence. Acesso em: 23 mar. 2023.

CLARKE, R, A.; KNAKE, R, K. **Guerra cibernética:** a próxima ameaça à segurança e o que fazer a respeito. Rio de Janeiro: Brasport, 2015.

GARTZKE, E. **The myth of cyberwar:** bringing war in cyberspace back down to Earth. International Security, v. 38, n. 2, p. 41-73, Fall 2013. Disponível em: https://www.belfercenter.org/sites/default/files/files/publication/IS3802_pp041-073.pdf. Acesso em: 22 dez. 2017.

INTERPOL. **Cybercriminals targeting critical healthcare institutions with ransomware.** April 4, 2020. Disponível em: https://www.interpol.int/News-and-Events/News/2020/Cybercriminals-targeting-critical-healthcare-institutions-with-ransomware. Acesso em: 23 mar. 2023.

KREPINEVICH, A, F. **Cyber warfare:** a "nuclear option"? Washington, DC: CSABA, 2012.

LIBICKI, M, C. **Cyberspace is not a warfighting domain.** I/S: a Journal of Law and Policy for the Information Society, v. 8, n. 2, p. 321-336, 2012.

LONERGAN, E, D. **Cyber Proxies in the Ukraine Conflict:** Implications for International Norms. Council on Foreign Affairs, March 21, 2022. Disponível em: https://www.cfr.org/blog/cyber-proxies-ukraine-conflict-implications-international-norms. Acesso em: 23 mar. 2023.

LONSDALE, D, J. **Information power:** Strategy, geopolitics, and the fifth dimension, Journal of Strategic Studies, 22:2-3, 137-157, 1999. DOI: 10.1080/01402399908437758.

MCGUINNESS, D. **How a cyber-attack transformed Estonia.** BBC News, 27 April 2017. Disponível em: https://www.bbc.com/news/39655415. Acesso em: 23 mar. 2023.

NATO CCDCOE, NATO **Cooperative Cyber Defence Centre of Excellence.** The Tallinn Manual, s.d. Disponível em: https://ccdcoe.org/research/tallinn-manual/. Acesso em: 23 mar. 2023.

OWENS, W, A. **The Emerging U.S.** System-of-Systems, National Defense University, Strategic Forum. Number 63, February 1996. Disponível em: https://apps.dtic.mil/sti/pdfs/ADA394313.pdf. Acesso em: 23 mar. 2023.

SHELDON, J, B. **The rise of cyberpower.** *In:* BAYLIS, John; WIRTZ, James J.; GRAY, Colin S. (Org.). Strategy in the contemporary world: an introduction to Strategic Studies. 4. ed. Oxford, NY: Oxford University Press, 2013.

SLOAN, E, C. **Modern military strategy:** an introduction. Oxon, NY: Routledge, 2012.

SMEETS, M; SOESANTO, S. **Cyber Deterrence Is Dead.** Long Live Cyber Deterrence! Council on Foreign Affairs, February 18, 2020. Disponível em: https://www.cfr.org/blog/cyber-deterrence-dead-long-live-cyber-deterrence. Acesso em: 23 mar. 2023.

TEIXEIRA JÚNIOR, A. W. M.; LOPES, G. V.; FREITAS, M. T. D. **As três tendências da guerra cibernética:** novo domínio, arma combinada e arma estratégica. Carta Internacional, [S. l.], v. 12, n. 3, p. 30–53, 2017. DOI: 10.21530/ci.v12n3.2017.620.

UNITED KINGDON, Army. **77th Brigade: I**nformation Operations, 2020. Disponível em: https://www.army.mod.uk/who-we-are/formations-divisions-brigades/6th-united kingdom-division/77-brigade/. Acesso em: 23 mar. 2023.

VILAR-LOPES, G. **Ciberespaço e Estudos Estratégicos:** para uma teoria do Software Power. *In:* Augusto W. M. Teixeira Júnior; Antonio Henrique Lucena Silva. (Org.). Introdução aos estudos estratégicos. 1ed. Curitiba: InterSaberes, 2020, v. 1, p. 229-251.

CAPÍTULO 14
TERRORISMO E INSURGÊNCIA

Renato Salgado Mendes[55]

---

[55] Doutor em Ciência Política - UFF. Mestre em Relações Internacionais – UFF. Bacharel em jornalismo – UFRJ. Professor do IBMEC/RJ. E-mail: galeno23@gmail.com

INTRODUÇÃO

O terrorismo é um dos mais relevantes temas contemporâneos, tendo concentrado a atenção do mundo em momentos relevantes como o assassinato do herdeiro do trono austro-húngaro em 1914 ou os atentados de 11 de setembro de 2001. Movimentos insurgentes também moldaram grande parte do mundo atual, desde a revolução de 1917 que criou a União Soviética e a Revolução Chinesa de Mao Tsé-Tung, até os insurgentes norte-americanos contrários ao governo britânico nos Estados Unidos de hoje.

Apesar da óbvia importância do terrorismo e da insurgência para a constituição do mundo atual – e mesmo para a compreensão dele – ambos os fenômenos são campos minados conceituais. Há divergentes definições de cada um deles, e um segundo problema: muitas vezes terrorismo e insurgência são confundidos entre si.

O objetivo deste capítulo é esclarecer as interpretações atuais de cada um dos fenômenos, identificar a proximidade material e histórica entre ambos e ressaltar a importância do tema para graduandos de diversas áreas e para pessoas interessadas em compreender por que tantas vidas foram perdidas, e continuam a ser, devido às ações de terroristas e insurgentes, e às ações antiterroristas e de contra insurgência.

1. TERRORISMO

1.1 A BUSCA POR UMA DEFINIÇÃO DE TERRORISMO

Pode parecer surpreendente, mas, ao mesmo tempo em que há uma grande concordância internacional em relação à gravidade de atos terroristas, não há uma definição universalmente aceita do que é terrorismo. No campo legal, se há várias dezenas de legislações nacionais que tipificam o crime de terrorismo, não existe uma definição geral deste tipo de ação.

A primeira tentativa de se criar tal definição geral ocorreu na Sociedade das Nações, como uma resposta ao assassinato em Paris do rei Alexandre da Iugoslávia, em 1934. A proposta de Convenção para Prevenção e Punição do Terrorismo, de 1937, define terrorismo como o objetivo de causar um "estado de terror" em ato contra um Estado, e lista meios para atingir tal fim que devem ser proibidos. A convenção, porém, não foi ratificada e logo a própria organização internacional deixaria de existir com a Segunda Guerra Mundial.

Entre 1954 e 1996, a Comissão de Direito Internacional da ONU tentou definir terrorismo. A definição final foi enviada para o comitê preparatório para o Tribunal Penal Internacional. No entanto, a proposta – que também, em grande medida, mantém a interpretação de que atentados são atos contra um Estado – acabou sendo excluída do Estatuto de Roma, e, por isso, o crime de terrorismo não faz parte do TPI.

Antes disso, em 1994, a Assembleia Geral aprovou uma versão alternativa que interpreta de modo mais amplo o crime de terrorismo, colocando a população em geral como alvo prioritário, não o Estado. Na Declaração sobre Medidas contra o Terrorismo Internacional, este é definido como "atos criminosos que tenham intenção ou sejam calculados para provocar um estado de terror no público em geral, um grupo de pessoas ou pessoas particulares por motivos políticos". A declaração ainda afirma que tais atos são "injustificáveis em qualquer circunstância, não importando considerações de natureza política, filosófica, ideológica, racial, étnica, religiosa ou qualquer outra que possam ser invocadas para justificá-los". Tal definição, porém, não é vinculante aos Estados-membros da ONU.

As Nações Unidas tentariam liderar a adoção de uma definição geral vinculante do conceito de terrorismo. Em 2000, foi iniciada uma negociação para a redação da Convenção Abrangente sobre Terrorismo Internacional. Alguns trechos acordados mencionam quais são os propósitos de um ato terrorista: "intimidar uma população, ou compelir um governo ou uma organização internacional a fazer ou se abster de fazer algo". Não há qualquer menção à motivação política, o que difere esta iniciativa da imensa maioria das definições oficiais dos Estados. Segundo a proposta de convenção, o ataque deve matar ou ferir pessoas, ou causar danos sérios a propriedades públicas ou privadas. Não há exceções. Como sinalizou Ben Saul, na convenção rascunhada "é igualmente 'terrorismo' assassinar Hitler tanto quanto o líder de uma democracia que respeite os direitos (humanos)". (CHENOWETH *et al.*, p. 40)

A questão mais controversa na convenção proposta, porém, é a imprecisão em relação aos alvos: não há menção específica ao fato de eles serem civis ou militares. É possível interpretar qualquer ataque de grupos não-estatais contra forças militares estrangeiras como terrorismo sob alegação de violência política contra um Estado.

1.2 TERRORISMO DEPOIS DO 11 DE SETEMBRO

Apesar da ausência de menção ao terrorismo na Carta da ONU, a partir da década de 1990 o Conselho de Segurança passou a condenar atos terroristas. Em 1999, por exemplo, membros da al-Qaeda e do Talibã foram sancionados.

Tudo mudou após os ataques de 11 de setembro de 2001. Na resolução 1373 (setembro de 2001), o Conselho determina que os Estados:

> *Devem garantir que os atos terroristas sejam estabelecidos como infrações criminais graves nas leis e regulamentações domésticas e que a gravidade desses atos seja devidamente refletida nas penas cumpridas.*

O Conselho de Segurança tornou, portanto, obrigatória a criação de legislações nacionais que punam o terrorismo. Mas o Conselho não definiu terrorismo. Em termos práticos, a resolução 1373 criou o contexto para uma onda de divergentes definições do crime de terrorismo que foram, muitas vezes, utilizadas por Estados para perseguir opositores e insurgentes, independentemente de possíveis justificativas. A "Guerra ao Terror" dos EUA se tornou a guerra ao terror de muitos Estados, que passaram a descrever como terroristas (e agirem brutalmente contra) movimentos por vezes legítimos. Foi o caso dos EUA e seus *black sites*, da Rússia no Cáucaso e da China em Xinjiang.

A reação da sociedade civil levou o Conselho de Segurança adotar a resolução 1566 (2004), na qual aponta uma definição de terrorismo. Atos terroristas são:

> *Atos criminosos, inclusive contra civis, cometidos com a intenção de provocar a morte ou ferimentos físicos sérios, ou a ação de tomar reféns, com o propósito de provocar um estado de terror no público em geral ou em um grupo de pessoas*

> *ou em pessoas particulares, de intimidar a população ou de compelir um governo ou uma organização internacional a fazer ou se abster de realizar qualquer ato, que constituam infrações dentro do escopo e tal como definido em convenções internacionais e protocolos relacionados ao terrorismo.*

A definição é quase idêntica à adotada pela Assembleia Geral em 1994, inclusive quando afirma que os atos criminosos não são justificáveis por considerações de qualquer natureza. Tal definição poderia ter o efeito de limitar o uso por parte de governos de legislações nacionais antiterroristas contra adversários políticos ou grupos com pleitos legítimos. O impacto da resolução 1566, no entanto, foi limitado. A resolução não foi apresentada como uma definição do conceito de terrorismo a ser adotada pelos Estados, mas como uma direção a ser seguida pela comunidade internacional[56].

Mais do que isso. Em outubro de 2004, quando ela foi aprovada pelo Conselho, grande parte dos Estados já tinham adotado ou modificado suas leis relativas ao terrorismo e não fariam novas mudanças devido a uma mera recomendação do Conselho. Certamente não uma modificação que limitaria a liberdade de ação do Estado (CHENOWETH *et al.*, p. 44).

1.3 UMA DEFINIÇÃO DE TERRORISMO

Não há uma definição de terrorismo universalmente aceita. Inexistem convenções internacionais que tenham encontrado acolhida majoritária da comunidade de Estados. Há apenas algumas indicações que constam de tratados com abrangência limitada, como a Convenção para a Supressão do Financiamento

---

[56] O termo adotado é: (o Conselho) "recorda que...". Para tornar algo vinculante aos Estados-membros, o Conselho deve usar termos como "decide", "exige" ou "requer".

do Terrorismo (de 1999, em vigor desde 2002). A proposta de definição da Assembleia Geral, de 1994, repetida pelo Conselho de Segurança em 2004, não é vinculante. É possível, porém, buscar elementos nas discussões acadêmicas, em repetições de termos na maioria das legislações nacionais e até mesmo no bom-senso.

Dois pesquisadores holandeses – Alex Schmid e Albert Jongman – pesquisaram 109 diferentes definições do conceito de terrorismo em trabalhos acadêmicos e instituições governamentais (CHALIAND e BLIN, 2007, págs. 13-14)[57]. E identificaram três elementos sistematicamente mencionados: o uso da violência, a existência de objetivos políticos; e a instigação do sentimento de pânico ou terror. Com menor número de menções, mas ainda significativas, estão a seleção arbitrária ou indiscriminada de alvos; e a seleção de civis, não-combatentes ou indivíduos neutros[58].

Resta um problema. Uma definição de terrorismo deve ter alguma utilidade prática, e uma delas é a punição de pessoas que cometam tal tipo de crime. Mas é necessário identificar algo específico. Se utilizarmos apenas os termos mencionados no parágrafo precedente, tanto a bomba da Ku Klux Klan que

---

57   A legislação brasileira sobre o crime de terrorismo é de 2016. Segundo a lei 13.260/2016, o "terrorismo consiste na prática por um ou mais indivíduos dos atos previstos nesse artigo, por razões de xenofobia, discriminação ou preconceito de raça, cor, etnia e religião, quando cometidos com a finalidade de provocar terror social ou generalizado, expondo a perigo pessoa patrimônio, a paz pública ou a incolumidade pública". Não há menção a objetivos políticos. Depois dos ataques de 8 de janeiro de 2023 às sedes dos Três Poderes, da tentativa de detonar uma bomba no aeroporto de Brasília em dezembro de 2022 e de ataques a 11 torres de energia em 2023 a ausência de motivação política na legislação vigente motivou a apresentação de projeto de lei que pretende inserir o elemento político na legislação. No momento da redação desse texto, o projeto ainda está em discussão.

58   Quase todos os elementos citados são autoexplicativos. A seleção indiscriminada de alvos, porém, merece um esclarecimento. Caso os alvos de ataques terroristas fossem muito específicos, uma das mais importantes intenções de um grupo terrorista – gerar terror – estaria comprometida. Se só fossem atacados, por exemplo, quartéis, a massa de civis ou mesmo agentes governamentais não sentiriam medo.

matou quatro crianças negras numa igreja batista no Alabama em 1963 quanto a bomba atômica em Hiroshima em 1945 seriam identificados pela mesma palavra: terrorismo.

Uma última distinção deve ser feita, portanto. Sem negar a obviedade de que Estados mataram um número incomparavelmente maior de pessoas e provocaram destruição maior do que almejam os mais brutais grupos não-estatais, é preciso traçar uma linha entre o que é feito em nome do Estado e o que é realizado por grupos não-estatais. Quando mencionados crimes cometidos por governos é frequente o uso da expressão "terrorismo de Estado".

Com isso, é possível delinear uma definição de terrorismo suficientemente robusta, mas não excessivamente detalhada. Podemos considerar que o terrorismo é o uso da violência, por indivíduos ou grupos não-estatais, contra civis ou não-combatentes que pretende gerar medo generalizado numa sociedade ou em um nicho específico dela com o objetivo de atingir determinado propósito político.

2. INSURGÊNCIA

2.1 DEFINIÇÃO DE INSURGÊNCIA

Até recentemente, se o uso do termo insurgência podia gerar alguma dúvida na opinião pública, em discussões em instituições governamentais, militares ou acadêmicas sua definição era considerada em grande medida incontroversa. No campo das narrativas políticas, quando alguém identifica um grupo como guerrilheiro ou como terrorista normalmente isso descreve melhor as intenções de quem fala do que o grupo insurgente em si. Caso o interesse de quem descreve um evento seja contrário ao grupo, este é descrito como terrorista. Se, ao contrário, houver alguma simpatia pela causa (mesmo que não necessariamente pelos métodos adotados), o grupo é descrito como guerrilheiro ou insurgente.

Entre especialistas, no entanto, a definição para o conceito de insurgência era bem menos problemática. A definição das forças armadas estadunidenses, descrita na Doutrina Conjunta[59], é: "Um movimento organizado que tem como objetivo a derrubada de um governo constituído por meio do uso de subversão e conflito armado". Como descreve o manual de campo do Exército dos EUA:

> A distinção-chave entre uma insurgência e outros movimentos é a decisão de usar a violência para alcançar objetivos políticos. Uma insurgência é tipicamente uma luta interna dentro de um Estado, não entre Estados. Ela é normalmente uma luta política e militar prolongada destinada a enfraquecer o poder, o controle e a legitimidade do governo existente, ao mesmo tempo em que aumenta o poder, o controle e a legitimidade da insurgência. (EXÉRCITO DOS EUA, 2009, p. 1)

Nas definições tradicionais do conceito de insurgência há referência ao uso da violência, mas não ao tipo de violência utilizada. Durante o período da Guerra Fria, a imagem gerada pelo uso da palavra insurgência trazia a ideia de grupos guerrilheiros realizando operações militares assimétricas contra as forças armadas de um país, buscando atenuar a disparidade de capacidade bélica com o uso de táticas como sabotagem e ataques *hit and run*.

---

59 A *Joint Doctrine* define os princípios gerais das forças armadas dos EUA. É feita pelo Estado Maior Conjunto.

Estudos mais recentes passaram a identificar uma complexidade maior nos diferentes grupos insurgentes. Além disso, a ascensão do terrorismo internacional ao status de preocupação mundial depois dos ataques do 11 de Setembro e o óbvio uso, por parte de várias organizações insurgentes, de métodos que se encaixam nas definições mais aceitas de terrorismo acrescentaram dúvidas legítimas acerca da real distinção entre terrorismo e insurgência.

2.2 A DIFICULDADE DE DISTINGUIR O TERRORISMO DA INSURGÊNCIA

Possivelmente uma das maiores dificuldades na seleção dos termos terrorismo ou insurgência para definir grupos que estejam agindo em determinada região se dá pelo modo com o qual são realizadas as pesquisas formais sobre estes temas. É da natureza no mundo acadêmico uma divisão do trabalho que faz com que investigadores se especializem, criando áreas estanques entre si no ambiente conceitual, mas que muito frequentemente se misturam na vida prática. Quase sempre é impossível distinguir política, economia e segurança na vida cotidiana de um país, mas isso não faz com que estas três áreas deixem de ser estudadas isoladamente no meio acadêmico.

O mesmo se dá nos estudos relativos ao terrorismo e à insurgência. O fato de ser extremamente comum que grupos insurgentes utilizem em maior ou menor grau, ou em algum período de sua existência, práticas terroristas não faz com que os dois fenômenos sejam passíveis de estudo com as mesmas ferramentas de pesquisa. Daí uma certa dificuldade na distinção entre um e outro.

Estudiosos do campo da insurgência costumam considerar que o terrorismo é uma tática (BUNKER, 2016, p. 6), ou seja, um meio para atingir um fim, que é assumir o controle de um Estado ou de uma região. Nesse sentido, haveria uma precedência hierárquica concedida ao estudo de insurgência.

No entanto, o terrorismo, pode ser um fim em si mesmo. O medo gerado por ações violentas pode se dar para manter um determinado *status quo* ou ser uma declaração pública de princípios (a "filosofia da bomba", como descreve Walter Laqueur (2033, p. 55), sem intenção de assumir o poder. Seu interesse pode ser, até mesmo, apenas a destruição das estruturas de poder, não a substituição delas por outras. Assim, para investigadores do terrorismo, submeter seu estudo à disputa pelo poder seria não apenas limitante, mas factualmente errada.

3. TERRORISMO ENQUANTO TÁTICA

Não importando se um ataque violento contra civis se insere num contexto maior de tentativa de tomada do poder ou não, uma pergunta permanece: o que leva um indivíduo ou grupo a realizar tal tipo de ação?

Há duas grandes correntes. Uma prefere classificar os eventos terroristas em ciclos históricos. A mais influente dessas classificações é a de David Rapoport, que defende a existência de quatro ondas no terrorismo moderno: anarquista (dos anos 1880 até a década de 1920), anticolonial (anos 1920-1960), nova esquerda (anos 1960-1990) e extremismo religioso (de 1979 até a atualidade).

Tal classificação é bastante útil, principalmente como uma abordagem inicial do fenômeno. Mas o número de exceções é tão significativo que esta simplificação é insatisfatória. As explosões de trens que mataram centenas de pessoas na Itália nos anos 1970 foram realizadas por grupos de extrema-direita. E as explosões que mataram centenas na Cidade de Oklahoma, em 1995, ou Oslo, em 2011, se deram por ações individuais de fanáticos políticos, não religiosos.

Outra forma de classificação é analisar a intenção por trás dos ataques. Tais classificações são inúmeras. Menciono aqui as que são, provavelmente, as mais frequentemente citadas[60], por abarcarem quase todos os atos terroristas[61].

3.1 PROPAGANDA ATRAVÉS DO EXEMPLO

Um dos elementos essenciais de um ataque terrorista, como vimos, é seu efeito psicológico. A palavra "terror" indica isso. Mas muitas vezes o ato violento busca também um elemento propagandístico, o ato como uma declaração de princípios e da possibilidade de os oprimidos conseguirem atingir os opressores.

Esta certamente é uma das características ligadas à onda anarquista de Rapoport. Grupos anarquistas dissidentes da corrente principal deste movimento ideológico do século XIX – muitas vezes influenciados por integrantes do movimento niilista – passaram a realizar "tiranicídios". Sua intenção não era produzir um movimento político para substituir o governo por outro, mas apenas destruir. Tais ações passaram a ser adotadas também por integrantes de grupos insurgentes nacionalistas, cujas intenções eram criar um Estado para a nação do grupo.

---

60 Classificação adotada por Ariel Merari em CHALIAND e BLIN (2007, págs. 33-37).
61 Um ataque terrorista pode ser inserido em mais de uma das classificações a seguir.

Em comum entre esses ataques está o fato de que o assassinato público de líderes políticos ser uma forma de demonstrar não apenas a fragilidade dos poderosos diante da convicção dos assassinos, mas também a sinceridade do movimento. Além de palavras, os terroristas usavam seus corpos. Muitas vezes, os assassinos não fugiam depois de ataques contra nobres ou empresários, e usavam seus julgamentos para defender suas ideias.

Dezenas de figuras políticas e integrantes da nobreza europeia foram mortos em ataques desta ordem. Exemplos são os assassinatos do czar Alexandre II por anarquistas, em 1881, e do herdeiro do trono austro-húngaro, Francisco Fernando, em 1914, por um grupo nacionalista eslavo.

3.2 INTIMIDAÇÃO

Grupos que utilizam ações terroristas sempre levam em consideração o medo a ser gerado. A intenção de intimidar, no entanto, pode ter um propósito mais específico. Se o temor que surge do evento muitas vezes é geral, aqui a intenção é (também) causar pânico em um grupo específico de pessoas.

Os alvos do grupo podem ser desde integrantes do governo ou das forças policiais até categorias mais amplas de pessoas que contrariem os interesses do grupo. Grupos insurgentes como o Vietcong, no Vietnã, e a Frente de Libertação Nacional, da Argélia (ambos nos anos 1960) atacavam pessoas que presumivelmente colaboravam com o governo.

Categorias mais específicas podem ser alvos de ataques terroristas de intimidação. Juízes foram alvos da máfia siciliana; e jornalistas de paramilitares no Cone Sul durante as últimas ditaduras militares ou de narcotraficantes no século XXI.

3.3 PROVOCAÇÃO

Com origem no século XIX, mas conscientemente adotada por grupos insurgentes de extrema-esquerda na segunda metade do século XX, a estratégia de provocação busca, de modo aparentemente contraditório, obrigar o Estado a aumentar a repressão. Tal reação acabaria por afetar uma parcela mais ampla da sociedade, que, ao sentir a opressão, passaria a apoiar e, no futuro, até mesmo se juntar ao movimento insurgente.

Um dos responsáveis por divulgar tal ideia foi o insurgente brasileiro Carlos Marighella, autor do Manual do Guerrilheiro Urbano, de 1969. Segundo ele, o "governo não tem alternativa exceto intensificar sua repressão. (...) O sentimento geral é o de que o governo é injusto, incapaz de resolver problemas, e recorre somente à liquidação de seus oponentes." (MARIGHELLA, 1969, p. 57)

A ideia de gerar apoio popular através do aumento da repressão foi aplicada por grupos como o movimento palestino Fatah durante a primeira intifada (1987-1993) e os Tupamaros, no Uruguai, na década de 1970.

3.4 ESTRATÉGIA DO CAOS

Se na tática da provocação a ideia é mostrar a opressão do governo, grupos terroristas por vezes tentam demonstrar a incapacidade do governo em manter a lei e a ordem. O objetivo é realizar ataques que têm como intenção gerar "caos" e pretendem atingir um objetivo inverso do modo de ação descrito no ponto.

De modo pouco surpreendente, é um estilo de terrorismo mais ligado a movimentos de extrema-direita. Ao contrário da tática da provocação, a ideia é mostrar que governos ou instituições estatais progressistas são fracos e o Estado padece de desordem e insegurança, portanto é necessário um regime forte.

Essas foram as intenções de grupos terroristas de extrema-direita na Europa, como nos ataques a trens na Itália nos anos 1970 e à Oktoberfest de 1980 em Munique. No Brasil, em dezembro de 2022, um dos integrantes do grupo que tentou explodir uma bomba num caminhão no aeroporto de Brasília explicou à polícia que sua intenção era "causar o caos".

3.5 ESTRATÉGIA DO ATRITO

Nesta forma de ação o grupo insurgente enxerga o emprego de ações terroristas como parte de uma estratégia prolongada que objetiva vencer o adversário pela exaustão. Manter por períodos longos ataques que coloquem as forças inimigas em permanente estado de vigília e humilhação pública pelo fracasso em impedir atentados é a forma de ação escolhida.

O uso desse "atrito" é uma forma de insurgência que inclui os atentados violentos como modo preferencial de luta, não como tática pontual. A decadência gradual da legitimidade do governo auxiliaria o aumento da força do grupo insurgente com o passar do tempo.

Essa tática é a mais frequentemente associada a grupos guerrilheiros em luta contra adversários internos ou forças de ocupação estrangeiras. É possível enxergar essa forma de atuação no movimento liderado por Mao Tsé-Tung, na China, e por forças de resistência à ocupação nazista em diversos países durante a Segunda Guerra Mundial.

4. ANTITERRORISMO OU CONTRAINSURGÊNCIA?

É papel do Estado garantir a segurança de sua população, e a existência de grupos que usam táticas terroristas é um sério problema a ser enfrentado. Mas a diferença entre os dois fenômenos, terrorismo e insurgência, obriga a métodos distintos de ação.

A postura adotada pelos Estados contra insurgências – a contrainsurgência, ou COIN – variou de época para época, e varia de país para país. Principalmente, varia de caso a caso dependendo da urgência da reação governamental. Enfrentar uma insurgência que ameace a continuidade de seu governo e que pode mudar o caráter do seu país é qualitativamente diferente de apoiar um governo aliado que lute contra os inimigos internos dele.

Os eventos de 11 de setembro de 2001 também tiveram como um de seus efeitos uma discussão sobre a hierarquia da importância de grupos insurgentes e terroristas para as questões de segurança. Se ataques terroristas agora podem derrubar os dois prédios mais altos da capital econômica da maior potência militar do planeta, o terrorismo se tornou um perigo maior do que a insurgência para a estabilidade internacional?

4.1 CONTRAINSURGÊNCIA

A contrainsurgência pode parecer uma atividade simples. Se há um grupo que tem como intenção tomar o poder de um país ou uma região, a resposta deve ser bélica, no campo de batalha. Mas o pensamento contemporâneo sobre o tema é bem mais complexo.

É necessário um elemento militar no combate à insurgência. Mas, como disse um dos oficiais que prenderam Fidel Castro (no início da guerrilha que, anos depois, o levaria ao comando de Cuba) ao impedir seu fuzilamento por um soldado, "não se matam ideias". Ou seja, tão importante quanto vencer no campo de batalha é atacar a causa do ressentimento que levou aquele grupo a se insurgir em primeiro lugar.

A ação de contra insurgência envolve um aspecto militar, policial e de inteligência; um elemento de propaganda política, pois o governo busca retomar a legitimidade angariada pelos insurgentes junto a uma população; e um elemento social, que é agir para efetivamente retirar o motivo para a existência do movimento insurgente identificando e extinguindo (ou minimizando) a causa do levante.

4.2 ANTITERRORISMO

Até recentemente, a grande preocupação dos governos era conter movimentos insurgentes, que frequentemente usavam táticas terroristas. O terrorismo (descolado de grupos insurgentes) era um problema grave de segurança, mas não na mesma escala das insurgências. A forma de atuação era identificar o grupo que se prepara para realizar um ataque terrorista e neutralizá-lo. É mais fácil falar o que fazer isso, é claro. Organizações terroristas tendem a ser menores do que grupos insurgentes. Por vezes, são apenas indivíduos. E podem ser muitos, e com motivações variadas.

Até mesmo o pessoal treinado e equipado para ações antiterroristas costuma – ou costumava – ser diferente. Grupos terroristas eram alvos de forças policiais, enquanto o trabalho de contrainsurgência cabia às forças armadas.

4.3 LINHAS BORRADAS

Tudo mudou com o 11 de Setembro e as novas formas de comunicação. O terrorismo internacional mostrou uma capacidade destrutiva inédita, o que já mereceria uma potencial revisão nas prioridades nas ações de segurança nacional. Grupos terroristas, como a al-Qaeda, não fazem reivindicações territoriais. Defendem uma versão medieval do Islã, em que regiões habitadas por muçulmanos sejam governadas por pessoas que imponham uma lei supostamente sagrada. Como descreve Steven Metz, "a al-Qaeda não era um movimento insurgente, mas apoiava insurgências que compartilhavam de sua ideologia e visão de mundo" (METZ, 2007, p. 8).

Grupos assim se tornaram uma ameaça permanente e sem local fixo. Células realizam ataques, mas também são fomentados atentados de indivíduos radicalizados através da internet. Além disso, grupos insurgentes em diversos locais (como em Nigéria e Filipinas) passaram a criar laços com o extremismo religioso da al-Qaeda. A ascensão do Estado Islâmico tornou a diferença entre grupos insurgentes e terroristas ainda menos clara. Além da brutalidade e do uso dela para fins propagandísticos, o Estado Islâmico passou a fomentar atentados em outras regiões do planeta.

Em outras palavras, a linha que separava vários aspectos que diferenciavam organizações terroristas de grupos insurgentes se tornou menos clara, ou, em alguns casos, inexistente. Com isso, surge um debate sobre a forma mais eficaz de combate a tais grupos: longos engajamentos de contrainsurgência ou poderosas operações militares de curto prazo? (METZ, 2017)

CONSIDERAÇÕES FINAIS

Terrorismo e insurgência são dois dos temas mais relevantes para os estudos de segurança internacional. A compreensão deles é fundamental para se entender algumas das mais relevantes questões contemporâneas.

Ao mesmo tempo, possivelmente estamos numa fase de transição na compreensão desses fenômenos. O conhecimento legado pela longa experiência e as táticas usadas para contê-los enfrentam dificuldades ao lidar com as novas formas de brutalidade com fins políticos.

O recente fracasso da mais longa ação de contra insurgência dos EUA, no Afeganistão, pode indicar que nos anos vindouros ocorrerá uma revisão das formas de atuação. Se isso significará o surgimento de ações que combatam de modo mais eficiente a violência covarde de ataques contra civis pegos de surpresa, ou um alarmante aumento da letalidade dos próprios Estados contra grupos dissidentes com potenciais causas legítimas, só encontraremos respostas no futuro.

REFERÊNCIAS BIBLIOGRÁFICAS

ASSEMBLEIA GERAL DA ONU. **Resolução 49/60.** Declaration on measures to eliminate international terrorism. Nova York: ONU, 1994.

BUNKER, R, J. **Old and New Insurgent Forms.** Washington: Strategic Studies Institute, US Army War College, 2016.

CHALIAND, Gerald e BLIN, Arnaud (eds.). **The history of terrorism – from antiquity to al Qaeda.** Berkeley: University of California Press, 2007.

CHENOWETH, E, ENGLISH, R, GOFAS, A e KALYVAS, S (eds.). **The Oxford Handbook of Terrorism.** Oxford: Oxford University Press, 2019.

COMITÊ PREPARATÓRIO PARA O ESTABELECIMENTO DE UM TRIBUNAL PENAL INTERNACIONAL. **Summary of the proceedings of the preparatory committee during the period 25 march-12 april 1996.** Nova York: ONU, 1996.

CONSELHO DE SEGURANÇA DA ONU. **Resolução 1373.** Nova York: ONU, 2001.

CONSELHO DE SEGURANÇA DA ONU. **Resolução 1566.** Nova York: ONU, 2004.

EXÉRCITO DOS EUA. **Field Manual 3-24.2** – Tactics in counterinsurgency. Washington: Department of the Army, 2009.

LAQUEUR, W. **Una historia del terrorismo. Buenos Aires:** Paidós, 2003.

MARIGHELLA, C. **Manual do Guerrilheiro Urbano. Joinville:** Clube de Autores, 2022.

METZ, S. **Rethinking Insurgency. Washington:** Strategic Studies Institute, US Army War College, 2007.

METZ, S. A**bandoning Counterinsurgency.** Journal of Strategic Security, Vol. 10, n. 4, p. 64-77, 2017.

RAPOPORT, D. **Waver of Global Terrorism:** From 1879 to the Present. Nova York: Columbia University Press, 2022.

SOCIEDADE DAS NAÇÕES. **Convention for the Prevention and Punishment of Terrorism.** Genebra: Biblioteca do Congresso dos EUA, 1937.

CAPÍTULO 15
OS CONCEITOS DE SEGURANÇA E DE DEFESA NACIONAL: DAS SENSAÇÕES, DAS COISAS E DO MUNDO[62]

José Luiz Niemeyer dos Santos Filho[63]

---

62 Este texto é uma adaptação da tese de doutorado de minha autoria, intitulada "Ideologia da Segurança versus Política de Defesa. Uma análise histórica e conceitual", defendida em 2005 no Departamento de Ciência Política da FFLCH/USP.

63 Pós-Doutor em Ciência Política – UNICAMP. Doutor em Ciência Política – USP. Graduado em Economia – PUC/SP. Formado pelo CAEPE/ESG. Professor Titular e Coordenador do Curso de Relações Internacionais do IBMEC/RJ. Professor do Programa de Mestrado em Economia do IBMEC/RJ. Comentarista de Relações Internacionais da Globo News. Ex-professor visitante da Universidade de Coimbra e da Universidade de Calgary. Ex-pesquisador do NAIPPE/USP. Ex-Consultor da Jane's Information Group. Desenvolvendo seu segundo Estágio Pós-Doutoral, agora em Defesa e Estudos Estratégicos no NAEA/UFPA.

INTRODUÇÃO: A SEGURANÇA E A DEFESA NO PLANO NACIONAL – UMA ABORDAGEM CONCEITUAL E HISTÓRICA

A análise dos conceitos de segurança e defesa nacional passam, necessariamente, pela compreensão do que seja *segurança e defesa*. Seja nos dias de hoje como no passado, os autores que se ocupam com o significado de tais palavras no seu sentido mais estrito, demarcam um ponto comum sobre tais definições: o conceito de segurança se refere a um determinado *estado* a ser alcançado, enquanto defesa estabelece um conjunto específico de *ações* que serão postas em prática para a manutenção ou busca de uma situação de segurança, conforme observado como princípio geral por muitos autores, manuais teóricos e dicionários técnicos de relações internacionais, ciência política e estratégia militar (cf. KIELHORN, 1965; SHAFRITZ, 1998; KRIEGER, p. 820, 1993; US DEPARTMENT OF DEFENSE, 1995; HUNTINGTON, 1996; EVANS & NEWNHAM, p. 623, 1998; CHALLIAND & BLIN, 1998).

Assim, diretamente relacionado ao objetivo deste capítulo, será possível também insistir em uma ideia básica, aquela que proclama que tais conceitos de segurança e de defesa nacional definitivamente não encerram um igual significado – conforme alguns estudiosos preferem de forma genérica sublinhar, sugerindo, por exemplo, que uma política de segurança nacional e de defesa nacional sintetizam uma mesma abordagem[64]

---

64   Sobre este ponto ver a passagem do artigo de PEREIRA, Antônio Carlos. *Por uma política de defesa*. In: "Premissas", Núcleo de Estudos Estratégicos/Unicamp, Caderno 14, dezembro de 1996, p. 150. Em algumas passagens do referido documento o autor trata das políticas de "segurança nacional" e "defesa nacional" como se estas estivessem fundamentadas sob uma mesma base conceitual.

Em uma visão mais técnico-teórica, no campo dos chamados Estudos Estratégicos parte-se da premissa que os termos *segurança* e *defesa* estão basicamente relacionados a uma visão estado-centrista da realidade política. Neste caso, a segurança do Estado seria um objetivo a ser alcançado fundamentado em ações de defesa organizadas pelo corpo estatal e/ou por governos estabelecidos.

Assim, verifica-se que a relação entre segurança e defesa nacional é também marcada "(...) por um dado senso de *complementariedade* conceitual a partir da ideia de que na busca da "segurança" prepara-se a "defesa", vista a "defesa" como o *instrumento* colocado para alcançar a condição de "segurança.". (cf. SANTOS FILHO, p. 22, 2005)

Buscando aprofundar esta discussão sobre segurança e defesa, quer seja nos significados estritos e particulares destas palavras, quer seja numa perspectiva da sua adaptabilidade à ordem nacional-estatal, vejamos a seguir uma sequência de eventos históricos marcados pelo peso relativo de tais conceitos. Partir-se-á de perspectivas históricas mais amplas, sistêmicas, até se chegar ao contexto doméstico brasileiro em particular.

Com o fim da Segunda Guerra Mundial, marcadamente uma guerra entre países, a Guerra Fria surge como uma das consequências do panorama geoestratégico pós-1945. O conflito bipolar entre Estados Unidos da América e a ex-União Soviética, somados os respectivos aliados, marcadamente um conflito de cunho ideológico, no qual a estratégia de guerra de conquista e de invasão é substituída por uma abordagem mais ampla – que envolveria não apenas os fatores militares mas também culturais, econômicos, tecnológicos e de diplomacia –, deflagra também, como consequência, a ideia de segurança nacional que incorpora uma gama variada de recursos de poder e de valores para alcançar um objetivo comum: a busca da hegemonia com vistas à supremacia de uma determinada concepção de mundo sobre outra.

Neste período a segurança nacional ganha uma dinâmica própria, transforma-se em *meio* e *fim*, sendo interpretada pelos governos dos países de acordo com o nível de participação e relevância que cada Estado estivesse ocupando no cenário genérico da Guerra Fria. Por conseguinte, a organização da defesa nacional revela-se um claro apêndice do arcabouço de normas e regras que formatam a doutrina, ou, como querem alguns estudiosos do tema, a *ideologia* da segurança nacional (cf. COMBLIN, 1978).

Cada Estado interpretou a segurança nacional de uma determinada forma, considerada a lógica da Guerra Fria e os desdobramentos particulares projetados sobre cada contexto doméstico de países mais ou menos envolvidos. Nos Estados Unidos da América, um dos centros de poder à época, a ideia de segurança nacional ganha contornos quase infinitos. Acerca desta abordagem, Joseph Comblin formula a seguinte linha de análise, sustentando que:

> *Nos Estados Unidos, a segurança nacional tornou-se uma linguagem [...]. A segurança nacional é valor do qual se fala o tempo todo e que não precisa ser explicada nem justificada: ela é anterior a toda reflexão ou discussão, o pressuposto do qual se imagina que todos estejam muito conscientes.*
>
> *[...] Pois existe uma mística da segurança nacional. Apaixonada, violenta, intolerante como toda mística. Uma mística que pode chegar a um encantamento. Aliás, a força desse encantamento foi transmitida à América Latina. A expressão "segurança nacional" é o encantamento que interrompe qualquer discussão, que dá a palavra final, que serve para calar qualquer objeção e questionamento. Uma vez invocada a segurança nacional, todos se calam. (cf. COMBLIN, p. 106, 1978)*

A América Latina, principalmente durante o período da Guerra Fria, configurou-se num contexto específico para as questões de segurança nacional. A influência norte-americana no continente, de caráter histórico, desde quando posta em operação a chamada Doutrina Monroe em 1823, aprofundou-se durante o período da Guerra Fria, quer seja de uma forma mais direta, como o ocorrido no caso de alguns países da América Central, quer seja de forma indireta, no tocante aos países sul-americanos.

Geraldo Cavagnari Filho sugere a seguinte perspectiva sobre este ponto: "Durante a guerra fria os países sul-americanos definiram sua segurança como garantia relativa em face do expansionismo soviético e da subversão comunista. [...] De certo modo, a segurança de cada país na região tornou-se inseparável da segurança nacional norte-americana. Nesse contexto, ela foi invocada para justificar quase tudo – desde os programas de desenvolvimento econômico até as violações sistemáticas dos direitos humanos." (CAVAGNARI FILHO, p. 25, 1994).

O formato conceitual de uma "doutrina de segurança nacional" norte-americana fundamentou as concepções estabelecidas pelo outros Estados latino-americanos. Para se ter uma ideia da extensão e profundidade desta abordagem basta lembrar-se da influência militar europeia, no Brasil, através da chamada "Missão Militar Francesa", principalmente sobre um grupo de oficiais do Exército brasileiro durante as primeiras décadas do século XX, e mencionada por alguns autores (COELHO, p. 110, 2000), cujo significado é limitado se comparado ao papel desempenhado pela visão totalizante de segurança nacional, produzida pelos EUA durante o período da estratégia de contenção ao comunismo.

A matriz teórica norte-americana no campo da segurança e da defesa nacional, aprimorada quando da participação dos

EUA na Segunda Guerra Mundial e cristalizada no surgimento de novas necessidades estratégicas durante o período da Guerra Fria, acabou influenciando principalmente o Brasil. As ações de defesa, de perfil militar, colocadas em prática durante o conflito encerrado em 1945, no qual a posição brasileira no continente colocava-se como referencial operacional para as forças aliadas (CONN & FAIRCHILD, 2000), permanecem, durante o conflito entre os Estados Unidos e a ex-União Soviética, caracterizadas como um conjunto de atos claramente relacionados ao campo militar do poder nacional, e sempre subordinadas ao ideário da segurança nacional.

A concepção *de* segurança nacional no Brasil, ativa, abrangente e tutelada pelo Estado, ganha cada vez mais espaço em um mundo marcado pelo conflito de cunho ideológico e pela necessidade criada de se combater os "inimigos" do Estado, tanto na esfera externa – a elaboração da política exterior, principalmente no período posterior a 1964, recebia a influência direta do Conselho de Segurança Nacional, órgão subordinado à Presidência da República (PINHEIRO, p. 449, 2000) –, como no ambiente interno do País.

Aprimoram-se os conceitos de segurança nacional, *externa* e *interna*, assim como se organiza também a operacionalização de *uma* defesa nacional voltada para as ameaças de além-fronteiras, e, ao mesmo tempo, preparada, nos casos específicos de emergências, inclusive institucional, para atuarem no contexto doméstico.

Cabe aqui um parêntese para destacar o papel que a chamada Escola Geopolítica – preconizadora da projeção de poder fundamentada no espaço geográfico vital e nos recursos nacionais disponíveis –, desempenhou para a sedimentação de uma concepção *brasileira* de segurança e de defesa nacional. Destaque para os geopolíticos brasileiros como Mário Travassos, Everardo

Backheuser, Golbery do Couto e Silva, Therezinha de Castro e tantos outros aqui não citados.

É interessante também notar como as formulações acerca de temas como "segurança", "nação", "poder" e "desenvolvimento", ainda no início do século XX, auxiliaram, de forma preponderante, a elaboração de uma Doutrina de Segurança Nacional para o País. Sobre este aspecto, vejamos o que menciona Shiguenoli Miyamoto (MIYAMOTO, p. 80, 1995) "[...] pode-se verificar que a Doutrina de Segurança Nacional é o resultado não só do pensamento de Alberto Torres e Oliveira Vianna, como também de Góes Monteiro e remontando ainda ao positivismo comtiano que sempre esteve presente no pensamento militar brasileiro".

Depois desta panorâmica histórico-temporal sobre a elaboração e sedimentação dos conceitos de segurança e defesa em uma dinâmica *nacional*, desde o contexto da Segunda Guerra Mundial, passando pelas décadas de Guerra Fria, influência na América Latina e, por fim, como tais conceitos se emolduraram à realidade político-institucional do Brasil, passa-se para panorama-mundo, discutindo a influência deste plano *internacional* definindo o sentido de segurança e defesa.

1. A SEGURANÇA E A DEFESA NO PLANO INTERNACIONAL

O sentido de segurança e defesa num plano "internacional", principalmente quando confrontados os limites destes significados, suscita questionamentos importantes. A mesma lógica de um *desejo* de segurança, que se estabelece primeiramente na vida nacional, espalha-se nos quatro quadrantes, regiões e comunidades políticas do sistema internacional?

E, nesta significação, na qual sobressai o caráter definitivamente concreto da *defesa*, tais ações de defesa se sobressaem ao *desejo* por uma condição de segurança num plano entre nações? E qual defesa? A partir de um aparato conceitual e operacional que pertence a cada Estado – um sistema de defesa *nacional* – ou ter-se-ia já uma concepção e uma operacionalidade de um pretenso sistema de defesa *internacional*?

Para responder a estas questões é mister contextualizar o plano internacional numa perspectiva contemporânea, mas que aponte para os dias atuais. Depois do período da Guerra Fria e da específica formatação do binômio segurança-defesa durante quase cinco décadas, o mundo pós-Guerra Fria, iniciado em novembro de 1991 com a assinatura da Carta de Paris, vem passando por transformações a partir de grandes eventos que se sucederam, principalmente nos últimos quase vinte anos: os atentados de 11 de Setembro de 2001; as consequentes ações militares de grande porte no Oriente Médio, principalmente a Segunda Guerra do Golfo em 2003; a crise econômico financeira de 2008; a guerra entre Geórgia e Rússia em 2008; a anexação da Crimeia pela Rússia em 2014; entre outros, apontam para um início de século XXI com uma tendência mais voltada à crise do que à estabilidade.

Inclusive, defende-se neste trabalho que as últimas duas décadas são marcadas por movimentos de contração, fragmentação e competição sistêmica.

"Contração", no sentido de que cada unidade estatal formula sua política externa a partir de uma expectativa de que o sistema de Estados tende mais ao conflito do que a cooperação.

"Fragmentação", pois depois da lógica bipolar, mesmo que para muitos autores[65] o que se observa gradualmente é a substituição da ex-União Soviética pela China e o surgimento de uma nova Guerra Fria, é evidente a intenção de alguns países, além de Estados Unidos e China, em ascenderem, subirem posições no campo do poder internacional; ou mesmo de se reafirmarem como potência, como é o caso da Rússia, que atacou, invadiu e busca anexar partes do território da Ucrânia desde o dia 22 de fevereiro de 2022.

Este movimento ativo de ascensão no sistema tem origem num interesse nacional quase 'impermeável' de cada Estado ou pode ser reafirmado mesmo quando a partir de processos de integração regional, como a União Europeia, ou a partir de desenhos político-diplomáticos, como os BRICS, formado por países pivôs nas suas regiões, a exemplo do Brasil; a Organização do Tratado de Segurança Coletiva, liderada por Moscou; a Organização para a Cooperação de Xangai, que aproxima estrategicamente China e Rússia; o recente acordo AUKUS, criando uma barreira estratégico-militar-nuclear de norte americanos e ingleses – e ainda inserindo a Austrália na posição –, visando futuras intenções chinesas em Taiwan, Hong Kong e aliados dos EUA na região do Pacífico; entre outros desenhos.

E "competição", exatamente pelas razões colocadas nos últimos dois parágrafos: agendas de política externa representado única e exclusivamente o interesse do Estado – e ainda desenhadas num pressuposto contexto de hipótese de conflito –, somadas a um grupo de países com vontade e capacidade de alguma ascensão, gera competição no sistema.

---

65 Ver conceito de "Guerra Fria 5G", desenvolvido por Lier Pires Ferreira no trabalho "Direito, política e segurança internacional"; o referido autor dá essa nomenclatura ao possível novo confronto bipolar da atualidade, mas agora entre Estados Unidos e China, conflito este que seria marcado por caraterísticas estratégico-militares sempre combinadas com o campo da alta tecnologia.

Do supracitado nesta parte do trabalho percebe-se, claramente, que o ideal da *segurança*, num plano internacional – como quando do contexto interno ao Estado –, é *condição esperada*, concretamente distante da realidade. E aí sobressai-se a operacionalização da *defesa*. Mas, como já questionado anteriormente, de que *defesa*? De uma defesa exclusivamente *nacional* ou com um potencial de estrutura forjada também no plano *internacional*?

Um ponto fulcral para responder a esta questão é a variável atualíssima da Guerra na Ucrânia, evento que demonstra, nitidamente, a *subjetividade estrutural* de uma pretensa condição de *segurança* quando também considerado um plano *internacional* para os assuntos de Segurança e Defesa: "No ano de 2022, no final de fevereiro, na madrugada do dia 24, à 01h01 min da manhã pelo horário de Brasília, a Rússia invadiu o território da Ucrânia, estabelecendo uma situação de guerra real na Europa em pleno século XXI." (SANTOS FILHO, p. 327, 2022). Tem-se uma guerra de invasão, de tomada de território e ainda em aberto nas suas possibilidades, projetando, inclusive, um escalonamento de perfil nuclear.

Todavia, a Guerra na Ucrânia lembra mais os eventos bélicos do passado do que nos remete às novas e potenciais configurações daquilo que seria a "guerra do futuro". A postura do Estado russo é de guerra ofensiva:

> [...] pode-se afirmar que ocorreu uma movimentação militar de perfil de guerra total, com utilização de todas as Armas – Exército, Força Aérea e Marinha – das Forças Armadas russas e com uma mobilização militar impressionante por parte de Moscou. [...] A mobilização e a logística militar russas se desenrolaram de maneira rápida e buscando eficácia total no ataque, invasão e potencial dominação do território ucraniano (cf. SANTOS FILHO, p. 328, 2022)

Tal maneira de fazer a guerra por parte de Moscou vem fazendo Kiev decidir por uma guerra defensiva e de contra-ataques no seu próprio território. Esta postura defensiva está relacionada, em muito, ao receio da comunidade internacional de que esta guerra poderia se espalhar por outros países da Europa no caso de uma participação militar direta da Organização do Tratado do Atlântico Norte/OTAN. Os países da OTAN se encontram preparados, mas aguardando, apenas atuando na guerra com apoio logístico, financeiro e no fornecimento de meios específicos. Assim, este não envolvimento direto da OTAN na Guerra na Ucrânia, de alguma maneira, exemplifica o quanto ainda é complexa a decisão no campo da defesa numa ótica *internacional*.

Também em uma vertente mais ampla, a não entrada em operação de uma Política Externa de Segurança Comum, a PESC, talvez a última fase da realização definitiva da formatação de um bloco decididamente europeu, é também outro excelente exemplo da dificuldade, conceitual e operacional, em organizar um sistema de defesa com desenho regional, supranacional, quiçá *internacional*.

Vê-se que as discussões sobre segurança e defesa, principalmente acerca de como organizar e operacionalizar a defesa da União Europeia, permanecem muito incipientes e recalcitrantes. Seja por temores intrabloco, seja por pressão dos principais membros da OTAN, nitidamente Estados Unidos e Inglaterra.

Isto posto, as decisões na agenda de defesa na Guerra da Ucrânia partem, ainda, de uma decisão soberana dos aparatos político-burocráticos dos Estados diretamente envolvidos. E cumpre salientar que com a ascensão da China no cenário internacional, diga-se, uma ascensão também de cunho estratégico-militar-nuclear, este caráter de uma *defesa* cunhada e concretizada a partir dos interesses do Estado parece ainda a variável lógica a se considerar neste contexto-mundo, no curto e médio prazo.

A China, definitivamente, é um exemplo emblemático de estrutura de decisão estatal que não adjetivará soberania com relação a sua agenda e prerrogativas no campo da defesa nacional. Assim como a maioria dos países que se colocam e se percebem como atores centrais, principalmente em um mundo marcado pela contração, fragmentação e competição nas relações internacionais.

CONSIDERAÇÕES FINAIS

Neste capítulo do Livro "Curso de Segurança Internacional" procurou-se discutir os conceitos de segurança e defesa numa perspectiva interna e externa ao Estado. E é mister dizer que esta discussão é fundamentada também a partir das outras publicações organizadas no Departamento de Relações Internacionais do IBMEC/RJ, com os livros "Escolas e Teorias das Relações Internacionais, (cf. ROMEO, FERREIRA & WEBER), "Curso de História das Relações Internacionais" (cf. FERREIRA, MENDES & WEBER, 2022) e "Curso de Política Externa Brasileira" (cf. FERREIRA, EPSTEYN & WEBER, 2023).

É mister concluir que a ideia de *segurança* no plano internacional permanece a mesma coisa quando se analisa o contexto doméstico de um Estado: apenas uma ideia..., sensação..., um desejo..., um valor. Definitivamente a *segurança* é uma pretensão dos Homens e das Organizações e Instituições variadas criadas nos últimos séculos pós-Westfália; com origem dentro e fora do

Estado. No todo, seja no Estado unitário, nos desenhos bi ou multilaterais de diplomacia e cooperação, nos pactos de integração regional, nas agências, e mesmo nas organizações militares, como a Organização do Tratado do Atlântico Norte/OTAN, a *segurança* permanece uma *pretensão*.

Com relação à *defesa* é ao contrário. Defesa é ôntica, é *coisa*, processo, ação prática... tem começo, meio e fim. A defesa nacional, assim, é a concretização da força do Estado em ambientes interno e externo a este. Quando o Estado desenvolve sua defesa nacional o faz, ainda, na maioria das vezes, de maneira autônoma. Como estamos vendo no último ano na Ucrânia, com a guerra convencional e de invasão iniciada pelo Rússia. Quando a *defesa* nacional é organizada de alguma forma por um grupo de Estados, como no caso das ações da OTAN, a unidade política referencial Estado moderno permanece a célula embriogênica de planejamento, produção – as unidades fabris de defesa pertencem a cada Estado – e execução de processos de defesa nacional, mesmo que as decisões tenham um caráter pretenso de colegiado; algo que também se sabe que não é hierarquicamente equânime.

Assim, os conceitos de *segurança* e *defesa*, separados em uma origem de simbolismos e significados diferentes – principalmente político-ideológicos –, se moldam e se amalgamam às questões de segurança nacional e de defesa nacional. Todavia, como conclusão conceitual deste trabalho, afirma-se que a estrutura que produz e projeta força contra o oponente no plano das relações internacionais é a *defesa nacional*, num modelo e processos ainda fundamentalmente parametrizados pelo interesse do Estado.

OS AUTORES

AUGUSTO W. M. TEIXEIRA JÚNIOR

Doutor em Ciência Política – UFPE. Estágio Pós-Doutoral em Ciências Militares – IMM/ECEME. Departamento de Relações Internacionais – UFPA. Professor Visitante Sênior no Department of War Studies, King's College London.

PABLO DE REZENDE SATURNINO BRAGA

Doutor (2018) em Ciência Política pelo Instituto de Estudos Sociais e Políticos (IESP/UERJ), com pesquisa sanduíche na Universidade de Pretória, África do Sul. Mestrado (2010) e graduação (2007) em Relações Internacionais pela PUC-Rio. Atualmente, é professor substituto do Departamento de Relações Internacionais da UERJ e professor assistente da IBMEC. Analista de Relações Internacionais da Fundação Alexandre de Gusmão (FUNAG), vinculada ao Ministério das Relações Exteriores (MRE), e é pesquisador associado do IESP-UERJ e do Laboratório de Análise Política Mundial (LABMUNDO), além de pesquisador voluntário no Observatório Interdisciplinar de Mudanças Climáticas (OIMC). Autor dos livros "A rede de ativismo transnacional contra o apartheid na África do Sul" (FUNAG, 2011) e "Democracia, política externa e direitos humanos: um estudo comparativo de Brasil e África do Sul" (EdUERJ, 2022), esta publicação como resultado de premiação da tese de doutorado no concurso anual do IESP/UERJ. Pesquisa as seguintes agendas: análise de política externa, política externa comparada (Brasil e África do Sul), democracia, direitos humanos, redes de ativismo transnacional, ativismo antiapartheid e antirracismo, justiça climática e história diplomática brasileira.

JOÃO MARCELO P. DALLA COSTA

Doutor em Ciência Política pela Eberhard-Karls Universität Tübingen. Conselheiro Acadêmico da Academia Diplomática de Bruxelas na Universidade Livre de Bruxelas, Colaborador do Programa de Pós-Graduação em Ciências Militares da Escola de Comando e Estado Maior do Exército, Desenvolvedor de Negócios para Indústria de Defesa na Alemanha.

LARYSSA BARBOSA

Mestranda em Segurança Internacional e Defesa na Escola Superior de Guerra (PPGSID/ESG) e Bacharel em Relações Internacionais pelo Centro Universitário IBMR.

RENATO SALGADO MENDES

Doutor em Ciência Política (UFF), mestre em Relações Internacionais (UFF) e formado em Jornalismo (UFRJ). É professor do curso de relações internacionais do Ibmec-RJ há 13 anos. Também conhecido como Renato Galeno, foi jornalista de O Globo e comentarista de assuntos internacionais da GloboNews. É colaborador do Canal Um Brasil. Sua principal área de estudos acadêmicos é nacionalismo, patriotismo e identidades coletivas.

LAYLA DAWOOD

Graduada em Relações Internacionais (PUC Minas) e Direito (UFMG), Mestre em Relações Internacionais (PUC Minas), Doutora em Relações Internacionais (PUC-Rio). Professora Adjunta, Departamento de Relações Internacionais (UERJ). Coordenadora PPGRI/UERJ, Bolsista Jovem Cientista do Nosso Estado FAPERJ.

LUIZA BIZZO AFFONSO

Doutoranda em Estudos Marítimos – EGN. Mestre em Relações Internacionais – UERJ. Bacharel em Relações Internacionais – Ibmec/RJ. Professora de Relações Internacionais – UCP. Tem interesse na área de Ciência Política e Relações Internacionais, com ênfase em Segurança Internacional, Política Externa Brasileira e Teoria das Relações Internacionais.

MARCELO MELLO VALENÇA

Doutor em Relações Internacionais (PUC-Rio, 2010); Bacharel em Direito (PUC-Rio, 2003). Professor da Escola de Guerra Naval (EGN).

MARCOS VINÍCIUS MESQUITA ANTUNES DE FIGUEIREDO

Doutor em Relações Internacionais pelo Instituto de Relações Internacionais da Pontifícia Universidade do Rio de Janeiro (IRI/PUC-Rio). Mestre pela mesma instituição. Bacharel em Direito pela Universidade Católica de Petrópolis (UCP). Professor do Instituto Brasileiro de Mercado de Capitais (IBMEC-Rio).

MARIANA RESTUM ANTÔNIO ALBUQUERQUE

Doutora e Mestra em Ciência Política (IESP-UERJ); Pós-Doutorado em Ciências Militares (ECEME). Professora do Instituto de Relações Internacionais e Defesa da Universidade Federal do Rio de Janeiro (IRID-UFRJ).

MONIQUE SOCHACZEWSKI

Doutorado em História, Política e Culturais pelo CPDOC/FGV.

RENATA FERREIRA

Doutorado em Relações Internacionais – PUC-Rio. Mestrado em Relações Internacionais – PUC-Rio. MBA em Gestão Escolar – USP Esalq. Pós-graduação em gerenciamento de projetos – FGV. Graduação em Direito – UFJF. Professora do Ibmec-RJ. Coordenadora de Monografia do departamento de Relações Internacionais.

YASMIM REIS

Mestranda em Segurança Internacional e Defesa pela Escola Superior de Guerra (PPGSID/ESG). Bacharel em Relações Internacionais pela IBMEC-RJ.

REFERÊNCIAS BIBLIOGRÁFICAS

CAVAGNARI FILHO, G, L. **América do Sul: alguns subsídios para a definição da segurança nacional**. *In:* "PREMISSAS", Núcleo de Estudos Estratégicos/Unicamp, Caderno N. 6, abril/1994.

CAVAGNARI FILHO, G, L. **Estratégia e defesa (1960-1990)**. *In:* "PREMISSAS", Núcleo de Estudos Estratégicos/Unicamp, agosto/1994.

CHALLIAND, G. et BLIN, A. **Dictionnaire de stratégie militaire. Des origines à nos jours**. Paris: Perrin, 1998.

COELHO, E, C. **Em busca da identidade: o Exército e a política na sociedade brasileira**. Rio de Janeiro: Record, 2000.

COMBLIN, J. **A ideologia da segurança nacional**. Rio de Janeiro: Civilização Brasileira, 1978.

CONN, S. e FAIRCHILD, B. **A estrutura de Defesa do Hemisfério Ocidental**. Rio de Janeiro: Biblioteca do Exército Ed., 2000.

EVANS, G. and NEWNHAM, J. **The Penguin Dictionary of International Relations**. London: Penguin Books, 1998.

HUNTINGTON, S, P. **O soldado e o Estado:** teoria política das relações entre civis e militares. Rio de Janeiro: Biblioteca do Exército, 1996.

KIELHORN, A, E. **Dicionário de termos políticos**. São Paulo: Agência Editora Iris, 1965.

KRIEGER, Joel (ed.). **The Oxford companion to politics of the world**. New York: Oxford University Press, 1993.

PEREIRA, A. C. **Por uma política de defesa**. *In:* "Premissas", Núcleo de Estudos Estratégicos/Unicamp, Caderno 14, dezembro de 1996.

PINHEIRO, L. **Unidades de Decisão e Processo de Formulação de Política Externa durante o Regime Militar.** *In:* ALBUQUERQUE, José Augusto Guilhon (org.), Sessenta anos de política externa brasileira (1930-1990): Prioridades, atores e política. São Paulo: Annablume/NUPRI/USP, 2000.

PIRES FERREIRA, L. **Direito, Política e Segurança Internacionais:** uma análise da guerra russo-ucraniana à luz do realismo. *In:* BARBOZA, Heloísa Helena; MELLO, Cleyson de Moraes; SIQUEIRA, Gustavo Silveira. (Org.). Direito Internacional – o futuro do Direito. 1 ed. Rio de Janeiro: Processo, 2022, v. 6, p. 327-336.

PIRES FERREIRA, L; EPSTEYN, J C; WEBER, R, B. **Curso de Política Externa Brasileira**: o Brasil frente ao mundo. Rio de Janeiro: Processo, 2023.

PIRES FERREIRA, Lier; MENDES, Renato, Salgado; WEBER, Ricardo Basílio (orgs.). **Curso de História das Relações Internacionais.** Rio de Janeiro: Freitas Bastos, 2022.

ROMEO, Christiane Itabaiana Martins, FERREIRA, Lier Pires & WEBER, Ricardo Basílio. **Escolas e Teorias de Relações Internacionais:** uma abordagem didática. Rio de Janeiro: Freitas Bastos, 2021.

SANTOS FILHO, J, L, N. **Ideologia da Segurança vs. Política de Defesa. Uma análise histórica e conceitual.** Tese de Doutorado. São Paulo: Departamento de Ciência Política, Faculdade de Filosofia, Letras e Ciências Humanas/FFLCH, Universidade de São Paulo/USP, 2005.

SANTOS FILHO, J, L, N. **Projeções do presente-futuro.** *In:* FERREIRA, Lier Pires, MENDES, Renato Salgado & WEBER, Ricardo Basílio (orgs.). Curso de História das Relações Internacionais. Rio de Janeiro: Freitas Bastos, 2022, pp. 327-342.

SHAFRITZ, J, M. **The Dorsey dictionary of american government and politics.** Chicago: The Dorsey Press, 1998.

US DEPARTMENT OF DEFENSE. **Dictionary of military Terms.** London: Greenhill Books; Pennsylvania: Stackpole Books, 1995.